Arena-Taschenbuch
Band 50047

Von Federica de Cesco sind als Arena-Taschenbuch erschienen:

Tara und die Reiter des Windes (Band 50046)
Hinani – Tochter der Wüste (Band 50048)
Anahita – im Land des Monsuns (Band 50049)
Melina und die Delfine (Band 1914)
Das Mondpferd (Band 1953)
Emi & Tina. Gefährliche Spurensuche (Band 2220)
Das Gold der Azteken (Band 2953)
Shana, das Wolfsmädchen (Band 2868)
Solal, das Feuerpferd (Band 2342)
Der rote Seidenschal (Band 2918)
Der Türkisvogel (Band 2919)
Sonnenpfeil (Band 2920)
Tochter des Meeres (Band 2869)

Federica de Cesco
ist eine der erfolgreichsten Jugendbuchautorinnen deutscher Sprache. Die fließend Französisch, Italienisch und Deutsch sprechende Autorin hat es nie lange an einem Ort ausgehalten. Sie hat zahlreiche Länder auf allen Kontinenten bereist und oft mehrere Monate in fremden Kulturen gelebt. Ihre Bücher wurden in viele Sprachen übersetzt und mehrfach ausgezeichnet.

FEDERICA DE CESCO

Aischa oder *Die Sonne des Lebens*

Arena

In neuer Rechtschreibung

1. Neuauflage als Arena-Taschenbuch 2008

Umschlaggestaltung: Frauke Schneider unter Verwendung
eines Fotos von Will & Deni McIntyre © gettyimages
Umschlagtypografie: knaus. büro für konzeptionelle
und visuelle identitäten, Würzburg
Gesamtherstellung: Westermann Druck Zwickau GmbH
ISSN 0518-4002
ISBN 978-3-401-50047-8

www.arena-verlag.de

VORWORT

Die sechzehnjährige Aischa ist als Tochter algerischer Einwanderer in Paris geboren und aufgewachsen. Mit ihren Brüdern Ali und Said lebt sie in einer strenggläubigen Familie. Eine Lehrerin bewirkt, dass Aischa die höhere Schule besucht. Dadurch kommt sie mit einem internationalen, aufgeschlossenen Schülerkreis in Berührung. Die kulturellen und religiösen Einschränkungen, durch die Aischa zur Außenseiterin wird, empfindet sie allmählich als unerträglich. Bald befreundet sie sich mit dem jüdischen Mädchen Ariane und lernt durch sie den Vietnamesen Kim kennen. Die beiden jungen Menschen verlieben sich ineinander. Aischas Brüder jedoch, die nach muselmanischer Tradition über die »Ehre« der Schwester wachen, bestimmen zunächst ihren Weg. Aischa wird nach Algerien abgeschoben, um verheiratet zu werden. Mit Hilfe ihrer Großmutter kämpft sie dennoch um ihre Freiheit und um ihre Liebe zu Kim. Letzten Endes sieht sie ein, dass ihr einziger Ausweg im völligen Bruch mit ihrer bisherigen Kultur und Gesellschaft besteht.

Die Problemstellung der muselmanischen Einwanderer, vor allem das Schicksal der Kinder der »zweiten Generation«, wirbelt in Frankreich viel Staub auf. Nicht selten gelingt den »Beur« – wie man sie nennt – eine Verbindung beider Kulturen, der arabischen und der europäischen, durch die sie eine Bereicherung auf menschlicher, beruflicher und künstlerischer Ebene erfahren. Oft aber kapseln sich die muselmanischen Familien ab. Dabei verschließen sie sich jeder Form auswärtigen Denkens und bestehen auf ihrer Eigenständigkeit. Der Islam, den sie als politische Waffe einsetzen, verhilft ihnen zu einem neuen Selbstbewusstsein. Diese Einstellung führt zu Konflikten, artet häufig in Fanatismus aus und kommt durch die Vorurteile und die Ablehnung der französischen Umwelt noch verstärkter zum Ausdruck. Opfer dieser Entwicklung sind vielfach Frauen und Mädchen. Unter dem Vorwand, die »wahren Werte des Islams« zu schützen, wird ihnen jede Lebensfreude untersagt.

Jedoch gibt es Werte, die zwar auch zu den »westlichen«, vor allem aber zu den Universalwerten gehören. Weder Kultur noch Religion rechtfertigen die Unterdrückung der Frau, eines der stärksten Hindernisse auf dem Entwicklungsweg zur wahren Menschlichkeit.

Die Begebenheiten in diesem Roman sind nur teilweise erfunden. Die Autorin selbst kennt Land und Leute in Algerien. Sie hat sich jahrelang mit der Stellung der muselmanischen Frau beschäftigt und Unterlagen zu diesem Thema gesammelt.

Nicht zufällig lernt Aischa einen Asiaten kennen und lieben. Durch die Begegnung mit einem Europäer oder einem Israeli würde eine politisch-religiöse Färbung entstehen, die nicht im Sinne der Autorin liegt. Vielmehr geht es ihr um die Annäherung von zwei Lebensauffassungen, von denen eine in die Zukunft weist und die andere in der Vergangenheit stagniert.

1

Auf dem Schulweg bemerkte ich, dass es Sommer wurde. Die Luft war warm und der Himmel nach dem Regen türkisblau. Mein Mantel erschien mir schwer und meine Haut juckte unter dem Kopftuch. Die Sonne spiegelte sich in Fenstern und in aufgeweichten Pfützen. In Nanterre wurde unaufhörlich gebaut. Die Hochhäuser sahen alle gleich aus. Gestern hatte noch ein Kran daneben gestanden und heute wirkten sie schon verwohnt. Der Schutt wurde nie weggeräumt, die Rollladen nie gestrichen und die Spielplätze nie angelegt. Auf den Türen blieben für immer die Kreidemarkierungen der Arbeiter lesbar und bald kritzelten die Kinder ihre Sprüche dazu. Wäsche flatterte auf den überflüssigen Balkonen und irgendwo ratterte ein Bagger.

An der Bushaltestelle standen schon einige Arbeiter. Ich senkte den Blick, wie man es mir immer eingeschärft hatte. »Ein Mädchen soll einem Mann nie ins Gesicht sehen«, sagte meine Mutter, »denn das könnte er für eine Aufforderung halten, sie anzusprechen.« Dennoch spürte ich, wie die Blicke der Männer auf mir ruhten. Manchmal, im Gedränge, drückten sie sich an mich. Dann fühlte ich ihren Atem im Nacken und schämte mich derart, dass mir der Schweiß ausbrach. Dabei war ich nie aufreizend gekleidet, ich trug weder Jeans noch T-Shirts. Selbst im Sommer streifte ich eine Jacke über mein Kleid. Ich hatte immer Strumpfhosen an und ging nie ohne Kopftuch.

Bald kam der Bus, bis zum Bersten voll, und hielt mit quietschenden Bremsen an. Wie üblich suchte ich die Nähe von Frauen. Ich stellte mich neben zwei junge Italienerinnen, die sich laut und ungeniert unterhielten. Sie trugen kurze, enge Röcke und Sandalen mit Bleistiftabsätzen. Sie wirkten selbstbewusst, ihr unbekümmertes Lachen war ansteckend.

In Courbevoie stiegen die meisten Leute aus, sodass ich einen Sitzplatz erwischte. Ich wurde sechzehn und mein Vater wollte, dass ich im Juni mit der Schule aufhörte. Meine Brüder hatten auch nicht studiert und für ein Mädchen war Studieren ohnehin verschwendete Zeit. Selbstverständlich hätte ich die Schule weiterbesuchen und das Abitur bestehen wollen. Aber wozu? »Vielleicht erhält sie eine Lehrstelle«, sagte mein Vater, »und wenn nicht, heiratet sie.« Meine Mutter meinte, ich sollte glücklich darüber sein, die Grundschule besucht zu haben. Sie selbst konnte weder lesen noch schreiben und betrachtete kopfschüttelnd die Bücher, die ich in der Bibliothek auslieh. Aber ich las nur, wenn meine Brüder abwesend waren, sonst hätten sie mich ausgelacht. Die Bücher versteckte ich unter meinem Bett. Wann immer ich eins hervorholte, war es mit einer dicken Staubschicht bedeckt.

Gestern musste ich mein Zimmer umstellen, um ein Sofabett zwischen Schrank und Arbeitstisch zu zwängen. Ma Djamila, meine Großmutter, kam für einige Monate aus Algier zu Besuch. Mein Großvater Si Fouad – Friede seinem Schatten – war vor drei Jahren gestorben. Ma Djamila hatte nach ihrem ersten Sohn, meinem Vater, keine Kinder mehr gebären können. Demzufolge hatte Si Fouad eine Nebenfrau zu sich genommen, »Khalti« (Tante) Fatima genannt, die ihm zwei Söhne und eine Tochter schenkte.

In der Familie wurde über Ma Djamila viel geklatscht. Sie stammte aus einer Oasenstadt im Süden. Sie war zwar die Tochter eines »Hadj«, eines Mekkapilgers, hatte aber Nomadenblut. Man sagte, sie wäre mutwillig und eigensinniger, als es einer Frau überhaupt zustünde. Man munkelte sogar, dass Großvater unter ihrem Pantoffel stand und er sie aus Angst vor ihrem »bösen Blick« nie verstoßen hatte.

Morgen sollte sie also eintreffen. Ein Onkel, der seine Ferien in Algier verbracht hatte, wollte sie auf der Rückreise mitnehmen. Das zweite Bett in meinem Zimmer nahm viel Platz weg. Ich konnte kaum noch die Schranktür öffnen. Hoffentlich würde ich nicht zu viel Gepäck unter den Betten verstauen müssen, den Platz brauchte ich ja für meine Bücher.

Der Bus hielt vor der U-Bahn-Station an der Brücke von Neuilly. Ich stieg aus und wartete vor dem Rotlicht. Der Verkehr flutete durch die Straßen. Lastwagen donnerten vorbei, wirbelten die Luft auf. Die Sonne bestrahlte die Hochhäuser und die Seine schimmerte golden. Sehnsüchtig betrachtete ich eine große Kinoreklame. In meinem bisherigen Leben hatte ich nur zwei Filme gesehen. Damals hatten mich meine Brüder in die Mitte genommen, damit kein fremder Mann sich neben mich setzen konnte. Ich wäre gerne öfters gegangen, aber meine Brüder widersetzten sich. Meine Mutter war überhaupt nie im Kino gewesen. Sie sagte, sie wollte nicht bei fremden Menschen in der Dunkelheit sitzen.

Meine Schule befand sich in der Rue Louis Blanc in einem älteren Bau, in dem es nach Ruß und faulen Eiern roch. Abgetretene Steintreppen führten in düstere Flure. Die Zimmer waren mit hohen vergitterten Fenstern versehen und in die Tische waren Namen von früheren Schülern eingekerbt. Den Lärm auf dem Schulhof hörte man schon von weitem. Die Jungen spielten Fußball, obwohl es verboten war. In unserer Klasse waren nur wenige Franzosen, die meisten Schüler kamen aus anderen Ländern. Stavro, ein Jugoslawe, rempelte mich an, um mich zu begrüßen. Dies war seine Art. Dann wich ich wortlos zur Seite. Pedro, ein Portugiese, der mich nicht mochte, krähte: »Da kommt Fatma!« Fatma ist ein Spitzname für Algerierinnen. »Fatma« bedeutet Putzfrau. Ich stellte mich taub. Die kleinen Mädchen liefen umher und schrien wie die Jungen. Nur die größeren, zu denen ich gehörte, standen abseits mit einem Kaugummi im Mund und kicherten. Beinahe ausnahmslos trugen sie alle Jeans und kurze Windjacken. Nur die Moslemmädchen waren an ihren langen Röcken und Kopftüchern zu erkennen. Man sah uns nie springen oder laufen. Wir durften mit den Jungen auch nicht am Turnunterricht teilnehmen. Ich begab mich zu Selima, einem Mädchen aus Mali, das mit mir die Schulbank teilte. Sie hatte eine dunkelbraune Haut, eine schöne, glatte Stirn und traurig wirkende Augen. Ihr krauses Haar schimmerte unter dem gelben Musselintuch.

»Wie hast du die Aufgaben gelöst?«, wollte sie wissen.

Wir zogen die Hefte hervor und verglichen unsere Ergebnisse. Selima war im Rechnen nicht begabt. Deshalb wunderte ich mich ihre Aufgaben richtig gelöst zu sehen. »Wie hast du das bloß geschafft?«

»Mein Bruder hat einen Taschenrechner«, kicherte sie.

Selima freute sich, dass die Schule bald zu Ende war. Sie wollte keinen Beruf erlernen, sondern bald heiraten und Kinder haben.

Die Schulglocke hallte über den Hof. Die Schüler stürmten in Gruppen herbei, stießen und drängten sich im Treppenhaus. Selima ließ die anderen an sich vorbei und reichte mir einen Kaugummi.

»Morgen kommt meine Großmutter aus Algier an«, sagte ich.

»Bleibt sie lange?«

»Einige Monate.«

»Dann gibt es sicher Krach«, meinte Selima. »Bei uns ist das immer so. Alte Leute wissen alles besser. Und die Wohnungen sind dermaßen klein, dass man sich dauernd auf die Füße tritt.«

»Großmutter wird in meinem Zimmer schlafen«, sagte ich. »Das Bett ist schon bereit.«

»Hoffentlich schnarcht sie nicht«, sagte Selima. »Meine Großmutter schnarcht ganz fürchterlich.«

Im Flur legte jemand die Hand auf meine Schulter. Ich reagierte heftig auf jede Berührung und zuckte nervös zusammen. Es war Marie Merle, meine Klassenlehrerin. Noch während ich befangen auflachte, spürte ich in mir ein Gefühl froher Leichtigkeit. Ich bewunderte Marie Merle, ich meinte, ich sei in sie verliebt. Mir gefielen ihr kurz geschnittenes blondes Haar, ihre blauen Augen, ihre kühle Stimme. Nichts an ihr, weder die knabenhafte Figur noch die helle Haut, ließ erkennen, dass sie in Algerien geboren und aufgewachsen war. An diesem Tag trug sie zu ihren Jeans einen weißen, locker gestrickten Pulli und wirkte heiter wie der junge Morgen.

»Aischa, ich erwarte dich in der Pause«, sagte sie. »Ich möchte mit dir reden.«

Sie betrat das Klassenzimmer und legte ihre Bücher auf den Tisch. Selima stieß mich an. »Was will sie von dir?«

Ich schüttelte den Kopf. Mein Herz schlug bis zum Hals. Die zwei Stunden bis zur Pause kamen mir endlos vor. Was war nur los? Was hatte ich falsch gemacht? Während sie diktierte, sah sie kaum zu mir herüber. Ich schrieb mit zitternden Händen. Mein Kugelschreiber schmierte, sodass meine schwitzenden Finger blau wurden. Als Marie Merle eine Frage stellte, erhob ich als Erste die Hand. Doch sie übersah mich und rief Stavro auf. Es würgte mich in der Kehle. Warum war sie böse auf mich?

Endlich schrillte die Pausenglocke. Ich blieb zurück, während sich die Schüler lärmend aus dem Klassenzimmer drängten. Als alle draußen waren, kam mir die Stille unerträglich vor. Marie Merle ordnete ruhig ihre Hefte. Dann hob sie den Kopf und blickte mich freundlich an.

»Im Juni bist du mit der Schule fertig?«

Es war weit mehr eine Feststellung als eine Frage, die ich aber kopfsenkend bejahte. Mir war heiß, meine Haut juckte wie verrückt unter dem Kopftuch, aber ich wagte nicht mich zu kratzen.

»Was beabsichtigen denn deine Eltern mit dir?«, fragte die Lehrerin.

Ich stotterte vor Verlegenheit.

»Vie... vielleicht erhalte ich eine Lehrstelle ... bei Carrefour. Mein Bruder Said arbeitet da im Lager.«

Das Warenhaus befand sich bei uns in der Nähe, ich brauchte nur um die Ecke zu gehen.

»Und wenn daraus nichts wird?«, entgegnete Marie Merle. »Bei dieser Lehrstellenknappheit!«

Ich zog hilflos die Schultern hoch. Wir kannten beide die Antwort. In Algerien galt ich längst als heiratsfähig. Zwar ließ in Frankreich das Gesetz nicht zu, dass eine Sechzehnjährige verheiratet wurde, aber einer Verlobung stand nichts im Weg.

Marie Merles Mundwinkel zuckten spöttisch.

»Würdest du nicht lieber noch weiter die Schule besuchen?«

Ich seufzte. Wer hatte nicht seinen eigenen Traum? Aber meiner war derart tief in meinem Herzen vergraben, dass ich mich fürchtete davon zu sprechen, deshalb nickte ich nur.

»Aischa«, fuhr sie in sachlichem Ton fort, »du bist intelligent und überdurchschnittlich sprachbegabt. Du verfügst über alles, um eine gute Lehrerin zu werden, und deshalb solltest du das Abitur machen. Der Anteil an Emigrantenkindern nimmt in jeder Klasse zu. Wir benötigen dringend Lehrkräfte, die mit deren Schwierigkeiten vertraut sind.«

Ich blieb immer noch stumm. Wozu Luftschlösser bauen? Mein Vater würde den Vorschlag kategorisch ablehnen. Aber Marie Merle ahnte den Grund meines Schweigens und kniff verschmitzt ein Auge zu.

»Keine Angst! Ich werde deinem Vater die Erlaubnis schon abringen! Richte ihm aus, dass ich ihn am Mittwochabend besuche.«

Sie griff nach ihrer Handtasche und nahm ein Päckchen Gauloises heraus. »Nun geh schon«, sagte sie, als ich immer noch dastand. »Gleich ist die Pause vorbei.« Sie schob sich eine Zigarette in den Mund und klickte ihr Feuerzeug. Mein Vater sagte, nur Huren rauchten. Ich ging schnell hinaus.

Am Nachmittag regnete es wieder. Ich hatte keinen Schirm und kam durchnässt nach Hause. Unser Wohnblock war zwölf Stockwerke hoch. Wir wohnten im fünften. Im Treppenhaus roch es nach kalter Asche und Urin. Jemand hatte im Flur gepinkelt. Häufig benutzten die Kinder unsere Treppen als Klo. Entweder waren sie zu klein, um die Klingel zu erreichen, oder sie mussten vor der Haustüre auf ihre berufstätigen Eltern warten. Manche erledigten aus Bequemlichkeit ihr Geschäft in der nächsten Ecke.

Ich hetzte die Stufen hinauf. Ich wusste, das Licht ging bald aus. Im Treppenhaus fürchtete ich mich. Eines Tages – ich war noch nicht ganz zwölf – hatte mir ein Mann mit offener Hose im Flur aufgelauert. Ich sah ihn noch vor mir, ein mächtiger, einer Fledermaus ähnlicher Schatten. In wilder Panik hatte ich die Flucht ergriffen und war auf unserem Flur mit dem spanischen Ehepaar aus dem achten Stock zusammengeprallt. Sie waren mit Einkaufstaschen beladen und hatten mich lachend einen kleinen schwarzen Widder genannt. Ich hatte nicht gewagt ihnen von dem Mann zu erzählen und mich stumm hinter sie in den Aufzug gezwängt, voller Angst, dass meinem Vater die Geschichte zu Ohren kam. Seltsam, aber ich fürchtete mich beinahe ebenso vor ihm wie vor dem abscheulichen Menschen im Treppenhaus. Warum nur? Ich wusste es nicht. Aber ich empfand plötzlich ein Schuldgefühl, von dem ich nichts wusste, außer dass ich ihm unweigerlich zum Opfer fallen würde, wenn ich mein Geheimnis preisgeben sollte.

Deshalb behielt ich es für mich. Mehrere Nächte hatte ich nicht schlafen können und auch heute wachte ich schweißgebadet aus Angst auf, der Mann könnte mir in der Dunkelheit auflauern . . .

Ich nahm zwei Stufen auf einmal, lief und lief, bis mir die Zunge zum Hals heraushing. Aus einer Wohnungstür dröhnte laute Reggae-Musik. Dorabelle Duplessis, eine Schwarze aus Jamaika, hatte immer viel Besuch. »Männer!«, pflegte meine Mutter missbilligend zu flüstern. Manchmal begegnete ich Dorabelle im Treppenhaus. Sie hatte üppige Hüften, lange Beine und ein strahlendes Lächeln. Eine Goldkette mit einem winzigen Kreuz baumelte an ihrem samtbraunen Hals.

Etwas weiter oben wohnte Madame Julia, eine Jüdin aus Polen. Sie watschelte immer schnell an uns vorbei. Unter den bebenden Lidern wirkte der Blick verschleiert wie der eines schlafenden Vogels. Wir unterhielten uns nie mit ihr und grüßten sie auch nicht. Jeden Samstag kamen ihre zwei Söhne. Sie waren stämmig, rotblond und rochen nach Schnaps. Einer trug die Tätowierung einer Schlange und eines Messers auf dem weißen, muskulösen Oberarm.

Endlich war ich oben angekommen. Ich lehnte mich atemlos an die Wand und klingelte dreimal. Einen Schlüssel besaß ich nicht. Meine Mutter war immer da. Einem Fremden hätte sie nicht aufgemacht, aber sie kannte mein Klingeln. Ich hörte das Schleifen ihrer Pantoffeln, den Lärm der zurückgeschobenen Sicherheitskette. Keuchend zwängte ich mich durch den Türspalt. Die Wohnung umfing mich wie eine warme, schützende Höhle. Meine Mutter schob die Sicherheitskette wieder vor.

»Warum bist du so gelaufen?«

»Es regnet«, stammelte ich.

Meine Mutter war kränklich bleich. Sie hatte etwas Zurückhaltendes, Unentschlossenes an sich, ihr volles Gesicht wirkte wie im Halbschlaf. Ihre übergroßen, etwas vorgewölbten Augen blickten tiefernst. Sie lächelte selten und lachte nie. Ihre Bewegungen waren langsam und schwerfällig. Sie atmete vernehmlich, jede körperliche Anstrengung brachte ihr Herz zum Flattern. Zu Hause zog sie nie europäische Kleidung an. Über einer Pluderhose trug sie die »Gandura«, eine beidseitig geschlitzte Tunika. Ihre schönen, blauschwarzen Zöpfe baumelten bis zu den Hüften.

»Du bist ja ganz nass«, sagte sie. »Warte, ich mache dir Tee.« Sie schlurfte in die Küche, wobei sie wie eine Hochschwangere den Bauch nach vorne schob. Zwar war sie erst fünfunddreißig, aber viel zu dick. Aus Überdruss aß sie den ganzen Tag. Ihre einzige Beschäftigung war der Haushalt. Einmal in der Woche kauften mein Vater und meine Brüder bei Carrefour ein, da Said dort arbeitete und Prozente bekam. Meine Mutter blieb immer in ihren vier Wänden. Nur manchmal ging sie mit meinem Vater abends etwas spazieren. Selbst im Hochsommer trug sie ihren Regenmantel und ein Kopftuch. Sobald ein Mann oder auch nur ein Junge vorbeikam, drehte sie den Kopf zur anderen Seite und zog den Zipfel ihres Kopftuches vor den Mund. Dieses Verhalten, von Kindheit eingeprägt, war ihr in Fleisch und Blut übergegangen. Einmal in der Woche traf sie sich mit anderen Frauen im »Hamman«, dem öffentlichen Bad der Moslems. Mein Vater brachte sie hin und holte sie auch wieder ab. Obwohl wir eine Badewanne hatten, benutzte sie diese nie. Nur meine Brüder und ich duschten uns jeden Abend.

In der Wohnung duftete es nach Hammelfleisch und frischer Minze. Meine Mutter bereitete mit Hammelfleisch eine scharfe »Chorba« zu, die traditionelle Tomatensuppe, und ließ sie auf der Gasflamme brodeln. Ich hing meinen Mantel zum Trocknen auf, zog meine nassen Schuhe aus und lief in Strumpfhosen in die Küche. Der Schwarztee dampfte schon in der Tasse. Überall standen schmutzige Töpfe und das Geschirr vom Mittag war noch nicht abgewaschen. Meine Mutter arbeitete im Schneckentempo, aber sie blieb bis spät in die Nacht auf und brachte die Küche in Ordnung, während mein Vater und meine Brüder schon längst schliefen. Ich setzte mich auf einen freien Stuhl und schlürfte den heißen, stark gesüßten Tee, während meine Mutter Gläser abtrocknete. Ich zögerte. Sollte ich von dem Gespräch mit Marie Merle berichten oder lieber warten, bis mein Vater zu Hause war? Aber ich konnte die Neuigkeit nicht länger für mich behalten. »Nächsten Mittwoch besucht uns meine Lehrerin«, sagte ich so beiläufig wie möglich.

Meine Mutter wurde noch bleicher, als sie ohnehin schon war. Ihre Passivität umgab sie wie ein starkes, schützendes Netz. Alles Unvorhergesehene löste einige Maschen und legte ihre Verletzbarkeit bloß.

»Warum denn?«, stammelte sie.

»Sie will, dass ich die höhere Schule besuche.« Meine Mutter schüttelte fassungslos den Kopf. »Was hat dies denn für einen Sinn? Said und Ali haben auch nicht studiert.«

Ich nahm einen Schluck Tee.

»Ich würde gerne das Abitur machen.«

Meine Mutter hatte sich beruhigt und ließ Wasser in einen Topf fließen.

»Aber wozu denn?«, fragte sie. »Du liest doch schon die ganze Zeit. Was willst du nur mit den Geschichten anfangen, mit denen du dir den Kopf voll stopfst? Lerne stattdessen lieber, wie man näht, stickt und einen ordentlichen Haushalt führt . . .«

»Versteh mich doch«, sagte ich unglücklich. »Es interessiert mich so.«

»Unsinn«, sagte meine Mutter. »Der Haushalt ist ebenso interessant. Ich bin nie zur Schule gegangen und deine Großmutter dachte nicht mal daran.«

»Die Zeiten haben sich geändert.«

Die Chorba-Suppe brodelte kräftig. Meine Mutter drehte die Gasflamme kleiner. »Die Zeiten ändern sich, aber Allah ist Weltenherr seit Ewigkeit.«

Sie rührte mit dem Kochlöffel in der Suppe. Für sie war der Fall erledigt. Ich seufzte. Hoffnungslos!

Sie schlurfte aus der Küche und schloss leise die Schlafzimmertür hinter sich. Es war der Augenblick ihrer abendlichen Andacht.

Als wir hier einzogen, machte mein Vater als Erstes mit dem Kompass die Richtung von Mekka ausfindig. Meine Eltern und Ali, der älteste Bruder, hielten sich streng an die Vorschriften, aber bei Said und mir übten sie Nachsicht. Als Kinder hatten wir einige Jahre neben dem gesetzlichen Unterricht die Koranschule besucht. Zwar konnten weder Said noch ich die arabische Schrift lesen, aber der »Fqih«, der Koranlehrer, hatte uns die wichtigsten Abschnitte des Heiligen Buches derart eingetrichtert, dass wir sie heute noch auswendig wussten.

Ich stellte die Tasse ins Spülbecken und ließ heißes Wasser darüber fließen. Dann verzog ich mich in mein Zimmer und machte Licht. Mein Arbeitstisch war an die Wand geschoben, es blieb kaum Platz für den Stuhl. Umständlich setzte ich mich, zog Bücher und Hefte aus der Schulmappe heraus. Viel Zeit hatte ich jetzt nicht für die Schulaufgaben. Mein Vater und meine Brüder wurden erwartet und ich musste das Abendessen auftischen. Mein Vater kam um sechs nach Hause. Er zog seine Schuhe aus, schlüpfte in die Pantoffeln, die immer bereitstanden. Zuerst ging er in das Badezimmer. Ich hörte jedes Geräusch: die Klospülung, den Wasserhahn, dazwischen Vaters Husten. Er wusch sich, putzte sich die Zähne und gurgelte. Jeden Abend rief meine Mutter aus der Küche: »Aischa, der Vater ist da!« Als ob ich ihn nicht gehört hätte. Ich legte seufzend meinen Kugelschreiber nieder. Meine Aufgaben waren noch nicht erledigt, aber zum Glück konnte ich es vor dem Schlafengehen nachholen. Wenn meine Großmutter da war, würden wir uns wahrscheinlich dauernd im Weg sein.

»Aischa!«, wiederholte meine Mutter ungeduldig. Mein Vater war schon in sein Schlafzimmer verschwunden. Vor dem Essen hielt er immer seine Abendandacht, sich niederwerfend und die Heiligen Worte aufsagend: »La illaha ill Allah, Mohamadan Rasoul Allah« (Es gibt keinen Gott außer Allah und Mohammed ist sein Prophet).

Während mein Vater betete, beschäftigte ich mich im Wohnzimmer. Grundsätzlich waren wir europäisch eingerichtet, aber meine Eltern hatten Teppiche kommen lassen, pflegeleichte Kissen gekauft und zwei niedrige runde Tische, »Meidas« genannt, aufgestellt.

Nach einer Weile verließ mein Vater das Schlafzimmer, stellte den Fernseher an und machte es sich auf den Kissen bequem. Er war knapp über vierzig, hatte ein ebenmäßiges Gesicht mit schön geschwungener Nase und breiten Lippen. Die ausdrucksvollen grünen Augen hatte er von seiner Mutter. Mein Vater und Ali arbeiteten beide bei den Citroën-Werken am Quai Michelet. Aber Ali war Mechaniker, während mein Vater am Fließband stand. Durch die harte, eintönige Arbeit war er vorzeitig gealtert; er war nur noch Haut und Knochen. Oft, vor allem nachts, überfielen ihn rasselnde Hustenanfälle. Die Ärzte waren ratlos. »Es sind die Bronchien«, sagte der eine, »die Lungen sind angegriffen«, meinte ein anderer und der dritte bezeichnete den Husten als nervöse Störung. Medikamente halfen kaum.

Verstohlen blickte ich zu ihm hin. Er starrte auf den Bildschirm, der einen Dokumentarfilm über Alaska ausstrahlte. Mein Vater saß stundenlang vor dem Fernseher, konsumierte jede Sendung, auch wenn er sie nicht verstand. Wenn nackte Frauen oder gewagte Szenen erschienen, schickte er meine Mutter und mich aus dem Zimmer. Said und Ali sahen sich die Filme selbstverständlich an und ich hörte sie hinter der Tür lachen. Auch jetzt schien mein Vater ganz vertieft in die Sendung zu sein, obwohl er nicht einmal wusste, wo sich Alaska auf der Landkarte befand. Jedoch wollte ich mit ihm sprechen, bevor meine Brüder ankamen. Deswegen setzte ich mich ihm gegenüber hin und räusperte mich. Er hob die Augen vom Bildschirm ab und lächelte mich gütig an.

»Nun, Aischa?«

»Am Mittwoch kommt Frau Merle«, sagte ich. »Sie will mit dir reden.«

Sein Lächeln verging. Er runzelte argwöhnisch die Stirn.

»Weshalb? Hast du dir etwas zu Schulden kommen lassen?«

Ich schüttelte den Kopf.

»Nein, im Gegenteil. Sie sagt, ich ... ich soll studieren.«

Er wirkte vollkommen überrumpelt.

»Aber wozu denn? Said und Ali haben auch nur die mittlere Reife.«

Es lag nicht an mir, Argumente vorzubringen. Mein Vater kannte sich im Lesen und Schreiben gerade so weit aus, dass er einen Brief verfassen konnte.

»Frau Merle wird dir das erklären«, sagte ich schnell.

Mein Vater zögerte, während sich in seinem Gesicht widersprüchliche Empfindungen ausdrückten. Jedoch gehörte er einer Generation an, die Lehrer als Vertreter von Obrigkeit ansahen. Letzten Endes nickte er.

»Gut. Sag ihr, sie soll zum Essen bleiben.«

Ich strahlte ihn an, er aber hatte seinen Blick bereits dem Bildschirm wieder zugewandt. Die Robben, die sich auf dem Packeis bewegten, nahmen seine Aufmerksamkeit erneut in Anspruch.

Zehn Minuten später erschienen Ali und Said, hängten lachend ihre Sportjacken auf und schlüpften aus ihren Schuhen. Ali hatte die scharf geschnittenen Züge, die grünen Augen meines Vaters, war jedoch von hoher Gestalt und hielt sich beinahe herausfordernd gerade. Mich nannte er liebevoll »kleine Schwester« und verwöhnte mich mit den Kleinigkeiten, die einem Mädchen gefallen. Aber ich kannte den harten, unnachgiebigen Kern, der sich unter seiner Freundlichkeit verbarg. Er war nur gut zu mir, solange ich ihm gehorchte.

Ali war in der Gewerkschaft und ging zu Versammlungen in die Moschee, in der nicht nur gebetet wurde, sondern auch politische Diskussionen abgehalten wurden. Jeden Tag las er die Zeitung und brachte auch manchmal Illustrierte nach Hause. Er galt als der »Intelligente« in der Familie und nahm an einem technischen Fortbildungskurs teil.

Während er zärtlich meine Mutter umarmte, steckte Said den Kopf durch die Küchentür und schnupperte missmutig.

»Schon wieder Chorba! Immer nur Chorba!«

Said war siebzehn und ebenso hübsch wie ein Mädchen. Er hatte lockiges Haar, kaffeebraune Augen und kohlenschwarze Wimpern. Nur ein Flaum wurde auf seinen samtigen Wangen sichtbar. Meine Mutter nannte ihn liebevoll »unseren kleinen Verführer« und störte sich nicht daran, dass er beinahe sein ganzes Gehalt in Kleider, Langspielplatten und Vergnügen steckte.

»Das ist doch das Lieblingsessen deines Vaters«, sagte sie vorwurfsvoll.

Said verzog das Gesicht. »Ich verzichte gerne. Meine Freunde werfen mir oft genug vor, ich stinke nach Hammel!«

Während die Jungen sich wuschen, stellte ich das Körbchen mit dem Fladenbrot und die Salatschüssel auf den Tisch. Es war nur für vier gedeckt. Meine Mutter aß immer in der Küche. In Algerien nahmen nur die älteren

Söhne mit dem Vater die Mahlzeiten ein. Die Frauen aßen mit den Kindern, nachdem die Männer versorgt waren. Seitdem wir in Frankreich lebten, hatte mein Vater meine Mutter oft aufgefordert mit ihm zu essen. Aber sie hielt an ihren Grundsätzen fest: »Das schickt sich nicht!« Deshalb blieb sie den Mahlzeiten fern, während ich mich zu den Männern hinsetzte. Zwischen zwei Bissen schenkte ich Wasser ein, sammelte die leeren Teller ein und trug das nächste Gericht auf.

Einige Minuten später nahmen mein Vater und meine Brüder auf den Kissen vor dem Esstisch Platz. Ich brachte die dampfende Suppenschüssel und füllte die Teller mit dem Schöpflöffel. Said nörgelte noch immer an der Suppe herum.

»Ich habe diese rote Brühe bis da oben satt! Morgen Abend gehe ich zu MacDonald's!«

»Ya Allah!«, stöhnte Ali in komischer Verzweiflung, »das wagst du doch nicht deiner Mutter anzutun?«

Er stieß ihn aus Spaß in die Rippen, worauf Said in gespielter Wut die Fäuste schwang, sodass Ali ihn mit seinen langen Armen vom Leibe hielt.

»Du Streithahn, du!«, rief er lachend. »Warte nur, bis ich dich aufs Kreuz lege!«

Said grinste. »Mit Worten?«

»Setz dich nicht aufs hohe Pferd, Bruderherz«, sagte Ali im Schulmeisterton. »Worte können Berge versetzen.« Sein Lachen verschwand und er sah auf die Uhr.

»Ich muss noch weg.«

»Eine Versammlung?«, fragte der Vater.

Ali nickte.

»Man spricht wieder von Personalabbau. Und in Krisenzeiten geht es uns Emigrierten als Ersten an den Kragen.«

»Natürlich ist es unsere Schuld, dass alles schief läuft«, sagte Said voller Hohn. »Wir nehmen den Franzosen die Arbeitsplätze weg. Als sie im Konsumparadies lebten, durften wir ihren Dreck aufwischen und jetzt wollen sie uns abschieben. Aber so leicht geht das nicht. Mich bringen keine zehn Pferde nach Algerien zurück! Hier lebt man zumindest frei.«

»Ist noch Suppe da?«, fragte mein Vater und schob mir seinen Teller hin. Es wäre mir nicht im Traum eingefallen, in das Gespräch einzugreifen.

»Man duldet dich, solange du den Mund hältst«, entgegnete Ali auf Saids Bemerkung. »Aber versuche mal außerhalb der Gewerkschaft deine Meinung zu äußern.« Mein Vater sah Saids Augen kämpferisch aufblitzen und hob rasch die ausdrucksvollen Hände. »Ruhig, meine Jungen! Allah sei gelobt, uns geht es gut. Wir wollen zufrieden sein mit dem, was Gott uns beschert, und nicht nur immer Veränderungen anstreben.«

Ali und Said konnten sehr extrem werden und dann gab es immer Streit. Doch jetzt stopften sie Salat in ihren Mund und schwiegen. Wenn der Vater Ruhe gebot, hielten sie ihre Zunge im Zaum.

In der Küche saß meine Mutter alleine am Tisch, stützte sich auf dem Ellbogen ab und schlürfte teilnahmslos ihre Suppe. Die Tonschüssel voller Gemüse und Hammelfleisch stand auf dem Gasherd.

»Gib Acht, sie ist heiß!«, murmelte meine Mutter.

Ich hob behutsam die Tonschale und brachte sie ins Wohnzimmer, als Said verkündigte: »Heute Abend gehe ich noch aus. Ich weiß nicht, wann ich nach Hause komme.«

»Mach keine Dummheiten!«, sagte Ali.

Said zeigte sein Grübchenlächeln.

»Die mache ich nie.«

Ich füllte schweigend die Teller. Ich wusste, dass Said seine Freunde, Moslem-Franzosen, traf, die es mit den Vorschriften nicht so genau nahmen. Während ich aß, erinnerte ich mich, wie er kürzlich abends nach Alkohol gerochen hatte.

»Du hast getrunken«, hatte ich ihm empört zugeflüstert. Er hatte zärtlich mein Haar gekrault.

»Nur ein Bier, kleine Schwester! Sei still, sonst schlägt mich der Vater!«

Ich wollte nicht, dass mein Vater ihn schlug. Er hatte es bisher nur einmal getan, als Said mit vierzehn ein Kofferradio in einem Warenhaus gestohlen hatte. Ich erinnere mich noch genau: Mein Vater hatte seinen Gürtel aus der Hose gezogen und Said gepeitscht, bis dicke blaue Striemen im Gesicht, an Armen und Rücken sichtbar wurden. Darauf hatte er von Said gefordert das Kofferradio zurückzubringen und sich bei der Geschäftsführung zu entschuldigen. Ali aber, praktisch wie immer, hatte ihn vor den Folgen gewarnt: Möglicherweise würde gegen Said ein Strafverfahren eingeleitet, das seine Zukunftschancen verbaute. Es genügte doch, wenn er das Radio wieder unbemerkt da hinstellte, wo er es entfernt hatte. Der Vater hatte dieser Lösung zugestimmt.

Seitdem hatte Said nie mehr gestohlen. Zwar waren in seinem Zimmer Gegenstände vorhanden, bei denen ich mich manchmal fragte, woher sie kamen: seidene Krawatten, elegante Manschettenknöpfe, Baumwollsocken und eine Menge Musikkassetten und Schallplatten, die er bis spät in die Nacht abspielte. Said sagte, er habe die Sachen im Warenhaus, in dem er arbeitete, mit der üblichen Ermäßigung gekauft. Am Handgelenk trug er ein goldenes Kettchen und eine schöne Uhr. Angeblich hatte er die bei einem Händler, der Konkurs gemacht hatte, billig erworben. Ich traute ihm nicht, aber ich wollte mich nicht einmischen. Er war ein Junge und tat, was er wollte.

Die Stimme meines Vaters riss mich aus meinen Gedanken. »Nächste Woche kommt Aischas Lehrerin zum Essen.«

»Weshalb?« Ali grinste mich an. »Hast du etwas Schlimmes angestellt?«

Ich schüttelte den Kopf, während ich errötete.

»Aischa soll studieren«, sagte der Vater.

Ali starrte mich an und Said brach in ein Gelächter aus.

»Aber kleine Schwester! Dein Diplom kannst du doch nicht kochen und mit Tomatensoße übergossen deinem Mann vorsetzen!«

Ali entfernte eine Fleischfaser zwischen seinen Zähnen. Zu meiner Überraschung ergriff er für mich Partei.

»Ein Studium kann ihr sicherlich nicht schaden. Heute weiß man nicht, was einem bevorsteht. Je besser das Diplom, desto günstiger die Zukunftsaussichten.«

»Aischa soll heiraten«, sagte der Vater. »Ein guter Mann und Söhne sind die besten Zukunftsaussichten für eine Frau.«

Said rülpste und lockerte seinen Gürtel.

»Die Frauen nehmen den Männern nur die Arbeitsplätze weg. Wo eine Frau sitzt, sollte ein Mann eingesetzt werden. Dann wäre die Krise behoben.«

Ali ließ sich jedoch nicht beirren.

»Unsere jungen Leute stellen heute Ansprüche. Sie wollen keine ungebildeten Mädchen heiraten.« Er warf einen beredten Blick zur Küche, in der meine Mutter mit den Töpfen klapperte. »Natürlich wünschen sie sich keine diplomierte Intelligenzbestie, aber immerhin eine Frau mit Verstand und Vernunft, die sich auch um die Schulaufgaben der Kinder kümmern kann.«

»Meine Freundinnen«, sagte Said, »wollen sich immer einmischen und sind störrisch wie Maulesel. Ich lasse sie reden, sage zu allem ›Ja, Ja!‹ und sie finden mich toll. Wenn ich aber eines Tages heiraten sollte, ist es meine Frau, die ›Ja, Ja!‹ sagt, sonst erziehe ich sie dazu. Steht nicht im Buch der Bücher (Der Koran): ›Rechtschaffene Frauen sollen gehorsam, treu und verschwiegen sein, damit auch Allah sie beschütze. Denjenigen aber, von denen ihr fürchtet, dass sie euch durch ihr Betragen erzürnen, gebt Verweise, sperrt sie in ihre Gemächer und züchtigt sie!‹«

»Donnerwetter! Hast du ein gutes Gedächtnis!«, sagte Ali. »Ehrlich gesagt, ich möchte in der Haut deiner Zukünftigen nicht stecken!« Alle lachten, sogar mein Vater und meine Mutter, die durch die offene Tür das Gespräch mitbekommen hatte. Nur ich schwieg. Seltsam. Warum redete er so dahin? Er musste doch wissen, dass mich das kränkte!

Ich stand auf und räumte den Tisch ab. Während ich die Teller ins Spülbecken stellte, zog Said seine Jacke an und legte sich einen Schal um den Hals.

»Bis gleich!«, rief er fröhlich.

Die Tür schlug hinter ihm zu.

»Der lässt sich vor ein Uhr nicht blicken«, murmelte Ali.

Ich schwieg. In der vergangenen Nacht war es sogar später geworden: halb drei. Ich hatte auf die Leuchtziffer meiner Uhr geblickt. Aber es ging mich auch nichts an.

»Lass ihn, er ist jung«, meinte der Vater gütig.

Ali griff in die Taschen seiner Jeans, zog ein Päckchen Gitanes hervor und sah meinen Vater fragend an. Dieser nickte. Erst dann zündete Ali sein Feuerzeug an. Niemals hätte er gewagt ohne Vaters Zustimmung zu rauchen. Rasch stellte ich ihm den Aschenbecher hin. Von meinem Studium war nicht mehr die Rede.

»Wann landet Ma Djamilas Flugzeug?«, fragte Ali.

»Morgen Abend um sieben«, sagte der Vater. »Si-Tahar bringt sie mit.«

Ali stieß den Rauch durch die Nase.

»In Ordnung. Ich nehme eine Stunde früher frei und hole sie ab.«

Aus einem plötzlichen Impuls heraus rief ich: »Bitte, Ali, darf ich mitkommen?«

Ali kniff mir ein Auge zu.

»Ich dachte, du wolltest studieren? Und deine Schulaufgaben?«

»Die erledige ich schon!«, entgegnete ich, rot vor Aufregung. »Bitte, sag nicht Nein! Ich möchte so gerne mal den Flughafen sehen!«

Ali lächelte und stand auf. Er musste zu seiner Versammlung. »Also gut, wenn du unbedingt willst. Warte an der Bushaltestelle auf mich. Um halb sechs.« Zu Vater gewandt, setzt er hinzu: »Es ist vielleicht ganz gut, wenn die Kleine mitkommt. Wer weiß, in welchem Zustand Großmutter aus der Boeing steigt!«

2

Ich wartete an der Bushaltestelle. Seit gestern regnete es Bindfäden. Die Feuchtigkeit drang durch meine Sohlen und mein Regenmantel roch nach Nässe. Ich hatte den »Hijab«, das Kopftuch, tief über die Stirn gezogen und trug schwarze Strumpfhosen. Da meine Großmutter zum ersten Mal nach Frankreich kam, wollte ich die alte Dame nicht gleich zu Anfang mit lockeren Kleidersitten schockieren.

Endlich sah ich Alis grünen 2 CV vor mir halten. Er öffnete die Tür und ich stieg schnell ein. Ali war der einzige, der einen Führerschein hatte. Said wollte ihn erst im nächsten Frühling machen und mein Vater weigerte sich zu fahren.

»Scheußliches Wetter«, sagte Ali. »Es tut mir Leid, aber ich konnte nicht früher weg. Wartest du schon lange?«

»Eine Viertelstunde.«

»Hoffentlich kommen wir rechtzeitig an. Bei dem Berufsverkehr . . .!«

Wir mussten ganz Paris durchqueren. Wie üblich waren sämtliche Straßen verstopft. Autoschlangen stauten sich auf den großen Boulevards. Motorräder zwängten sich ratternd und gewagt durch den Stau und die überfüllten Busse stießen Wolken von Auspuffgasen aus. Der Regen klopfte an die Scheiben. Wann immer Ali nervös war, verfiel er in finsteres Grübeln. Ich hielt den Mund. In diesen Augenblicken ließ man ihn am besten in Ruhe.

Es war bereits sieben, als wir Orly erreichten. Zehn Minuten verloren wir mit der Suche nach einem Parkplatz. Danach liefen wir durch die Ankunftshalle. Ich war vollkommen verwirrt. Die Menschenmenge. Die Rolltreppen. Die endlosen Gänge. Wie konnte sich Ali nur zurechtfinden? Ein freundlicher Tunesier, den Ali ansprach, zeigte uns die Ankunftstabelle, die auf dem Computerbildschirm erschien. Der Direktflug aus Algier hatte Verspätung und landete daher erst in zwanzig Minuten.

»Allah steht uns bei!«, rief Ali und wischte sich lachend den Schweiß von der Stirn. Wir setzten uns und warteten. Sanfte Musik rieselte aus den Lautsprechern und dann und wann kündigte eine Frauenstimme die Ankunftszeiten an. Meine Wangen brannten und Ali rauchte nervös. Schließlich landete das Flugzeug. Wir standen hinter der Zollschranke und sahen die Fluggäste durch die Glastüren kommen: einige braun gebrannte Franzosen, Männer und Frauen, ihrem Aussehen nach Entwicklungshelfer, ein Dutzend Geschäftsleute mit Aktentaschen und spiegelblanken Schuhen und einen eindrucksvollen, weißbärtigen Mann, in einen braunen Kapuzenumhang, »Burnus« genannt, gehüllt. Die Passabfertigung dauerte lange. Die Beamten waren sehr gewissenhaft. Plötzlich berührte Ali meinen Arm. »Da kommen sie!«

Hinter einer Anzahl Touristen mit Rucksäcken, Schlafsäcken und Fotoausrüstungen erblickte ich Si-Tahar, ein schmächtiges Männchen in einem schlecht sitzenden Anzug, der mit Mühe zwei volle Taschen schleppte. Neben ihm stand eine in einen blütenweißen »Haik« (Schleier) gewickelte Frau, die ihn um einen Kopf überragte. Sie passierte mit ihrem Begleiter die Zollschranke und kam erstaunlich rasch auf uns zu.

»Da bist du ja, Ali!«, rief sie mit kehliger Stimme. »Als ich dich das letzte Mal in Algier sah, hattest du noch keinen Flaum am Kinn und Said lag in den Windeln. Und du bist sicher Aischa? Sei gesegnet, mein Kind, du bist schön wie das Morgenlicht!«

Sie schlug unbefangen ihren Haik zurück, während sie mich an sich zog und küsste. Die »Nomadin«, wie meine Familie sie nannte, war für eine Frau auffallend groß. Ihre Haut war hellgolden, ihre dunklen Brauen liefen in Spitzen aus. Ihr Gesicht war mit einem Faltennetz überzogen, das der feinen Äderung eines Blattes glich. Die Nase war schmal, die vollen Lippen wirkten schwermütig. Unter dem bunt bedruckten Kopftuch kamen ihre mit Henna rot gefärbten Flechten zum Vorschein. Ich starrte sie fasziniert an. Die Augen erinnerten an die meines Vaters oder Alis, aber ohne den trüben Schein, der ihren Ausdruck oft verdüsterte: Ma Djamilas Augen waren von einem klaren, tiefenlosen Grün, kalt wie Eis und zugleich glühend wie das Feuer im Herzen eines Smaragds.

»Ya, Ma Djamila«, stammelte Ali, sichtlich überrumpelt. »Bist du gut gereist?«

»Hamdulillah (Allah sei gelobt)!«, sagte Ma Djamila und streckte ihm ihre Hand hin, die er ehrerbietig küsste. Sie wies auf Si-Tahar, der verlegen den Kofferwagen schob. »Der Arme hat sich dreimal übergeben. Flugzeuge sind eine gute Erfindung, aber einen stabilen Magen muss man schon haben.«

Ma Djamila trug außer ihrer Handtasche lediglich einen alten Koffer bei sich, der mit einer Schnur umwickelt war. Si-Tahar hingegen war mit einer beträchtlichen Anzahl von Koffern und Taschen beladen. Da er meine Großmutter begleitet hatte, war es selbstverständlich, dass wir ihn nach Hause brachten. Deshalb verstauten wir sein Gepäck im Kofferraum. Si-Tahar setzte sich neben Ali, während sich Ma Djamila mit mir auf den Hintersitz zwängte. Wir fuhren los. Es regnete immer noch. Ma Djamila rieb die Fensterscheibe mit der Handfläche und versuchte trotz der Tropfen und des Dunstbeschlags hindurchzublicken. Ihre Begeisterung wirkte ansteckend. Welche Riesenstadt! Das glitzernde Lichtermeer, die hell erleuchteten Gebäude! Und die eleganten Geschäfte, die vielen Menschen, der Verkehr!

»Ya Allah! Die Stadt will ich mir ansehen, meine alten Füße werden das noch aushalten. Hassima kennt sich doch bestimmt gut aus!«

Ich schluckte. »Meine Mutter? Die geht nie aus.«

Ma Djamila starrte mich an. Plötzlich beugte sie sich vor, stieß mit ihrem langen, braunen Finger in die Rippen Alis.

»Ya Ali! Sag bloß, mein Sohn sperrt Hassima ein?«

Ali schmunzelte.

»Ich glaube eher, dass unsere Mutter freiwillig in ihren vier Wänden bleibt. Sie fürchtet sich vor dem Verkehr.«

»Hassima war schon immer zimperlich gewesen«, murmelte Ma Djamila. Sie lehnte sich zurück und streichelte zärtlich meine Hand.

»Aber du, mein Täubchen, wirst doch sicherlich deine alte Großmutter spazieren führen?«

»Gerne«, sagte ich errötend. »Wann immer du willst!«

Sie lachte, drückte meine Hand noch fester an sich. Ihre Finger waren trocken und warm. Mir schien, als ob sich ihre Kraft, ihre Vitalität irgendwie auch auf mich übertrugen.

Wir kamen erst um zehn Uhr nach Hause, da wir bei Si-

Tahar noch einen Tee trinken mussten. Mein Vater, der den Aufzug gehört hatte, stand mit Said bereits im Treppenhaus. Meine Mutter spähte durch den Türspalt und hielt aus Gewohnheit die Hand vor den Mund.

Ma Djamila schloss meinen Vater in die Arme. Ihre raue Stimme bebte vor Innigkeit. »Farid, mein Sohn! Die Jahre sind dahingerollt. Du hast Algier ähnlich einem Zugvogel, der nach dem Winter in nördliche Länder zurückkehrt, verlassen. Nun sind deine Kinder groß und kennen schon nicht mehr das Land ihrer Vorfahren.« Sie streichelte ihn, bedeckte sein Gesicht mit Küssen. Mein Vater war sehr blass und hustete aus Rührung. Sie murmelte: »Du siehst schlecht aus!«, und mahnte ihn gütig mit dem Finger. Dann betrachtete sie Said, der sein Grübchenlächeln aufzog, legte ihm wohlwollend ihre schlanke Hand auf den Kopf und strich über seine Wange.

»Hübscher Junge!«, gab sie von sich, wobei ihr Blick anerkennend zu meiner Mutter hinüberschweifte. Die beiden Frauen umarmten sich.

»Ma Djamila«, sagte meine Mutter, »du bist bestimmt von der Reise erschöpft. Ruh dich aus. Das Essen steht bereit.«

Großmutter bestaunte die Wohnungseinrichtung, das mächtige Büffet, die Polstermöbel, die Kommode mit den künstlichen Blumen, den selbst gehäkelten Deckchen und den Farbfernseher. Die Küchenausstattung beeindruckte sie besonders. Meine Mutter öffnete den Kühlschrank, zeigte die Vorräte, schaltete den modernen Gasherd ein. Und dann das Badezimmer mit den weißen Kacheln, die große Wanne, das Waschbecken mit heißem und kaltem Wasser! Ma Djamila nickte, murmelte vor sich hin, ließ sich alles erklären. Der kleine, runde Tisch war schon gedeckt. Großmutter nahm selbstverständlich den Ehrenplatz ein. Meine Mutter hatte einen süßen Kuskus, einen in Dampf gekochten Hartweizengrieß, zubereitet. Der Kuskus war mit Rosinen, Zimt und Zucker überstreut und schmeckte vorzüglich. Wir aßen mit den Händen, wie es in Algerien üblich war, formten aus dem Kuskus kleine Kügelchen, wozu wir nur die rechte Hand benutzten. Die linke, die beim Waschen gebraucht wird, gilt bei den Moslems als unrein. Meine Mutter hatte sich zu uns gesetzt. Sie durchwühlte das Kuskus mit dem Zeigefinger, fischte für die Großmutter die saftigsten Bissen heraus. Diese thronte mit angezogenen Beinen auf dem Sitzkissen, ließ sich keinen Kommentar entgehen, reagierte belustigt auf Saids charmante Späße und lobte beiläufig die Kochkunst meiner Mutter, deren blasse Wangen vor Freude erröteten. Wir lachten, scherzten und fühlten uns im Familienkreis geborgen. Als mitten im Gespräch eine Stille eintrat, hörten wir den Regen deutlich an die Fenster schlagen.

»Regnet es viel hier?«, fragte Ma Djamila.

»Oh ja, sehr oft«, sagte mein Vater.

»Das ist gut für die Ernte«, meinte Ma Djamila. »Frankreich muss ein reiches Land sein. Aber ihr wohnt in einem Turm! Gibt es denn hier keinen Innenhof?«

Ali erklärte ihr, dass die modernen Häuser keine Innenhöfe, dafür aber Balkone hatten.

»Was heißt hier modern?«, fiel Ma Djamila ihm ins Wort. »Balkone sind wie kleine Käfige. Der Mensch ist doch kein Kanarienvogel!«

Ich beteiligte mich wenig am Gespräch, achtete dafür auf die leisesten Wünsche der Großmutter. Ich schenkte ihr

Milch ein, hob ihre Serviette auf, reichte ihr das Fladenbrot und sah zu, wie sie es mit ihren kräftigen, durch Henna geröteten Finger in mundgerechte Stücke riss. Ma Djamila richtete das Wort kaum an mich, wenn aber ihre grünen Augen den meinen begegneten, sprühte ein warmes Licht in ihnen auf. Dann empfand ich ein seltsames glückliches Gefühl und lächelte voller Zuneigung zurück.

Die Reise hatte Ma Djamila jedoch ermüdet. Nach dem Essen wollte sie sich waschen und schlafen legen. Ich zeigte ihr, wie die Dusche funktionierte. Sie schloss sich eine halbe Stunde im Badezimmer ein. Als sie wieder erschien, war ihr Gesicht feucht. Nasse Strähnen hatten sich aus ihren roten Zöpfen gelöst und sie lachte mädchenhaft. Ich führte sie in mein Zimmer, zeigte ihr das Bett. Sie strich zufrieden über die frischen Laken, schlug die Steppdecke aus rosa Nylon zur Seite. Ihre Blicke wanderten zu der Blumentapete, an der ich einige Poster befestigt hatte. Ich erklärte ihr, wer die Beatles, die Rolling Stones und Michael Jackson waren.

»Said hat eine Menge Platten von ihnen. Du musst sie dir eines Tages anhören!«

Ma Djamila nickte mit herzhaftem Gähnen und zog ihre Gandura über den Kopf. Darunter trug sie ein weißes Untergewand und Pluderhosen, aber keinen Büstenhalter. Ihre Figur wirkte stattlich und trotz schlaffer Haut noch schön. Sie streckte seufzend die Beine aus, während ich mich auszog und unter die Decke schlüpfte. Ich war zu faul, um meine Zöpfe aufzulösen. Stattdessen würde ich morgen das Haar gut ausbürsten.

Mit einem Male fragte Ma Djamila: »Und du, mein Täubchen, bist du glücklich?«

Verwirrt dachte ich über die Frage nach. Die Antwort fiel mir schwer. Ich wollte Großmutter nichts vorspielen.

»Ich muss mich wohl zufrieden geben«, sagte ich und fiel aus allen Wolken, als Großmutter in Gelächter ausbrach.

»So jung und schon so weise!«

Ihre Stimme klang ironisch. Ich errötete und spürte meine Halsader klopfen. Nun hielt sie mich für vorlaut und machte sich auch noch lustig über mich.

»Wie meinst du das?«, fragte ich beschämt. »Ist es falsch, so zu denken?«

Doch sie winkte ab und gähnte abermals.

»Ich bin jetzt müde und möchte nicht mehr reden. Schlaf gut, mein Täubchen. Allah beschere dir süße Träume!«

»Gute Nacht, Großmutter«, erwiderte ich gehorsam und löschte die Nachttischlampe aus. Noch lange lag ich wach, als Ma Djamila schon eingeschlafen war. Der Regen hatte aufgehört. In der Dunkelheit hörte ich Großmutter tief und ruhig atmen. Demzufolge schnarchte sie nicht! Ich lächelte vor mich hin. Eine leise Stimme flüsterte mir zu, dass die Anwesenheit meiner Großmutter mein Leben verändern würde.

3

Obwohl Ma Djamila sechsundzwanzig Jahre älter war als meine Mutter, schien sie die Jüngere zu sein. Jeden Morgen stand sie als Erste auf. Während ich noch im Halbschlaf lag, hörte ich sie schon mit dem Geschirr klappern, den Teig für das Fladenbrot kneten und für das Frühstück Kaffee kochen. Wenn mein Vater und meine Brüder die Wohnung verlassen hatten und ich zur Schule ging, machte sie sich an die Hausarbeit. Die Betten wurden gelüftet, die Teppiche auf dem Balkon geklopft. Sie brachte meine Mutter dazu, die Fettschicht auf den Kacheln in der Küche zu entfernen, die Schränke auszuwaschen und die Böden zu scheuern. Teller und Schüssel wurden sofort nach Gebrauch gespült und abgetrocknet. Meine Mutter stöhnte, kratzte sich, lockerte den Verschluss ihres Büstenhalters. Ma Djamila machte sich über ihre Langsamkeit lustig, wobei nicht selten ein spitzer Unterton beigemischt war. In allen Angelegenheiten entwickelte sie eine emsige Geschäftigkeit, vertrat ungeniert ihre Meinung und setzte ihren Kopf durch. Sie begleitete mich und meinen Vater beim Einkaufen, entrüstete sich über das in Plastik verpackte Fleisch und Gemüse.

»Aber Kinder! Das Fleisch muss man anfassen, betasten und riechen! Wollt ihr denn ein verdorbenes Suppenhuhn im Kochtopf haben? Wie könnt ihr außerdem feststellen, ob die Tomaten nicht überreif, die Äpfel hingegen schmackhaft sind? Diese ausgetrockneten Datteln, diese schauderhaft grünen Bananen! Gibt es denn hier keine Markthalle?«

»Die gibt es schon«, meinte kleinlaut mein Vater, »aber da kostet alles viel mehr.«

Ma Djamilas streitlustiger Blick war auf ihn gerichtet.

»Merke dir, mein Sohn: Die groben Teile der Nahrung werden verdaut, die feineren gehen ins Blut. Was du an Ernährung sparst, gibst du für den ›Tubib‹ (den Arzt) wieder aus!«

Auch meinen Brüdern gegenüber hatte sie bald ihre Meinung. »Ali versucht die Welt mit Worten zu ändern und Said ist wie ein junges eitles Füllen. Er wehrt sich gegen die Zügel, er braucht jedoch eine feste Hand. Aber ich will mich nicht einmischen . . .«

Natürlich meckerte sie nicht immer herum. Sie hatte eine andere Art, ihren Willen durchzusetzen, indem sie ihre Kritik durch zarte Worte milderte und alle um den Finger wickelte.

»Ich sehe ein, Hassima, du bist eine tüchtige Frau. Glücklich sei der Mann, der eine derart vorbildliche Gattin hat! Aber die Arbeit wächst dir über den Kopf. Du musst dich schonen! Ein Glück, dass ich hier bin und dir die Hausarbeit abnehme!«

Meine Mutter lächelte geschmeichelt, senkte bescheiden die Augen und putzte, fegte und wischte!

Mich bedachte Ma Djamila mit Kosenamen, verwöhnte mich nach der Schule mit luftigem Mandelgebäck und süßen weißen Nudeln. Manchmal meinte ich, sie sehe in mir eine Kranke, der man ein Leiden verheimlicht, indem man sie besonders liebevoll behandelt. Doch oft spürte ich ihren eindringlichen Blick, in dem, wie ich vermeinte, ein Funken von Ironie tanzte . . .

Ich hatte Marie Merle vom Besuch meiner Großmutter erzählt und ihr die Einladung meines Vaters überbracht. Die Lehrerin war hocherfreut.

»Wunderbar! Nach einem guten Kuskus sehne ich mich schon lange!«

Am Mittwochabend erwarteten wir den Gast. Ich hatte das Besteck auf Hochglanz gebracht und den Tisch mit einer schönen neuen Plastikdecke bedeckt. Ein köstlicher

Duft strömte aus der Küche. Ma Djamila und meine Mutter hatten einen schmackhaften Kuskus mit Huhn, Hammelfleisch und verschiedenen Gemüsesorten zubereitet. Mein Vater war frühzeitig nach Hause gekommen, hatte gebetet und anschließend sein Kinn mit Rasierwasser eingerieben. Er hatte seine Jacke, die an den Ärmeln ausgebeult war, anbehalten und setzte sich steif vor dem Fernseher hin. Aber die Stimmung war gereizt. Ali, der sein Gesicht hinter der Zeitung vergraben hatte, fuhr plötzlich zusammen und schnauzte Said an, der in seinem Zimmer Platten in voller Lautstärke abspielte.

»Soll denn die Lehrerin denken, dass wir immer in diesem Lärm leben?«

Said steckte mit arglosem Lächeln den Kopf aus der Zimmertür.

»Ach, die Lehrerin!«, meinte er geringschätzig. »Ich wette, dass sie eine Brille trägt!«

Ich deckte schweigend den Tisch. Heute Abend ging es um mich, um meine Zukunft. Doch mein Vater und meine Brüder beharrten auf ihrem eigenen Standpunkt und sprachen sich das absolute Recht zu, mein Leben zu zerstören. Und ich musste mir dieses gefallen lassen.

Kurz vor acht Uhr klingelte es. Marie Merle stand vor der Tür. Über ihren Jeans trug sie einen hübschen blauen Blazer und Schuhe mit hohen Absätzen, die sie geschickt auf der Türschwelle abstreifte. Selbstverständlich war keine Brille auf ihrer Nase zu sehen und ich warf Said einen schadenfrohen Blick zu. Sie übergab meiner Mutter eine große Schachtel Pralinen, wobei ich innerlich seufzte. Meine Mutter und Pralinen! Sie würde alle gedankenlos hinunterschlingen und bloß noch dicker werden!

Ich stellte Marie Merle meiner Großmutter vor. Ma Djamila, die nicht Französisch sprach, war erfreut, dass die Lehrerin Arabisch beherrschte. Ihre Kinderjahre hatte sie in Constantine verbracht, bis ihre Eltern bei der Unabhängigkeit das Land verließen. Marie Merle ließ durchblicken, dass sie damals ihr Eigentum verloren hatten. Wozu alte Wunden wieder aufreißen? So wechselten wir schnell das Thema und mein Vater bat Marie Merle zu Tisch. Ma Djamila und meine Mutter blieben in der Küche, während ich mich bemühte die große Schüssel mit dem bunt geflochtenen Korbdeckel aufzutischen. Marie Merle betrachtete entzückt den dampfenden Hirseberg, der mit Rosinen und geviertelten Eiern verziert war. Sie beugte sich vor, um den Duft einzuatmen.

»Welch wunderbarer Kuskus! Es weckt in mir Heimwehgefühle!«

Neben den Teller der Lehrerin hatte ich einen Löffel gelegt, jedoch gebrauchte sie ebenso geschickt wie wir ihre Finger. Das Huhn- und Hammelfleisch wurde derart zubereitet, dass jeder mühelos mundgerechte Happen zu sich nehmen konnte. Die Soße war scharf und dickflüssig. Marie Merle gelang es, keinen Tropfen zu vergießen. Die Stimmung jedoch blieb gespannt. Mein Vater sagte kaum ein Wort und Said wirkte gleichgültig. Nur Ali bemühte sich ein Gespräch aufrechtzuerhalten.

»Wenn Sie in Algerien gelebt haben, dann ist Ihnen doch sicherlich die Zubereitung des Kuskus vertraut.«

»Aber gewiss!«

Marie Merle lachte fröhlich. Sie erzählte uns, wie der Grieß gesiebt, geknetet und mit Salzwasser übergossen wurde, wie man sich an den unsichtbaren Krümeln, die mit den Fingerspitzen zerrieben wurden, verbrennen konnte. Die Männer nickten anerkennend. Meine Mutter und Ma Djamila sahen von der Küchentür aus zu, lachten und spendeten Beifall. Allmählich war die Stimmung gelockert, das Wesentliche jedoch kam nicht zur Sprache. Marie Merle und die Männer unterhielten sich über das Wetter, die Teuerung, die Krise und über die Wohnungsnot: Über mich sprachen sie nicht. Dann erst rieb sich die Lehrerin ihre fettigen Finger an der Papierserviette ab.

»Mein Gott, dies war ein Festessen! Sie haben mich zu sehr verwöhnt.«

Ich räumte den Tisch ab und meine Mutter brachte ein kupfernes Tablett, auf dem eine silberne Kanne und Gläser standen.

Mein Vater hob die Kanne in Brusthöhe, goss sprudelnd den grünen Minztee ein. Großmutter bot Gebäck mit Mandelfüllung an. Sie wirkte sehr zuvorkommend, ging voll und ganz auf den Gast ein und ließ dabei die Lehrerin nicht aus den Augen. Zwar wusste ich nicht, wie Großmutter über sie dachte, spürte jedoch, dass sie ihr wohlgesinnt war.

Marie Merle schlürfte behaglich den schäumenden, süßen Tee. Dann lächelte sie Ma Djamila an.

»Darf ich rauchen?«

Obwohl der Ausdruck meines Vaters abweisend wirkte, nickte Ma Djamila freundlich. Ich stellte einen Aschenbecher hin. Ali gab der Lehrerin Feuer. Sie dankte und stieß den Rauch durch die Nase.

»Ich bin Aischas wegen gekommen«, sagte sie unerwartet.

Mein Vater nickte, während Said geringschätzig die

Lippen verzog. Meine Großmutter verschwand in die Küche, jedoch hatte sie feine Ohren und ich wusste, dass sie jedes Wort mithörte.

Marie Merle begann zu sprechen und richtete ihren Blick auf meinen Vater. Es waren schlichte, vernünftige Worte. Sie erzählte vom Ausländerüberschuss in den Schulklassen und von den Schwierigkeiten, diese Kinder aus unterschiedlichen Kulturkreisen zu unterrichten.

»Im Durchschnitt weisen die meisten von ihnen gute Leistungen auf, für viele jedoch sind die Weichen bereits gestellt, ihr Weg programmiert. Einige aber sind besonders begabt, es liegt also an uns, den Lehrkräften, ihre Fähigkeiten zu erkennen und zu fördern.

Aischas Persönlichkeit birgt Vielversprechendes. Ich wäre glücklich, wenn sie studieren und Lehrerin werden könnte. Neben Intelligenz fordert diese Aufgabe Geduld, Bereitschaft und Hingabe, Eigenschaften, über die Aischa verfügt.«

Schweigen folgte. Das Gesicht meines Vaters wirkte abweisend. Ali rauchte versonnen und Said lächelte spitzbübisch und gelangweilt. Mein Herz schlug schneller. Ich hatte nicht geglaubt, dass Marie Merle derart viel Aufhebens von mir machen würde, und hätte mich am liebsten in mein Zimmer verkrochen. Schließlich räusperte sich mein Vater.

»Meine beiden Söhne haben nur die mittlere Reife. Ein Mädchen soll zu Hause bleiben und lernen, was sie als Frau und Mutter wissen muss. Wenn sie dazu noch über Verstand und Witz verfügen sollte, umso besser: Sie wird ihrem Mann eine verantwortungsvolle Gefährtin sein.«

»Ich bin der Meinung, Aischa sollte das Abitur machen«, mischte sich Ali ziemlich heftig ins Gespräch. »In Krisenzeiten ist der Mann auch auf seine Frau angewiesen. Wenn er stempeln geht, kann sie einspringen und die Familie über Wasser halten.«

Said kicherte, sodass seine weißen Mädchenzähne sichtbar wurden. »Und wer kocht und versorgt die Kinder? Etwa der Mann?«

Marie Merle rauchte in lockerer Haltung und gab sich nicht im Geringsten ungeduldig.

»Sie müssen das Problem anders sehen. Seit zwei Jahrzehnten befinden wir uns in einer weltweiten Krise. Das Ende des industriellen Zeitalters ist bereits abzusehen. Durch den Personalabbau werden immer mehr Leute ihren Arbeitsplatz verlieren und auf der Straße liegen, da sie den zukünftigen Anforderungen bildungsmäßig nicht gewachsen sind. Ein Mensch kann heute nicht nur *sein.* Er muss auch *denken!* Es geht hier nicht darum, *wer* die Kinder erzieht, sondern *wie* sie erzogen werden. Und nur eine gebildete Frau kann intelligente Kinder großziehen.«

Said lachte warm und gewinnend.

»Mädchen sind aber zu gefühlvoll! Wenn ein Junge über ihren Weg läuft, vergessen sie ihre Bücher und träumen von Heirat!«

»Hören Sie nicht auf ihn«, sagte Ali ungehalten. »Der denkt nur immer an Vergnügen! Sie sprechen Dinge aus, die ich auch glaube. Die Arbeiter müssen ihre Bedeutung erkennen und sich gegen ihre Ausbeuter wehren.«

»Das ist eine politische Ansicht«, erwiderte Marie Merle. »Ich spreche aber von der Zukunft der Menschen, die sich nur unter Einsatz der persönlichen Fähigkeiten meistern lässt.«

»Spielt sich die Zukunft der Masse nicht etwa auf politischer Ebene ab?« Alis Frage klang herausfordernd. Marie Merles friedfertiges Lächeln milderte die Schärfe ihrer Antwort.

»Das Wort ›Masse‹ ist einer der verheerendsten Begriffe, den uns das 19. Jahrhundert beschert hat. Für mich ist jeder Mensch ein Wunder der Schöpfung, besonders, einzigartig und kostbar.«

Alle schwiegen. Dann begann mein Vater zu husten. Marie Merle warf ihm einen Blick zu und drückte ihre Zigarette aus.

»Ich verstehe nicht viel von diesen Dingen«, sagte er, als er wieder zu Atem gekommen war. »Aber wir müssen genau rechnen. Ein Studium ist nicht umsonst. Die Schulbücher, die Busfahrten, die Kleider. Wozu der ganze Aufwand? Sie liest ohnehin schon zu viel. Überall, bei jeder Gelegenheit, hält sie ein offenes Buch in der Hand oder ein geschlossenes unter dem Arm!«

Ich errötete, denn ich wusste, dass meine Lesesucht meinen Vater eigentlich irritierte.

»Zu viele Bücher«, fuhr er fort, »sind für ein junges Mädchen nicht gut. Sie vergiften ihren Geist und verdrehen ihren Verstand.«

Marie Merle nickte nachdenklich.

»Viele Leute fürchten die Macht der Bücher. Sie lösen Freude oder Ergriffenheit aus, rufen Liebe, Schmerz oder Hass hervor. Sie wecken Sehnsüchte oder provozieren Massenaufmärsche. Sie blicken in die Zukunft und verlangen Unsterblichkeit.«

»Nur Allah ist unsterblich!«, rief mein Vater vorwurfsvoll. »Mektoub! Steht nicht jedem im Voraus alles auf der

Stirn geschrieben? Welchen Sinn hat es, dem Schicksal entgegenzuwirken?«

»Nun hör doch endlich auf!« Die raue Stimme meiner Großmutter unterbrach ihn derart heftig, dass alle den Kopf zu ihr wandten. Sie hatte sich in der Küchentür aufgestellt und stemmte die Fäuste in die Hüften. Ihre roten Strähnen hingen an ihren Wangen herunter und ihre grünen Augen funkelten streitlustig.

»Farid, du bist dein ganzes Leben unpraktisch gewesen! Was nützt dir die Hingabe an das Schicksal? Nur dem tatkräftigen Menschen schenkt Gott seinen Segen! Die Kleine hat Verstand? Die Kleine soll studieren? Ich weiß überhaupt nicht, weshalb du Worte dazu verlierst. Die einen sind dumm, die anderen klug. Du solltest stolz sein, dass aus dem Mädchen etwas wird, und Allah dafür danken.«

Das Gesicht meines Vaters lief dunkelrot an. Ali rutschte nervös hin und her, während Said seinen Mund vor Verblüffung offen ließ. Ein Scheppern unterbrach die Stille: Meine Mutter hatte in der Küche einen Topfdeckel fallen lassen.

Ma Djamila holte tief Luft und heftete ihre glitzernden Augen auf Marie Merle, als wollte sie die Lehrerin in ihren Bann schlagen.

»Ich danke dir, dass du gekommen bist«, sagte sie. Mir war, als ob ihre Stimme noch dunkler und eindringlicher würde. »Die Kleine wird lernen, was es zu lernen gibt. Ich stehe ihr bei.«

4

Im Juni wurde ich sechzehn. Seit einiger Zeit war mein Busen gewachsen. Ich bemerkte es nicht nur daran, dass mein Büstenhalter zu eng wurde, sondern auch an der Art, wie Said mich anstarrte. Als ich an einem besonders heißen Morgen eine helle Bluse anzog, sagte mein Vater ziemlich barsch:

»Zieh dir etwas anderes an! Willst du die Blicke der Männer auf dich lenken?«

»Aber es ist doch so warm heute!«, rief ich.

»In Algerien ist es noch viel wärmer«, sagte meine Mutter, »und die Mädchen bleiben züchtig gekleidet.«

»Aber hast du nicht gesehen, wie die Mädchen hier umherlaufen?« Ma Djamila vertrat wieder einmal ihre eigene Meinung. »Soll das Kind sich denn lächerlich machen? Sie lebt ja in Frankreich!«

Aber meine Mutter blieb hart.

»Wie sich die Ungläubigen anziehen, ist ihre Sache. Aischa ist Muslimin. Gott hat ihr Bescheidenheit befohlen.«

Ich wollte keinen Streit herbeiführen. So streifte ich eine Jacke und einen Rock über, der mir fast bis an die Knöchel reichte. Selbstverständlich dazu warme Strumpfhosen, durch die ich abends geschwollene Füße hatte.

Das Schuljahr ging zu Ende. Die meisten Schüler stiegen nach den Ferien ins Berufsleben ein. Mit Selima konnte ich nicht mehr viel anfangen. In Gedanken war sie von der Schule schon weit entfernt, träumte vom Verlobten, den die Eltern aussuchten. Wie schnell die Zeit vergangen war. Eigentlich war ich gern in dieser Klasse gewesen. Sechs Jahre und immer dieselben Gesichter. Sicherlich mochte ich sie nicht alle, aber ich gehörte zu ihnen. Auf das Examen hatte ich mich gut vorbereitet und meine Zeugnisse waren dementsprechend. Marie Merle sagte, sie wäre stolz auf mich. Allerdings war ich traurig, dass sie von nun an nicht mehr meine Lehrerin sein würde. Im September begann ich die Schule an einem Gymnasium in Neuilly. Dies bedeutete einen längeren Schulweg: zuerst mit dem Bus, dann drei Stationen mit der U-Bahn.

An der Schlussfeier nahm ich nicht teil. Meine Eltern stimmten nicht zu, da mich niemand begleiten konnte. Ich hatte mich damit abgefunden. Es war eben so, dass Moslemmädchen nicht überall hinkonnten.

Am letzten Schultag blieb ich im Klassenzimmer zurück, um mich von Marie Merle zu verabschieden. Es war trotz der offenen Fenster sehr heiß. Die Schweißausdünstung der Schüler, mit dem typischen Geruch aus Turnschuhen und Kreide gemischt, ließ die Luft stickig erscheinen. Marie Merle zündete eine Zigarette an. Ihr Gesicht war leicht gerötet. Ich betrachtete sie mit Kummer: die blauen Augen, das kurze, strohblonde Haar. Tränen kamen in mir hoch, da ich sie liebte und mich von ihr trennen musste.

»Es ist auch für mich hart, weißt du«, sagte Marie Merle, als ob sie meine Gedanken las. »Sechs Jahre! Im September kommen neue Schüler . . .«

Ich nickte mit zugeschnürter Kehle. Marie Merle zwang sich zu einem Lächeln. »Nun haben wir es hinter uns!«

»Ich . . . ich danke Ihnen für alles«, stammelte ich. »Ohne Sie hätte ich es nicht geschafft.«

Sie schüttelte den Kopf.

»Du musst nicht mir, sondern deiner Großmutter danken. Übrigens, wie geht es ihr?«

»Danke, gut«, erwiderte ich steif und setzte wie üblich »Allah sei gelobt!« hinzu.

Marie Merle nickte vor sich hin.

»Sie ist eine bemerkenswerte Frau. Vergiss nicht, dass du von ihrem Blut bist.«

Ich blickte sie fragend an. Sie wollte mir etwas mitteilen. Aber was? Marie Merle rauchte nachdenklich.

»Die Menschheit«, sagte sie, scheinbar beziehungslos, »kann nicht ohne Traditionen leben. Heute aber entsteht ein verändertes Weltbild. Wir müssen umdenken und dürfen uns nicht an überholte Vorstellungen klammern.«

Ich begriff, worauf sie anspielte, doch ich schwieg. Ich hütete mich vor gewissen Gedanken und Überlegungen, hielt sie tief unten, um nicht selber davor zu erschrecken. Trotzdem brannte eine Frage auf meinen Lippen.

»Meine Großmutter«, sagte ich gepresst, »ist viel freier als meine Mutter. Weshalb eigentlich?«

»Weil sie zu denen gehört, die echt sind.« Marie Merle suchte meinen Blick. Ich senkte verwirrt die Augen. Die Lehrerin lachte kurz auf, drückte ihre Zigarette aus und warf ihre Beuteltasche über die Schulter.

»Du hast ja meine Adresse. Komm mal vorbei! Ich will doch wissen, wie es dir im Gymnasium gefällt.«

Ich nickte stumm. Stille herrschte im Klassenzimmer. Nur der Boden knirschte bei jedem Schritt und in der Ferne brauste der Verkehr. Tränen brannten in meinen Augen. Marie Merles Gesicht verschwamm in einem weißlichen Nebel.

»Ich . . . ich werde immer an Sie denken!«, schluchzte ich.

Sie kam zu mir und schloss mich in ihre Arme. Ich legte

den Kopf an ihre Schulter, atmete ihr Parfüm ein, einen frischen Maiglöckchenduft, der sich mit dem Geruch ihrer Zigarette vermischte. Ihre Lippen streiften meine nassen Wangen.

»Werde wie deine Großmutter«, flüsterte sie. »Bleibe dir selbst treu. Und vergiss nie, dass du stark bist.«

In den Ferien ging ich oft mit Ma Djamila spazieren. Wir fuhren mit dem Bus und der U-Bahn. Ich zeigte ihr die großen Boulevards, den Eiffelturm, die Ufer der Seine und die Gärten des Louvre. Wir besichtigten Napoleons Grab, bestiegen den Triumphbogen, um die Aussicht auf die Place de la Concorde und die Champs-Elysées zu genießen. Ma Djamila wollte alles erläutert bekommen. Abends war ich vom Reden beinahe ebenso erschöpft wie vom Gehen.

Eines Nachmittags zeigte sie auf eines der vielen Boulevard-Cafés mit den bunten Sonnenschirmen.

»Ich bin durstig! Komm, mein Kind! Wir setzen uns!«

»Aber Ma Djamila!« Ich war entsetzt. »Was wird nur mein Vater sagen?«

Sie starrte mich an, imponierte in ihrem weißen, zurückgeschlagenen Haik und stützte ihre Hände in den Hüften auf.

»Das fehlt noch, dass mein Sohn mir Vorschriften macht und bestimmt, wo ich meine alten Beine auszuruhen habe!«

Sie zerrte mich über die Straße. Wir setzten uns an eines der runden Tischchen. Großmutter wollte, dass ich eine Limonade bestellte. Der Kellner übersah uns zehn Minuten, bevor er uns dann unhöflich bediente. Aber Ma Djamila war zufrieden. Sie war in einem Café gewesen.

Ich staunte über Großmutters Ausdauer: Ich wurde schneller des Pflasters müde als sie! Ihr Gang war erstaunlich aufrecht, wirkte geschmeidig und stolz. Einiges erfuhr ich aus ihrer Jugend. Sie stammte aus dem Oasendorf In-Salah, im tiefen Süden Algeriens. Ihr Vater war ein Mekka-Pilger, ein angesehener Mann, der früh verstarb. An dem Abend, nachdem wir im Café gesessen hatten, waren wir uns auf eine seltsame Weise näher gekommen und sie erzählte mir mehr vor dem Schlafengehen. Ich saß im Nachthemd auf der Bettkante und löste meine Zöpfe.

»Du hast schönes Haar«, sagte Ma Djamila. »Ich bürste es dir.«

Ich lehnte den Kopf zurück, während Ma Djamila liebevoll und geschickt mein Haar bürstete.

»Meine Mutter«, sagte sie, »wuchs in einem Zelt auf.«

Ich wandte interessiert den Kopf zu ihr hin. Deshalb nannte man sie »die Nomadin«.

»Sie hieß Takoma und war eine Tochter der Ihaggaren«, fuhr meine Großmutter fort.

»Wer sind denn die Ihaggaren?«, wollte ich wissen.

»Die Bewohner des Hoggar-Gebirges. Sie sind allgemein unter dem Namen ›Tuareg‹ bekannt.«

Nun war ich im Bild und kicherte.

»Die verschleierten Männer also? Man erzählt, sie seien sehr kriegerisch!«

»Das ist lange her«, sagte Ma Djamila. »Mein Vater lernte Takoma unter höchst dramatischen Umständen kennen. Er war mit einer Handelskarawane unterwegs, als er von einem starken Sandsturm überrascht wurde. Die Kameltreiber kamen vom Weg ab und irrten während Tagen durch die Wüste. Bald gingen die Wasservorräte aus. Die Männer mussten die Kamele schlachten und das Blut ihrer Tiere trinken.«

Das hörte sich wie eine Erzählung aus Tausendundeiner Nacht an! Aber ich ahnte, dass sich hinter diesem Wüstenmärchen eine harte, erbarmungslose Wirklichkeit abzeichnete.

»Und dann? Was geschah dann?«

Ich spürte das Gleiten der Bürste in meinen Haaren.

»Mein Vater gehörte zu den wenigen Überlebenden, die zwei Wochen später von einer Tuareg-Karawane geborgen wurden. Sie brachten die Verirrten zu ihrem Lager. Mein Vater, der von hohem Fieber befallen war, wurde von einer Nomadin und ihrer siebzehnjährigen Tochter aufgenommen und gepflegt.«

Ich strich verblüfft mein Haar aus dem Gesicht.

»Ya Allah! Ein fremder Mann? Wie ist dies möglich?«

Großmutters Augen funkelten belustigt.

»Im Gegensatz zur arabischen Frau, die nie einen Fremden zu Gesicht bekommt, ist die Nomadin Herrin im Zelt und kümmert sich um das Wohl ihrer Gäste. So konnte es geschehen, dass sich das junge Mädchen Takoma in den Kranken verliebte.«

»Was sagst du da?«

»Mehr noch! Er war von ihrer Unbefangenheit entzückt und heiratete sie gemäß den Bräuchen der Tuareg.«

»Großmutter«, rief ich kopfschüttelnd, »wenn du es nicht wärst . . .«

»Meine Zunge möge mir im Gaumen verdorren«, sagte Ma Djamila feierlich, »wenn nicht jedes Wort wahr ist!«

Sie legte die Bürste zur Seite, rieb sich den Rücken und

streckte sich auf ihrem Bett aus. Ich sah, wie ihr Gesichtsausdruck abwesend wurde.

»Oh bitte«, rief ich, »erzähl weiter!«

Ma Djamila seufzte. Ihre Stimme klang plötzlich verändert und bitter.

»Mein Täubchen, die Liebe ist wie eine Luftspiegelung, eine Fata Morgana. Mein Vater brachte seine schöne, junge Frau nach In-Salah, wo sie von seiner Familie mit Argwohn empfangen wurde. Die Frauen, die in abgeschlossenen Höfen lebten, kannten nichts anderes als ihre wiedergekauten Klatschgeschichten. Takoma lebte mit Verdächtigungen, Eifersucht und Sticheleien. Zu allem Unglück brachte sie auch noch als erstes Kind eine Tochter – mich – auf die Welt. Wäre ich ein Sohn gewesen, hätte sie vielleicht an Einfluss gewinnen können. Aber Takoma gehörte einem Volk an, bei dem die Frau ein Ansehen genießt. Sie konnte und wollte nicht einsehen, weshalb die Geburt eines Mädchens als Schmach galt und ihr Mann von seinen besten Freunden bemitleidet oder verhöhnt wurde.«

»Aber es wurden doch sicherlich noch mehr Kinder geboren«, sagte ich.

Sie seufzte erneut.

»Mein Vater hatte sich von dem tückischen Fieber nicht erholt, das er sich in der Wüste zugezogen hatte. Ich war kaum einige Monate alt, als er schon starb. Gleich stürzten sich seine Brüder wie Geier auf seinen Besitz und teilten ihn unter sich auf. Meiner Mutter wurde eine armselige Behausung am Dorfrand zugewiesen.« Sie kniff die Lider zusammen. Ihre Augen waren jetzt hart und stumpf wie Kiesel.

»Meine Mutter, die stolze, freie Nomadin, verlor ihre Fröhlichkeit, ihre anmutige Schönheit, ihre Gesundheit und zuletzt sogar ihren Verstand. Sie redete wirr und dämmerte in Fieberträumen dahin. Einige Jahre später starb sie.«

»Was wurde denn da aus dir?«, fragte ich, als Großmutter schwieg.

»Aus mir?« Ihre Augenwinkel zuckten. »Oh! Nichts weiter. Ein Bruder meines Vaters nahm mich bei sich auf.«

Ich erriet, was sie mir verschwieg: die Arbeit, zu der sie gezwungen wurde, die Demütigungen, die Schläge, die Verachtung . . .

»Mit vierzehn«, schloss Ma Djamila, »wurde ich verheiratet und kam nach Algier. Ich habe die Wüste nie wieder gesehen.«

Zögernd fragte ich: »War mein Großvater . . . gut zu dir?«

In ihren Augen glomm ein Funke auf. Sie entblößte die Zähne, doch es war kein Lächeln in ihrem Gesicht.

»Er war wie andere Männer, nicht besser und nicht schlechter.«

Sie zog plötzlich die Decke bis zum Kinn hoch und drehte mir den Rücken zu.

»Wozu das nutzlose Geplapper! Schlaf jetzt!« Ich löschte das Licht, lauschte auf ihre tiefen Atemzüge. Ich spürte, dass ich unabsichtlich eine tiefe, offene Wunde berührt hatte, die in ihrem Herzen noch immer blutete . . .

5

Der August war drückend heiß. Alle Leute waren in die Ferien gefahren, Paris wirkte ausgestorben. Wir lebten den ganzen Tag hinter geschlossenen Rollladen. Durchzug sorgte für Kühle. Meine Mutter hatte geschwollene Beine und oft brach ihr der Schweiß aus. Abends setzte sie sich auf den Balkon, versteckte sich vor den Blicken der Nachbarn und atmete die stickige Luft ein.

Said war viel unterwegs, kam fast jede Nacht erst um drei oder vier Uhr nach Hause.

»Lass ihn doch«, sagte mein Vater nachsichtig, wenn meine Mutter sich aufregte. »Zu meiner Zeit war der Algerienkrieg. Wir hatten monatelang Ausgangssperre.«

Er war stolz auf seinen Jüngsten und gewährte ihm jede Freiheit. Ein Sprichwort lautet: »Freue dich, wenn dein Sohn Herr über sein eigenes Reittier wird.« Ali machte manchmal Krach, aber nur, weil Said mitten in der Nacht die Klospülung zog oder Licht im Zimmer machte. Said war alles erlaubt: Fußball spielen, schwimmen, Kino. Sogar eine Übernachtung bei Freunden war für ihn selbstverständlich, während ich kaum aus dem Haus durfte. Aber ich war weder eifersüchtig, noch fühlte ich mich benachteiligt. Mädchen hatten nicht die gleichen Rechte wie Jungen. Immerhin ging ich alleine durch die Straßen. Meiner Mutter war das in Algier nicht erlaubt worden.

Freitags gingen mein Vater und Ali zum Gebet in die Moschee und wir warteten mit dem Essen auf sie. Auch an diesem Abend war es so: Ma Djamila hatte mit Kümmel gewürztes Hammelfleisch zubereitet und mir gezeigt, wie man Salat mit Pistazienkernen, kleinen Zwiebeln und Olivenöl besonders schmackhaft anrichtet.

Said war selten pünktlich. Umso mehr freuten wir uns, dass er nun rechtzeitig zum Essen erschien. Er jedoch wirkte beunruhigt und nervös. Meiner Mutter fiel auf, dass er mürrisch in seinem Teller herumstocherte.

»Was ist denn mit dir los?«, fragte sie besorgt. »Bist du krank?« Sie legte ihm ihre weiße, fleischige Hand auf die Stirn, aber er stieß sie heftig zurück.

»Lass mich in Ruhe! Ich bin nur müde.«

»Kein Wunder, wenn du dir die Nächte um die Ohren schlägst«, gluckste sein älterer Bruder. Aber Said ging nicht wie üblich auf seine Sticheleien ein, sondern schwieg und machte ein finsteres Gesicht. Unmittelbar nach dem Essen verdrückte er sich in sein Zimmer, das er mit Ali teilte. Er wollte Platten von David Bowie auf Kassetten überspielen und diese einem Freund bringen.

Mein Vater sah sich die Nachrichten an und Ali las die Zeitung, als es plötzlich zweimal schellte. Der schrille Ton fuhr uns durch die Knochen. Vaters und Alis Blicke trafen sich: Wir erwarteten keinen Besuch. Rasch verzogen meine Mutter und ich uns zu Ma Djamila in die Küche, während mein Vater die Türe öffnete. Draußen standen zwei Franzosen. Ich konnte sie durch den Türspalt sehen: große, kräftige Typen. Sie trugen Jeans und Polohemden. Der eine war dick, roch nach Zigarren und schwitzte stark unter den Armen. Der andere wirkte mit seinem kurz geschorenen Haar wie ein großer Schuljunge. Auf beiden Gesichtern aber war dieselbe ausdruckslose Härte, in beiden Augenpaaren der gleiche starre, eisige Blick zu erkennen.

»Sind Sie Farid Ben Jamal?«, fragte der Dicke in schleppendem Tonfall.

»Ja«, sagte mein Vater. »Was wollen Sie?«

»Polizei«, sagte der Dicke und hielt die Dienstmarke unter die Nase meines Vaters. Während dieser verblüfft nach Worten rang, betrat der Kurzgeschorene rücksichtslos die Wohnung. Ali, der die Zeitung in der Hand hielt, baute sich vor ihn auf. »Moment mal, was soll das?«

Der Kurzgeschorene deutete mit dem Kinn auf ihn.

»Wer ist denn der?«, fragte er meinen Vater, der nervös schluckte.

»Ali«, stammelte er. »Mein ältester Sohn.«

Seine Stimme war die eines Fremden. Ich starrte ihn an, da ich es kaum fassen konnte. Eine merkwürdige, beängstigende Veränderung geschah. Es war, als ob sein Körper auf geheimnisvolle Weise einschrumpfte. Er ließ die Schultern hängen, sein Blick wurde dunkel und trübe wie von Schlamm durchsickert. Die Beamten beobachteten das verstörte, gehetzte Gesicht eines Algeriers, der die Befreiungskriege miterlebt und dem die Erinnerung an die Ausschreitungen der Kolonialmilizen noch in den Knochen saß.

»Du hast doch noch einen zweiten Sohn«, sagte der Kurzgeschorene, der nun meinen Vater duzte. »Ist er zufällig hier?«

Mir fiel plötzlich auf, dass in Saids Zimmer seit einer Weile Totenstille herrschte.

»Said, komm mal her!«, rief mein Vater. Seine Stimme klang eigentümlich schrill.

Einige Sekunden verstrichen. Dann ging die Tür auf und Said erschien auf der Schwelle, nur in einer Pyjamahose und einem Unterhemd. Sein Gesicht war kreidebleich.

»Nun, Söhnchen, warum zitterst du denn?«, fragte der Dicke höhnisch. »Ist es dein schlechtes Gewissen?«

»Ich . . . ich weiß nicht, was Sie meinen!«, stotterte Said. »Ich habe doch nichts getan!«

»Dies werden wir gleich feststellen«, sagte der Dicke.

Beide drängten sich an ihm vorbei in sein Zimmer und ich spähte entsetzt durch die Küchentür.

»Aischa, bleib hier!« Meine Mutter hielt mich am Arm fest, aber ich riss mich los. Die Beamten standen mitten in Saids Unordnung und der Kurzgeschorene fragte: »Was rauchst du denn da?«

Er nahm einen Zigarettenstummel aus dem Aschenbecher auf dem Nachttisch, hielt ihn an seine Nase und grinste meinen Vater viel sagend an.

»Und das duldest du?«

Mein Vater hustete.

»Wie . . . wie meinen Sie das?«

»Tu nicht so dumm«, sagte der Kurzgeschorene achselzuckend. »Dies ist nicht der Duft der großen, weiten Welt!«

»Es ist das erste Mal, dass ich das Zeug rauche!«, verteidigte sich Said. »Ein Freund hat mir die Joints besorgt. Aber ehrlich gesagt, ich höre auf. Man wird ja nur krank davon . . .«

»Schnauze«, sagte der Kurzgeschorene gelangweilt.

Ich fiel aus allen Wolken. Waren die kleinen, aromatischen Zigaretten, die Said so gerne rauchte, Joints? Mir gefiel das Aroma und ich leerte oft ahnungslos die Aschenbecher. Selbstverständlich zog der Dunst durch die Wohnung. Kein Wunder, dass ich seit einiger Zeit wirre Träume hatte und jeden Morgen mit trockener Zunge aufwachte! Selbst Ma Djamila und meine Mutter beklagten sich.

»Du kannst von mir aus an die Spritze gehen«, sagte der Dicke. »Wir haben andere Sorgen. Kennst du einen gewissen Aziz Abdul Fouad?«

Said machte ein erstauntes Gesicht. »Nicht dass ich wüsste!«

Der Dicke kratzte sich an den Bauchfalten unter dem Polohemd.

»Lass dir ruhig Zeit beim Nachdenken. Wir haben es nicht eilig.«

Saids Wimpern bebten.

»Ehrenwort, ich kenne ihn wirklich nicht!«

»Na, hör mal!« Der Dicke erwiderte Saids nervöses Starren mit einem langen, kühlen Blick. »Manuel, der Wirt vom ›El Sirocco‹, erinnert sich dich oft mit ihm an der Bar gesehen zu haben.«

Said klopfte sich an die Stirn, als ginge ihm soeben ein Licht auf.

»Ach so! Sie meinen *diesen* Aziz? Er nennt sich aber Rocky!« Er lachte nervös. »Entschuldigen Sie, dass ich mich im Namen irrte.«

»Wir sind schon im Bilde.« Der Dicke verzog keine Miene. »Also, dein Rocky, oder wie er heißt, wird verdächtigt mit zwei Kumpanen in Pigalle ein Schmuckgeschäft ausgeraubt zu haben. Der Inhaber wurde zusammengeschlagen, geknebelt und mit dem Messer bedroht. Die Ware wurde angeblich bei Freunden untergebracht. Na, dann wollen wir uns mal in deiner Bude umsehen.«

»Doch nicht so ohne weiteres«, mischte Ali sich ein. »Haben Sie einen Durchsuchungsbefehl?«

»Setz dich nicht auf das hohe Pferd«, entgegnete der Dicke gelangweilt. »Zeig mal deine Arbeitsbescheinigung.«

Ali biss sich auf die Unterlippe. Aber er holte seine Brieftasche hervor und reichte dem Beamten seinen Ausweis.

»Da hast du aber Glück gehabt«, brummte dieser und gab ihm den Ausweis zurück.

»Ich kenne meine Rechte«, sagte Ali. »Ohne amtliche Befugnis können Sie keine Durchsuchung vornehmen.«

»Halt die Klappe!« Der Dicke schmatzte dabei. »Wir tun, was wir für richtig halten.«

Sie gingen sehr gewissenhaft vor. Ich hörte sie die Schubladen ziehen und die Schranktüren öffnen. Ali war verstummt und Said zitterte wie Espenlaub. Mein Vater hustete nur noch. Sein verschwitztes Gesicht glänzte und seine Augen stachen hervor.

Auf einem Regal entdeckte der Dicke einige Flugblätter, die Ali von seinen Versammlungen mitbrachte.

»So, ein Aktivist!«, sagte er langatmig. »Daher das große Maul.«

Ali warf den Kopf arrogant in den Nacken.

»Wir leben in einer Demokratie. Jeder hat das Recht auf politische Meinung.«

Der Kurzgeschorene kicherte.

»Diese Auffassung solltest du bei der algerischen Regierung vertreten!«

Said hob beschwörend beide Hände.

»Glauben Sie mir doch! Ich habe mit der Sache nichts zu

tun! Ich kenne Rocky noch nicht lange. Seine Geschichten gehen mich nichts an ...«

»Woher hast du deine schöne Uhr?«, fragte der Kurzhaarige.

»Es ist meine!«, fauchte Said. »Ich habe sie mir gekauft!«

»Kannst du uns das beweisen?«

»Ich habe eine Garantie!«, schrie Said. »Augenblick mal, die liegt irgendwo!« Er wühlte fiebernd in seinen Sachen, brachte dabei alles noch mehr in Unordnung. Endlich fand er ein zerknittertes Papier, das er zitternd den Beamten überreichte. Die Polizisten waren sichtbar verstimmt, da sie nichts gefunden hatten. Ali spürte ihre Enttäuschung.

»Warten Sie nur ab!«, zischte er. »Ich werde die Sache unserem Ausschuss mitteilen!«

»Wir sind noch nicht zu Ende.«

Der Dicke trat aus dem Zimmer. Als er schon den nächsten Türgriff festhielt, versperrte ihm mein Vater den Weg.

»Dies ist unser Schlafzimmer! Da haben Sie nichts zu suchen!«

»Nur keine Aufregung«, sagte der Dicke. »Wir lüften deine ehelichen Geheimnisse schon nicht. Geh besser zum Arzt. Keuchhusten soll ansteckend sein.«

Er schob meinen Vater zur Seite und stieß die Tür auf. Der Kurzgeschorene machte Licht. Beide durchwühlten sämtliche Schubladen, drehten die Matratzen um, zerrten Wäsche aus den Schrankfächern. Sie warfen die Sachen auf den Boden, umwühlten sie mit den Füßen oder trampelten auf ihnen herum. Ich bebte am ganzen Körper, hörte meine Mutter in der Küche jammern und stöhnen, während Ma Djamila keinen Ton von sich gab.

Als mein Zimmer an die Reihe kam, vergaß ich, dass sich ein algerisches Mädchen vor fremden Männern nicht zeigt, stürzte wutentbrannt auf die beiden zu und schrie: »Da befinden sich nur meine Bücher!«

Der Dicke zog ironisch seine Augenbrauen hoch. »Alle Achtung, Kleine! Du kannst sogar lesen?«

Er sah die Bücher unter dem Bett, bückte sich mit Mühe und nahm eines hervor. Er blies die Staubschicht weg und blinzelte mir vergnügt zu.

»›Die drei Musketiere!‹ Das habe ich früher auch einmal gelesen!«

»Gehen Sie weg!«, schrie ich und riss ihm das Buch aus der Hand, wobei er derart lachte, dass seine Bauchfalten mitbebten.

Währenddessen öffnete der Kurzgeschorene eine Schublade nach der anderen und wühlte in meiner Wäsche herum. Plötzlich entdeckte er meinen Büstenhalter, hob ihn hoch und grinste mich an. Ich errötete. Mein Vater stand hinter mir und keuchte wie ein Ertrinkender.

»Verschwinde!«, schnauzte er mich an.

Ich wirbelte herum und lief in die Küche, in der Ma Djamila mich wortlos umarmte. Einige Minuten später jedoch kamen die Männer in die Küche, öffneten Schubladen und Schränke und durchsuchten sogar den Eisschrank. Meine Mutter drehte ihnen den Rücken zu und hielt einen Zipfel ihres Kopftuches vor ihren Mund.

»Lass dein Getue, Fatma«, sagte der Kurzgeschorene. »Wir haben auch schon hübschere Frauen gesehen.«

Dann verlangten sie den Kellerschlüssel. Ali musste sie begleiten und wir warteten. Mein Vater war auf einen Stuhl niedergesunken. Sein Gesicht schien eingefallen und entstellt, seine Augen schimmerten glasig. Said klapperte derart mit den Zähnen, dass jeder es vernehmen konnte.

»Vater, ich schwöre dir, ich weiß von nichts!«

»Schweig!«, hauchte mein Vater und starrte an ihm vorbei. Die Beamten erschienen wieder. Alis Gesicht wirkte wie eine finstere Maske, seine Lippen bebten, aber er beherrschte sich unter äußerster Anstrengung. Er wusste, dass er in solchen Fällen doch nur den Kürzeren zog.

»Du kannst deinem Allah danken, dass wir nichts gefunden haben«, sagte der Dicke zu meinem Vater. »Du solltest dein Söhnchen etwas fester in die Zange nehmen.«

Der Kurzgeschorene verzog verächtlich seine Lippen.

»Ihr seid alle gleich. Die Töchter sperrt ihr ein, die Söhne genießen Narrenfreiheit. Kein Wunder, dass sie unter die Räder kommen!«

Und zu Said sagte er: »Nur keine Illusionen, Bürschchen! Die Ermittlungen sind noch nicht abgeschlossen. Mach dich auf ein Verhör gefasst!«

Sie stampften hinaus. Ali knallte hinter ihnen die Türe zu. Mit angehaltenem Atem lauschten wir auf den Aufzug. Niemand sprach. Wir wagten nicht einander anzublicken. Plötzlich wischte sich mein Vater den Schweiß von der Stirn. Er schien aus einem Traum zu erwachen.

»Ist das wahr?«, fragte er Said mit dumpfer Stimme. »Verkehrst du mit solchen Menschen?«

Saids Lider zuckten, sein Kinn bebte.

»Vater, bitte verzeih mir! Ja, ich kenne Rocky und seine Bande. Aber ich schwöre dir bei Allah, ich wusste von nichts. Nie würde ich solches tun, niemals, niemals!«

Leise, kaum hörbar, sagte mein Vater: »Ich bin ein ehrbarer Mann. Ich arbeite hart, um meiner Familie ein gesichertes Leben zu bieten. Allah weiß, dass ich mich immer anständig benommen habe. Du hast mein Vertrauen genossen. Und du bringst Rauschgift in mein Haus, triffst dich mit Dieben und Verbrechern ...«

»Farid, bitte! Er kann nichts dafür!«, schluchzte meine Mutter händeringend.

»Schweig, Weib!«, zischte mein Vater. »Ich wurde vor meiner Familie gedemütigt. Fremde betraten gewaltsam meine Wohnung, drangen in mein Schlafzimmer, beleidigten meine Tochter ...«

Er zitterte. In seiner Jugend hatte er miterlebt, wie Hausdurchsuchungen, Verhöre und Gewalttätigkeiten über Jahre zur Tagesordnung gehörten. Diese Vergangenheit, die er verdrängt hatte, war nun wirklich geworden. Wir wurden Zeugen für den Verlust seiner Würde, für die Angst, die ihn zum hustenden Krüppel machte ...

»Es tut mir so Leid!«, jammerte Said. »Ich wollte doch nicht ...«

Mein Vater gab einen Laut von sich – es klang wie Röcheln –, sprang auf und schlug mit aller Kraft in sein Gesicht. Said kreischte und stürzte gegen die Schrankecke. Er verteidigte sich nicht, obwohl mein Vater mit beiden Fäusten auf ihn einschlug. Schreiend und stöhnend sank er in die Knie, fiel rückwärts auf den Teppich, auf dem er rollte, um Gesicht und Magen zu schützen. Als mein Vater in blinder Wut in seine Rippen stieß, umfasste Ali ihn an seinen Schultern und zerrte ihn zurück. Mein Vater schlug um sich, meine Mutter schrie und weinte. Sie zerkratzte ihr Gesicht, wie es Algerierinnen tun, wenn sie vom Schmerz überwältigt sind, aber Großmutter ergriff sie an den Handgelenken und hielt sie fest.

»Genug, Farid!«, sagte Ma Djamila.

Ihre Stimme klang seltsam ruhig, fast abwesend. Vielleicht war es diese Besonnenheit, die meinen Vater zur Vernunft brachte. In seinem Gesichtsausdruck machte sich eine Wandlung bemerkbar; wie ein Erwachender zuckte er zusammen. Er hörte auf sich zu wehren und Ali löste seine Umklammerung. Mein Vater schwankte leicht wie im Trancezustand. Sein Atem pfiff, seine Arme hingen schlaff herunter. Keuchend starrte er auf Said, der sich wimmernd am Boden krümmte.

Plötzlich wandte er sich um, taumelte auf unsicheren Füßen an uns vorbei. Er schlug die Schlafzimmertür hinter sich zu.

Ma Djamila ließ meine Mutter los. Sie stieß einen Schrei aus, sank neben Said in die Knie und zog ihn hoch. Er stöhnte nur »Mama, Mama!«, während sie ihn in ihren Armen wiegte und weinend an sich drückte. Saids Lippen waren stark angeschwollen, auf seiner Wange wurde ein großer blauer Fleck sichtbar. Blut floss aus seinem Mund: Er musste sich auf die Zunge gebissen haben.

Ich stand da, wie vom Blitz getroffen. Ich konnte weder etwas sagen noch etwas denken. Dann hörte ich Ali tief Luft holen. Er steckte sich mit abrupter Bewegung eine Zigarette in den Mund. Das Klicken des Feuerzeugs brachte mich wieder zur Besinnung.

»Diese Schweine!«, stieß er hervor. »Und für sie zahlen wir Steuern!«

»Komm ins Badezimmer«, sagte Ma Djamila zu Said. »Wir wollen uns die Bescherung ansehen.« Mit ihrer Hilfe richtete er sich auf, ließ sich ächzend und humpelnd hinausführen. Meine Mutter lief weinend hinterher. Betroffen starrte ich ihnen nach. Die Worte des Kurzgeschorenen kamen mir plötzlich in den Sinn: »Ihr seid alle gleich. Die Töchter sperrt ihr ein und die Söhne genießen Narrenfreiheit.« Steckte in dieser Feststellung nicht ein Funken Wahrheit? Ein Sohn vermochte selbstständig zu handeln, solange er den überlieferten Werten treu blieb und die Familie einen ausgleichenden Einfluss auf ihn ausübte. Aber die Zeiten hatten sich geändert. Viele Jungen wollten sich auf bequeme Art durch das Leben schlagen. Sie missbrauchten das Vertrauen der Familie und ließen sich in krumme Geschäfte ein. Und die Väter, selbst verunsichert, waren ihnen kein Vorbild.

Ich ahnte, dass mit der Tradition etwas nicht stimmte. Sollte den Mädchen nicht mehr Selbstständigkeit zugebilligt und die Söhne strenger überwacht werden? Waren sie nicht, ihrer Freiheit wegen, am meisten gefährdet?

Ich seufzte, schüttelte still den Kopf. Ich konnte die Welt nicht ändern.

Stumm ging ich in mein Zimmer, betrachtete die Unordnung, welche die Männer hinterlassen hatten. Ich hob den Büstenhalter auf, den der Kurzgeschorene auf den Boden geworfen hatte, und stopfte ihn in den Wäschekorb. Am liebsten hätte ich ihn in den Mülleimer geschmissen, aber woher nahm ich das Geld, um mir einen neuen zu kaufen? Es war der einzige Büstenhalter, den ich tragen konnte.

6

Meine neue Schule war ganz anders als der Backsteinbau meiner Kindheit. Das Gymnasium lag an einer breiten, verkehrsreichen Straße und bestand aus Beton, Kunststoff und Glas. In den Hallen und Gängen hingen Mitteilungen und bunte Plakate. Die Außenwände waren bis in Schulterhöhe mit Sprüchen besprayt. Und dann die Schüler! Hunderte von selbstbewussten Jungen und Mädchen, braun gebrannt nach den Ferien, machten auf dem Schulhof Lärm. Viele kamen auf Mopeds angefahren. Ältere hatten sogar Motorräder. Mein Vater, der sich freigenommen hatte, um mich am ersten Tag zu begleiten, machte ein finsteres Gesicht. Er hatte mich gewarnt: »Du bist die Erste in der Familie, die auf das Gymnasium geht. Meine Ehre steht auf dem Spiel. Ich schwöre bei Allah, dass du beim ersten schlechten Zeugnis die Schule zu verlassen hast!«

Das Gespräch mit Frau Duval, der Direktorin, verlief gut. Marie Merle hatte meine Aufnahme veranlasst. Frau Duval hatte ein offenes Gesicht und strahlte wohlwollende Energie aus. Sie betrachtete mich prüfend, aber voll Sympathie.

»Machen Sie sich keine Sorgen«, sagte sie zu meinem Vater. »Ihre Tochter ist bei uns gut aufgehoben.«

Mein Vater hustete. Er hatte noch etwas auf dem Herzen.

»Könnten Sie bitte veranlassen, dass Aischa nicht neben einem Jungen sitzt?«

Frau Duval nickte, wie mir schien, eine Spur ironisch. »Das lässt sich bestimmt machen.«

Aus dem Vorzimmer drangen lebhafte Stimmen. Lehrer kamen und gingen. Frau Favre, die Französischlehrerin, sollte mich in das Klassenzimmer mitnehmen. Sie hatte kurzes, rot gefärbtes Haar, eine spitze Nase und eine schrille Stimme. Nachdem sich die Direktorin von meinem Vater verabschiedet hatte, wechselte sie halblaut einige Worte mit ihr. Ich sah meinem Vater nach: Er huschte mit den für ihn typischen, schaukelnden Schritten durch den Gang und wich einer Schülergruppe aus.

Frau Favre ging schnell, ihre Absätze klapperten auf dem Steinboden. Sie hielt ihre Bücher unter dem Arm fest und stellte mir gleichgültig einige Fragen zu den Fächern, die mich interessierten. Als ich ihr sagte, dass mein Lieblingsfach Französisch war, hob sie überrascht ihre ausgezupften Brauen.

»So? Wir werden ja sehen!«

Im Klassenzimmer standen die Schüler in Gruppen herum. Einige saßen schon an ihren Plätzen. Mir fiel sofort auf, dass nur wenige Ausländer dieser Klasse angehörten. Zwei Asiatinnen mit lackschwarzem Haar räumten ihre Schulsachen in die Fächer ein. Beide hatten die gleichen rosigen Gesichter, die gleichen Mandelaugen, die gleichen schmalen Nasen. Später erfuhr ich, dass sie Zwillinge waren. Eine Exotin mit goldbrauner Haut und überlangen Beinen im roten Minirock ließ mit lebhaftem Mienenspiel eine Reihe hoher, klarer Triller hören. Ihr Haar war in dünne, mit bunten Glasperlen geschmückte Zöpfe geflochten. Ihre Hüften, ihre Schultern wiegten sich im Takt. Die Schüler pfiffen, klatschten Beifall. Ein Junge fiel vor ihr auf die Knie und spielte ihr eine stürmische Liebeserklärung vor, worauf ihn die Exotin mit huldvollem Augenaufschlag auf die Stirn küsste und sich alle vor Lachen bogen. Ein anderer Junge, der wie ein Araber aussah, mimte gemeinsam mit einem langhaarigen Blonden einen Karatekampf. Alle, Jungen und Mädchen, trugen luftige T-Shirts und bunte Baumwollhosen. Mit meinem Regenmantel, dem Kopftuch und den dunklen Strumpfhosen musste ich ihnen wie eine Vogelscheuche erscheinen. Die Mädchen musterten mich ironisch und kicherten. Ein Junge, der gerade den Stimmbruch hinter sich hatte, murmelte so laut, dass alle es hören mussten:

»Ach du Schreck, eine Mumie!«

Frau Favre legte ihre Bücher aufs Pult. Die Schüler ließen sich gelangweilt auf die Stühle fallen. Einige streckten ihre langen Beine ungezwungen über ihre Moped-Helme aus, mit Kaugummi im Mund, was in Marie Merles Klasse streng verboten war.

Es war nur noch ein einziger Platz frei, ausgerechnet neben dem Jungen, der mich eine Mumie genannt hatte. Frau Favre ließ ihre Blicke durch die Klasse schweifen.

»Lio«, sagte sie zu einem Mädchen mit dunkler Stirnfranse, »setz dich neben Yves und lass Aischa neben Ariane sitzen.«

Während einer Sekunde herrschte verblüffte Stille – dann brach ein Tumult aus. Die Schüler stießen Buh-Rufe aus, trampelten mit den Füßen und Lio rief wütend: »Warum ausgerechnet ich?«

Ariane, die Braungelockte neben ihr, protestierte laut: »Wir wollen nebeneinander sitzen!«

Mir fiel ihre seltsam raue Stimme auf, die nicht zu ihrem zierlichen Äußeren passte.

Frau Favres Gesicht blieb ungerührt.

»Yves beißt dich schon nicht«, sagte sie zu Lio.

»Wer weiß?« Yves knurrte wie ein bissiger Hund, worauf die Klasse in Gelächter ausbrach. Lio räumte irritiert ihre Hefte zusammen und setzte sich schmollend neben Yves, der mit den Zähnen fletschte.

Ich wäre am liebsten in den Erdboden versunken. Frau Favre warf mir einen ungeduldigen Blick zu.

»Worauf wartest du noch?«

Ich schlich mit gesenktem Kopf zum zugewiesenen Platz. Ariane rückte verärgert von mir ab. Aus Verlegenheit brach ich in Schweiß aus. Die Schüler tuschelten, stießen sich an und ein Mädchen sagte laut und mit deutlichem Hohn: »Das nennt man Überfremdung!«

Die ersten Tage waren schlimm. Alles war neu für mich. Jede Stunde kam ein anderer Lehrer. Einige waren nett, andere machten schon am ersten Tag ein saures Gesicht. Wir hatten durchgehend Unterricht bis um halb fünf. Mittags aßen wir in der Schulkantine. Jeder Schüler nahm ein Tablett und bediente sich selbst. Das Essen war einfach, aber gut, dafür sorgte Frau Duval, die großen Wert auf Hygiene in der Küche legte. Selbstverständlich gab es oft Schweinefleisch, das ich nicht essen durfte.

Ariane redete kaum mit mir. Sie tuschelte mit ihrer Freundin Lio. Beide kicherten und steckten einander Zettel zu. Nur manchmal, beim Schreiben, spürte ich, dass Ariane mich verstohlen musterte. Sobald sich aber unsere Blicke trafen, wandte sie sofort ihren Blick ab.

Die Jungen ließen mich in Ruhe. Mit den anderen Mädchen balgten sie herum und machten Sprüche. Mich übersahen sie glücklicherweise, denn ich fürchtete mich vor Zudringlichkeiten. Allmählich prägten sich mir die Namen und Gesichter meiner Mitschüler ein. Der Pickelige mit der Brille hieß Jacques, die kleine Blonde Pauline. Marcel hatte einen Karate-Fimmel und trainierte dreimal wöchentlich. Isabelle färbte eine Haarsträhne blau und frischte im Unterricht ihre Lidschatten auf. Die Exotin mit den Zöpfen hieß Delfina und kam aus Brasilien. Ich erfuhr, dass sie eine außergewöhnliche Sopranstimme hatte. Nach dem Unterricht ging sie zur Hochschule für Musik. Sie wollte Opernsängerin werden. Die Zwillinge Yuriko und Kiku waren Japanerinnen. Der Junge, den ich zuerst für einen Araber gehalten hatte, hieß Maurice. Seine Mutter war Französin, sein Vater stammte aus Madagaskar. In der Klasse galt er als mathematisches Wunderkind. Es befanden sich noch ein Schweizer, Tobias, ein Engländer, Andy, und eine Griechin, Yulla, die ständig einen Kaugummi im Mund hatte, in der Klasse. Die Stimmung war überraschend ausgelassen. Schon nach ein paar Tagen bildeten die Schüler eine fröhliche Gemeinschaft. Nur ich gehörte nicht dazu. Ich wusste nicht, ob ich mich absonderte oder ob die anderen mich links liegen ließen. Zwischen uns bestand eine unsichtbare Schranke, ebenso hart und undurchlässig wie eine gläserne Wand. Eines Mittags setzte ich mich mit meinem Tablett neben Ariane an den Tisch. Sie sprach lebhaft mit Delfina und beachtete mich nicht. Mir gegenüber saß Nathalie, ein Mädchen mit vielen Sommersprossen und buntem Plastikschmuck. Sie musterte mich schon seit einiger Zeit neugierig.

»Warum trägst du eigentlich immer ein Kopftuch?«, fragte sie. »Bei dieser Hitze!«

»Das ist so Sitte bei uns«, erwiderte ich scheu. »Ich bin Muslimin.«

Sie brach ihr Brötchen entzwei.

»Darfst du dein Haar nicht zeigen?«

Ich schüttelte den Kopf.

»Weshalb? Gilt dies als schamlos?«

Ich errötete, aber ich nickte. Es war mir immer peinlich, wenn etwas unvorbereitet kam. Aber Nathalie wollte noch mehr wissen.

»Sind bei euch die Frauen noch immer verschleiert?«

»Teilweise, ja.«

»Musst du dich später auch verschleiern?«

Ich zuckte mit den Schultern.

»Das weiß ich noch nicht.«

»Wer bestimmt denn, ob du dich verschleiern musst oder nicht? Dein Zukünftiger?«

Ich nickte abermals. Die Fragen waren lästig. Es war aber das erste Mal, dass eine der Schülerinnen mit mir ein Gespräch anknüpfte.

»Selber schuld«, sagte Nathalie, »wenn du dir das gefallen lässt.«

Ich schwieg. Was sollte ich darauf antworten? Nathalie spießte einige Pommes frites mit ihrer Gabel auf.

»Warum hat dich denn die Favre ausgerechnet neben Ariane gesetzt?«

Meine Kehle war trocken. Ich nahm einen Schluck Wasser und sagte leise: »Ich darf nicht neben einem Jungen sitzen.«

»Aber warum denn nicht?« Nathalie starrte mich mit großen Augen an. Ich wich ihrem Blick aus und seufzte.

»Es ist eine Todsünde.«

Nathalie warf den Kopf in den Nacken und brach in schallendes Gelächter aus. Sie stieß Marcel, der neben ihr saß, in die Rippen und rief: »He, Marcel! Neben dir zu sitzen ist eine Todsünde!«

Marcel grinste mit vollem Mund. »Wirklich? Da fühle ich mich aber geschmeichelt!«

Ich senkte den Kopf. Meine Augen füllten sich mit Tränen, als ich Ariane zu meiner großen Überraschung sagen hörte:

»Nun lasst sie doch in Ruhe! Ihr habt ja keine Ahnung, wie das ist. Die Moslems spaßen nicht mit ihrer Religion.«

Ich warf ihr einen erstaunten Blick zu. Von ihr hatte ich keine Hilfe erwartet. Sie lächelte spöttisch, aber warm. Ich sah ihre hübschen, weißen Zähne.

»Die sollen bloß nicht so tun. Andere Länder, andere Sitten!«

Ich lächelte zaghaft zurück. Ihr ovales Gesicht war sonnengebräunt und ihr braunes Haar wirkte trotz seiner Feinheit füllig. Sie trug es offen und die Locken bewegten sich im Wind, der vom offenen Fenster her über uns wehte. Ihre Augen schienen ein wenig von der Seite zu blicken und die hohen Wangenknochen betonten ihre leichte Schrägstellung. Mir gefiel vor allem ihre tiefe, raue Stimme, die zu ihrer Zartheit einen seltsamen Gegensatz bildete.

Sie redete weiter mit Delfina. Aber die Wand, die uns trennte, war endlich durchbrochen. Ich brachte vor Glück kaum noch einen Bissen hinunter.

Als der Unterricht anfing und wir unsere Hefte hervornahmen, fragte sie mich, was ich werden wollte.

»Französischlehrerin«, sagte ich.

Sie nickte. »Du bist gut in Französisch, das habe ich schon bemerkt. Auf alle Fälle besser als ich!«

Ich nahm meinen ganzen Mut zusammen. »Und du? Was willst du denn werden?«

»Ich? Fotografin! Meine Eltern drängen mich zum Abitur, weil man das heute braucht. Aber freie Berufe sind besser. Ich habe schon eine Canon und übe täglich.«

»Eine was?«, fragte ich einfältig.

Sie lachte schallend. »Eine Canon ist ein Fotoapparat. Ich zeige dir eines Tages meine Bilder.«

Ich strahlte sie an. Selbstverständlich wollte ich ihre Bilder sehen.

»Letztes Jahr war ich in Marokko«, fuhr sie fort. »Ich habe viel fotografiert. Aber die Leute waren komisch. Manche wollten Geld dafür haben, andere liefen davon oder wandten das Gesicht ab, sobald ich den Sucher auf sie richtete. Hängt das auch mit der Religion zusammen?«

»Ja«, sagte ich. »Der Islam verbietet jede menschliche Darstellung. Deswegen sind unsere Gebäude nur mit abstrakten Mustern verziert und ganz selten mit Abbildungen von Blumen oder Tieren. Menschen werden nie dargestellt. Man sagt, dass demjenigen, der das Gesicht eines Menschen abbildet, ein Teil der Seele gehört.«

Ariane hörte interessiert zu.

»Das wusste ich nicht. Nun wird mir vieles klar.«

Wir brachen das Gespräch ab, weil Martin, der Geschichtslehrer, hereinkam. Martin wurde seiner dürren Arme und Beine wegen »die Spinne« genannt. Aber seine Stimme war tief und fesselnd und er sprach vom Mittelalter, als habe er selbst in dieser Zeit gelebt, und beschrieb uns mit eindrucksvollen Worten und Gesten den Bau der gotischen Kathedralen. Viele Lehrer stotterten, lispelten oder waren sterbenslangweilig, aber in Martins Worten lag eine schöpferische Kraft, die in Bildern und Vergleichen zum Ausdruck kam und uns faszinierte.

»Ist das ein Bücherwurm!«, flüsterte Ariane mir – nicht ohne Bewunderung – zu. »Gib Acht! Eines Tages kommt er noch mit Wams und Schnabelschuhen zum Unterricht!«

Es war das erste Mal, dass sie sich mit einem Witz an mich wandte. Da ich in zwei Welten lebte, ohne mich in einer dieser zu verwurzeln, spürte ich dieselbe schwärmerische Verehrung, die ich Marie Merle damals entgegengebracht hatte. Ariane musste es spüren, denn sie zeigte sich freundlich, sogar etwas beschützend. Sie hatte mich unter ihre Fittiche genommen.

»Am Anfang war ich böse auf dich«, gestand sie mir freimütig. »Ich wollte neben Lio sitzen und die Favre ist ohnehin eine arrogante Kuh. Aber du kannst ja nichts dafür!« Sprunghaft wechselte sie das Thema.

»Du hast ein interessantes Gesicht, weißt du? Ich möchte dich fotografieren. Natürlich nur, wenn du es willst ...«

»Mich?«, stotterte ich verlegen. »Weshalb denn?«

Sie lachte. »Ich sehe mir immer die Menschen an, ob sie fotogen sind oder nicht. Etwas ist an dir, das nicht zusammenpasst, traurig und fröhlich zugleich ...«

Sie ließ mich nicht aus den Augen, sah, wie ich rot und befangen wurde, und verzog schelmisch die Lippen.

»Man sagt, Fotografen neigen dazu, die Welt durch ihren Sucher zu betrachten. Wie du siehst, fange ich schon früh damit an!«

Am Freitag stand »Sport« auf dem Stundenplan, aber ich nahm nie an Turnstunden teil. Einen Tag zuvor betrat eine junge Frau mit federnden Schritten das Klassenzimmer. Sie trug einen roten Turnanzug und ein ebenfalls rotes Stirnband. Um ihren Hals baumelte eine Trillerpfeife an einem ledernen Riemen. Ihre Haut war wundervoll braun und glatt. Mit ihrem struppigen, blonden Haar, den lebhaften Augen und den sehnigen Armen glich sie eher einer Halbwüchsigen. Sie stellte sich als Frau Charvet, die Sportlehrerin, vor und fragte uns, ob wir im Winter eine Volleyballmannschaft gründen wollten. Natürlich wollten alle mitmachen. Niemandem fiel auf, dass ich schwieg. Dann aber sagte Frau Charvet:

»Solange es noch schön ist und das Freibad geöffnet ist, gehen wir lieber schwimmen. Bringt morgen eure Badesachen mit.«

Die Schüler pfiffen und spendeten begeistert Beifall. Frau Charvet gebot Ruhe. »Wer von euch kann nicht schwimmen?«

Automatisch hob ich die Hand. Die Schüler kicherten. Frau Charvet verzog keine Miene.

»Gut. Ich kümmere mich um dich.« Als ich einen Einwand erheben wollte, war sie schon draußen. Ich war wie vor den Kopf geschlagen. Ich wollte so gerne schwimmen, aber ich konnte mich nicht halb nackt vor der ganzen Klasse präsentieren! Den Sitten gemäß mussten Jungen und Mädchen getrennt baden. In Algier waren die Badeanstalten zu gewissen Stunden nur für Frauen geöffnet. Meine Mutter erzählte mir, dass fortschrittliche Frauen zum Strand gingen, aber sie wurden immer von Familienmitgliedern begleitet. Im Iran sogar, Ali hielt dieses Land für besonders wegweisend für den Islam, war es kürzlich den Frauen verboten worden, im Meer zu baden, weil ihr Anblick die jungen Männer verwirren konnte.

Ich wandte mich schüchtern an Ariane. »Gibt es einen Mädchentag?«

Sie starrte mich an. »Was ist denn das?«

»Nun, ich meine . . .« Ich schluckte. »Schwimmen Mädchen und Jungen getrennt?«

»Na hör mal!« Ariane schüttelte sich vor Lachen. »Wie stellst du dir das denn vor! Natürlich gehen wir alle gemeinsam. Die ganze Klasse!«

Ich senkte den Kopf.

»Ich würde gerne mitkommen. Aber wenn es keinen Mädchentag gibt, darf ich nicht . . .«

Ariane verging das Lachen. »Lässt das deine Religion nicht zu?«, fragte sie überrascht.

»Im Koran steht, dass die Frauen sich verhüllen müssen.«

»Verhüllt geht man unter!«, sagte Ariane etwas spöttisch. Als ich schwieg, zog sie die Schultern hoch.

»Tut mir Leid! Das ist dein Problem.«

Während des ganzen Tages dachte ich nur an den morgigen Schwimmunterricht. Zu Hause wagte ich nicht das Thema anzuschneiden. Selbst Ma Djamila wäre schockiert gewesen, von meinen Eltern ganz zu schweigen.

Am Freitag fasste ich Mut und sagte Frau Charvet, dass ich weder schwimmen noch Volleyball spielen würde. Sie warf mir einen seltsamen Blick zu. Neugierig. Geringschätzig. Mitleidig. Dann zuckte sie mit den Schultern. »Wie du willst. Ich zwinge niemanden.«

Eine der öffentlichen Badeanstalten am Seineufer lag nur drei Minuten von der Schule entfernt. Um diese Zeit war das Becken fast leer. Das Wasser glitzerte golden und türkisblau. Die Schüler verschwanden in den Ankleidekabinen. Ich saß auf einer Bank mit Regenmantel, Kopftuch und Strumpfhose. Die Sonne schien heiß. Ich schwitzte unter den Armen und fühlte mich erbärmlich. Bald erschienen die Schüler und stürzten sich jauchzend und lachend ins Wasser. Frau Charvet trug einen knappen, schwarzen Bikini, der ihren schönen, durchtrainierten Körper zur Geltung brachte. Sie veranstaltete ein Wettschwimmen, kniete mit der Stoppuhr am Beckenrand und beglückwünschte Pauline, die mit Kraulen die beste Zeit erreichte. Sie korrigierte die Bewegungen einiger Schüler und führte ihnen einen Schwimmstil vor, den sie Delfin nannte. Mit Bewunderung und Neid sah ich zu, wie sie schnell und behände wie ein Fisch durch das leuchtende Wasser glitt. Die Schüler kreischten vor Vergnügen, wetteiferten bei komplizierten Tauchübungen. Alle waren geschmeidig, braun gebrannt. Mädchen und Jungen hatten schmale Hüften, lange Beine und dieselben schnellen, graziösen Bewegungen. Inzwischen saß ich in der prallen Sonne. Meine Haut juckte unter dem Kopftuch, meine Strumpfhose klebte und ich kratzte mich an den geschwollenen Beinen. Ich sah, wie manche Schüler mir spöttische Blicke zuwarfen und Andy sagte zu Jacques so laut, dass ich es hören musste:

»Die hat bestimmt ihre Tage!«

Ich wurde flammend rot und verbarg verschämt das Gesicht in meinen Händen, während beide mit lautem Aufklatschen ins Wasser sprangen.

»Was ist denn mit dir los? Heulst du?«

Arianes tiefe Stimme schreckte mich hoch. Im gelben Bikini stand sie atemlos vor mir in der Sonne. Wassertropfen glitzerten auf ihrer hellgoldenen Haut und das nasse Haar klebte an ihren Schultern.

»Es ist herrlich«, sagte sie. »Schade, dass du nicht willst!«

Ich biss mir heftig auf die Lippen. Meine trostlose Stimmung verwandelte sich in Wut, Eifersucht und Empörung. In der Hitze wurde mir fast übel. Schnell stand ich auf, verdrückte mich in die Eingangshalle. Einige Stühle standen an der Wand. Ich setzte mich, lockerte mein Kopftuch und wischte mir den Schweiß vom Gesicht. Die Frau an der Kasse blätterte in einer Illustrierten und warf mir einen gleichgültigen Blick zu. In der Halle war es wohltuend kühl. Selbst der Chlorgestank war erträglicher als die Hitze. Ich lehnte erschöpft den Kopf an die Wand. »Damals als Allah dem Propheten das Heilige Buch diktierte«, dachte ich, »gab es noch keine Bäder. Nicht eine Zeile im Buch der Bücher verbietet den Mädchen zu schwimmen.« Aber Ali sagte, dass der Islam wieder auflebt und ein neues Weltbild im Entstehen ist. Und in diesem Weltbild müssten wir Frauen und Mädchen, mehr noch als die Männer, an ihrem Glauben festhalten. Ich fühlte mich dem Ersticken nahe. Was hatte mein Glaube mit dem Schwimmunterricht zu tun? Warum musste ich auf dieses Vergnügen verzichten? Warum durfte ich als Muslimin nicht wie alle anderen leben? Lauter Fragen und keine Antworten. Der Schweiß lief mir in Bächen über den Rücken! Das Lachen und Jauchzen, das Geräusch des aufspritzenden Wassers konnte ich kaum noch ertragen. Ich zog mein Kopftuch fest an und hielt mir beide Ohren zu.

In diesem Jahr fand unser Fastenmonat Ramadan ausgerechnet im September statt. Wie es der Koran befahl, durften wir vom ersten Tagesschimmer an, »wenn ein weißer Faden von einem schwarzen zu unterscheiden ist«, bis zum Nachteinbruch nichts essen und nichts trinken. Ali musste auf seine Zigaretten verzichten. Mittags war es mir vor Hunger fast übel. Ich saß abseits, während alle aßen, und versuchte mich in ein Buch zu vertiefen. Es roch nach gebratenem Fleisch, das Wasser lief mir im Mund zusammen. Das Klappern des Geschirrs, das fröhliche Lachen und Plaudern machten mich beinahe wild. Ich fühlte mich schläfrig und matt, konnte mich im Unterricht kaum konzentrieren und meine Leistungen ließen nach.

Zu Hause, nach Sonnenuntergang, stürzten wir uns auf die traditionellen Gerichte. Zuerst gab es ein Glas Milch mit Datteln und getrocknete Feigen. Dann wurde die »Harissa« aufgetischt, eine besonders nahrhafte Suppe mit Fleisch, Erbsen und Linsen. Richtig zu Abend aßen wir erst um Mitternacht. Ich schlug mir den Bauch voll und konnte anschließend nicht schlafen. Stundenlang wälzte ich mich schwitzend hin und her. Vor Sonnenaufgang fanden wir uns gähnend in der Küche ein, tranken Minzentee und verschlangen riesige Mengen Pfannkuchen, um Kräfte für den neuen Fastentag zu sammeln. Ich sehnte mir Regen und Kühle herbei, aber es blieb weiterhin schön. Auch in der folgenden Woche gingen wir wieder in die Badeanstalt. Ich nahm ein Buch mit, setzte mich in die Halle und las, während sich die anderen vergnügten. Plötzlich hörte ich Stimmen. Zwei Gestalten erschienen im Gegenlicht. Ich erkannte Ariane: Sie stützte Yves, der mit schmerzverzerrtem Gesicht an ihrem Arm humpelte. Mit dem linken Fuß trat er auf der Ferse auf. Blut floss über seinen großen Zeh und tropfte auf den Boden. »Er ist ausgeglitten und blutet furchtbar«, sagte Ariane.

Sie fragte die Frau an der Kasse nach einem Heftpflaster, die aber unfreundlich den Kopf schüttelte.

»Da müssen Sie schon zur Apotheke gehen.«

»Ich habe ein sauberes Taschentuch«, sagte ich zu Yves.

Er setzte sich und hob den Fuß hoch. Ich wühlte in meiner kleinen Umhängetasche und brachte außer dem Taschentuch noch eine winzige Schere zum Vorschein.

»Warte, ich schneide dir einen Verband zurecht.«

»Du bist nicht schlecht organisiert«, meinte Ariane anerkennend.

Yves schniefte und betrachtete düster seinen verletzten Zeh. Ein Teil des Nagels war losgerissen, Blut quoll aus der Wunde.

Ich setzte mich neben ihn und schnitt mein Taschentuch in Streifen. Dann legte ich behutsam seinen Fuß auf meine Knie und verband ihn. Yves grinste mich zerknirscht an.

»Danke! Das machst du aber gut. Du solltest Krankenschwester werden.«

»Bring Aischa gefälligst ein neues Taschentuch mit«, sagte Ariane.

»Gleich morgen«, sagte Yves. Obwohl er aufrichtig lächelte, errötete ich und wich seinem Blick aus. Das Verbot, Jungen ins Gesicht zu sehen, saß mir zutiefst in den Knochen.

Yves stand auf, verzog das Gesicht zu einem zufriedenen Grinsen.

»Nun kann ich zumindest in meinen Schuh, ohne alles zu verschmieren.«

»Aber geh nicht wieder ins Wasser!«, rief Ariane ihm nach, während er hinaushumpelte. Sie verschränkte die

Hände auf dem Rücken und betrachtete mich kopfschüttelnd.

»Ehrlich, du tust mir Leid. Wir haben es schön und du hockst im Dunkeln. Ist doch ungesund, immer zu sitzen. Du solltest dich mehr bewegen. Willst du nicht doch einmal ins Wasser gehen?«

Ich senkte den Kopf. »Ich . . . ich habe keinen Badeanzug.«

»Ach so«, sagte Ariane. Das ironische Lächeln, das ich inzwischen an ihr kannte, erschien auf ihren Lippen.

»Ich könnte dir einen leihen. Ich habe sogar einen Einteiler, dunkelblau und bis zum Halsansatz geschlossen. Im vorigen Jahr war das Mode.«

Ich spielte nervös mit meinen Nägeln. Die Versuchung war groß. Weder meine Eltern noch Ali würden es je erfahren. Es blieb eine Sache zwischen mir und meinem Gewissen. Und damit musste ich fertig werden.

»Würde mir . . .«, fragte ich zaghaft, »der Badeanzug passen?«

»Na klar«, sie lachte. »Du bist größer als ich, aber er dehnt sich aus. Komm doch schnell mal mit mir nach Hause. Dann kannst du ihn anprobieren.«

»Heute?«, fragte ich erschrocken.

»Warum denn nicht?«

Ich zögerte noch.

»Nach der Schule muss ich sofort nach Hause. Ich darf mich nicht unterwegs aufhalten.«

»Erfinde doch eine Entschuldigung«, sagte Ariane, ziemlich ungehalten. »Du bist kein kleines Kind mehr. Lass dich doch nicht derart bevormunden!« Sie lächelte mich an. »Also, abgemacht?«

Ich holte tief Luft und nickte.

»Bravo!«, rief Ariane. »Und nun schwimme ich noch eine Länge. Das Wasser ist herrlich!«

Sie lief hinaus. Ich hörte das Aufklatschen ihrer nassen Füße. Durch die Scheiben sah ich sie geschmeidig ins Wasser tauchen. Mein Herz klopfte stürmisch. Mir schien, als hätte ich behutsam und angsterfüllt eine Tür aufgestoßen. Eine Tür zu einer unbekannten Welt, die mich zugleich anlockte und erschreckte . . .

7

Nach der Schule machte ich mich mit Ariane auf den Weg. Mir war bewusst, welch seltsames Paar wir waren. Sie in ihren weißen Jeans und dem ärmellosen T-Shirt, ich mit meinem zu langen Regenmantel und das über die Stirn gezogene, grüne Kopftuch. Sie mit ihrem tänzelnden, selbstbewussten Gang, ich mit meinen eingezogenen Schultern und dem gesenkten Blick.

»Ich wohne in der Nähe«, sagte Ariane. »Nur fünf Minuten zu Fuß. Das ist praktisch, da kann ich morgens länger schlafen.«

Wir gingen über eine breite, nicht sehr verkehrsreiche Straße, die von großen Kastanienbäumen beschattet wurde. Ariane wohnte in einem sechsstöckigen Haus mit gewölbtem Schieferdach, sehr hohen Fenstern und überladenen Balkonen. Die Treppe und der Fußboden im Hausflur waren aus poliertem Holz und es roch nach Bohnerwachs. Hinter einem Glasfenster spähte ein neugieriges Gesicht.

»Madame Mathilde ist die Hausmeisterin«, sagte Ariane und winkte der Frau fröhlich zu. Diese verzog ihr gepudertes Gesicht zu einem frostigen Lächeln, wobei sie mich argwöhnisch musterte.

»Madame Mathilde ist wie ein Wachhund«, sagte Ariane halblaut. »Sie bellt, aber sie beißt nicht.«

In einem Aufzug mit Scherengitter schaukelten wir zum fünften Stockwerk. Wir gingen einige knarrende Stufen hinauf, dann blieb Ariane vor einer weiß gestrichenen Tür stehen, hinter der Geigenmusik zu hören war. Auf einem kleinen Messingschild war der Name »E. Singer« zu lesen. Ariane holte ein zerknittertes Lederportemonee aus ihrer Jeanstasche und schüttelte ihren Schlüsselbund. Rasch legte ich ihr die Hand auf den Arm.

»Hast du Brüder?«

»Nur einen und der reicht mir«, sagte Ariane.

»Ist er nun da?«, flüsterte ich erschrocken.

»Nein, er kommt erst um sechs. Warum?«

Ich atmete erlöst auf.

»Ich . . . ich darf nicht zu einem jungen Mann in die Wohnung!«

»Aber Aischa!« Ariane schüttelte den Kopf, halb lachend, halb entrüstet, »Ben ist doch kein Sexunhold!«

Ich errötete. Diese Ausdrücke! Aber wie sollte ich ihr unsere Sitten erklären? Sie schloss die Tür auf. Zögernd betrat ich hinter ihr die Wohnung. Das Erste, was ich sah, war unser eigenes Spiegelbild, das sich in einem großen, rechteckigen Wandspiegel bewegte. Der Unterschied zwischen Ariane und mir war derart auffällig, dass ich verwirrt den Blick abwandte. Im Gang tickte eine mächtige Standuhr mit goldenem Zifferblatt. Auf einem kleinen

Möbel befanden sich ein Telefon, ein Notizblock und ein Bleistift. Ein abgetretener, roter Läufer bedeckte den Parkettboden. Durch eine offene Tür sah ich einen großen Esstisch, von Stühlen mit hoher Lehne umgeben. Ariane zog mich am Ellbogen und stieß die Tür zu dem Zimmer auf, aus dem Geigenmusik drang.

»Mama, wir haben Besuch!«

Die Musik brach ab. Eine Frau mit einer Geige in der Hand stand vor einem Notenpult und lächelte mir freundlich entgegen.

»Das ist Aischa«, sagte Ariane. »Ich habe dir von ihr erzählt.«

»Herzlich willkommen«, sagte Frau Singer. »Nett, dass du uns mal besuchst. Lass dich aber von Ariane nicht tyrannisieren.«

Ihre Augen waren dunkel und glänzend. Das schwarze, leicht gewellte Haar fiel seitwärts und umrahmte ihr Gesicht, das durch eine klare, schöne Wangenlinie auffiel. Sie war kräftig gebaut, mit breiten Schultern und schmaler Taille! In ihrer Hose und dem blauen Sweat-Shirt gab sie sich ebenso ungezwungen und federnd wie eine Sportlehrerin.

»Meine Mutter ist Solistin im Orchestre National de France«, sagte Ariane voller Stolz. »Nun übt sie die vierte Violinsonate von Brahms.«

Der Name sagte mir nichts und deshalb nickte ich nur höflich.

»Das Adagio ist voller Tücken«, setzte Frau Singer hinzu, ohne dass ich daraus klug wurde. »Seit zwei Wochen strapaziere ich die Nerven meiner Familie, von den Nachbarn ganz zu schweigen.«

»Die sind den Lärm gewöhnt«, sagte Ariane. »Aber Mama besorgt ihnen immer Freikarten.«

Meine Blicke wanderten durch den Raum, dessen Wände hinter Bücherregalen verschwanden. Das Licht fiel gedämpft durch die Vorhänge in den Raum und schimmerte auf den bunten Sofakissen. Ein großer, schwarzer Flügel stand auf einem abgeschabten Teppich. Die Möbel wirkten antik und nahmen viel Platz ein; alles liebevoll gehegte Einzelstücke aus dunklem Mahagoni, geschnitzt und poliert. Auf der Kommode standen in lustiger Unordnung allerlei Gegenstände: Trockenblumen unter einer Glasglocke, Schalen, Schleifglaskugeln und eingerahmte Fotos. In einer weißen Vase, die mit blauen Drachen verziert war, duftete ein üppiger Rosenstrauß.

»In der Küche steht Apfelkompott«, sagte Frau Singer. »Und Himbeersirup ist auch noch da.«

Sie legte ein weißes Tuch über den Arm und klemmte die Geige unter ihr Kinn. Schlagartig ging eine Veränderung in ihr vor. Auf ihrem lebhaften Gesicht zeigte sich eine seltsame Geistesabwesenheit, die dunklen Augen waren ins Leere gerichtet. Mit anmutiger und kraftvoller Bewegung ließ sie den Bogen über die Saiten gleiten. Ein voller, jubelnder Klang entwich der Geige, schwang sich empor wie eine unsichtbare Lerche. Mein Atem stockte. Verwirrt, verzaubert, lauschte ich auf das Wundergebilde aus Tönen, das Frau Singers Hände dem Instrument entlockte.

Arianes Stimme riss mich aus meiner Verzückung.

»Du, ich habe Hunger!«

Ich kehrte in die Wirklichkeit zurück, folgte ihr nur ungern in die Küche. Ariane öffnete den Eisschrank.

»Magst du Apfelkompott?«

Mein Magen krampfte sich zusammen, ich schüttelte jedoch den Kopf.

»Ich muss fasten. Wir haben Ramadan.«

»Ach so!« Ariane lächelte heiter. »Dann esse ich auch nichts, aus Solidarität. Wie steht es mit Himbeersirup?«

Ich hatte solchen Durst, dass mir die Zunge am Gaumen klebte, doch ich erwiderte: »Ich dürfte nicht einmal meine eigene Spucke schlucken.«

Sie hob ironisch die Brauen. »Und? Bringst du das fertig?«

»Nein«, hauchte ich.

Die Küche war dreimal größer als unsere, mit vielen Schränken, Schubladen und farbigen Fliesen an den Wänden. Neben dem Eisschrank stand eine große Spülmaschine. Obwohl man durch das Fenster in einen düsteren Innenhof blickte, in dem Mülltonnen standen, wirkte der Raum hell und gemütlich. Seufzend lehnte ich meine Stirn an die Scheibe. Die schwingende Geigenmusik erfüllte mein Herz mit unbekannter Sehnsucht.

»Spielst du auch Geige?«, fragte ich leise Ariane. Sie holte ein Glas aus dem Schrank und lachte.

»Ich? Das fehlte auch noch! Ich singe sogar falsch!«

Sie goss Himbeersirup ein, füllte Mineralwasser nach und trank in durstigen Zügen. Ich wandte die Augen ab. Ariane wischte sich mit dem Handrücken über den Mund und stellte das Glas in die Spülmaschine.

»Komm! Wir sehen uns die Badeanzüge an.«

Sie führte mich in ihr Zimmer. Neben dem ungemachten Bett lag ein bunter Schintzüberwurf und am Fenster hingen Vorhänge aus demselben Stoff. Ariane deckte das

Bett rasch zu. »Entschuldige die Unordnung! Morgens habe ich nie Zeit und abends bin ich zu faul!«

Sie wies kichernd auf das Durcheinander von Plattenhüllen, Kassetten, Stofftieren, zusammengerollten Jeans und zerknitterten T-Shirts. Neben dem Schrank stand ein Regal mit verstaubten Nippsachen. An den Wänden hing eine Anzahl großer Schwarz-Weiß-Aufnahmen: Kinder, Tiere, stimmungsvolle Meer- und Dünenlandschaften.

»Die habe ich alle selbst fotografiert«, sagte Ariane. Sie öffnete eine Nylontasche und zeigte mir stolz ihren Fotoapparat.

»Blitzlicht und Stativ habe ich auch schon. Zu meinem Geburtstag im Oktober wünsche ich mir ein Teleobjektiv. Das Ding ist zwar furchtbar teuer, aber ich muss schließlich üben.« Sie blickte mich schelmisch an. »Ich habe meinem Vater gesagt, wenn ich eines Tages berühmt sein sollte, zahle ich ihm die Auslagen zurück. Eine gute Investition lohnt sich immer!«

Sie drehte an der Linse und hob den Sucher vor ihre Augen. Ich wandte rasch das Gesicht ab und sie lachte.

»Keine Angst! Ich knipse dich nur, wenn du willst.«

Mein Blick richtete sich auf ein eingerahmtes Foto, das auf der Kommode stand. Ich nahm das Bild in die Hand und trat langsam zum Fenster, um es zu betrachten. Das Foto zeigte einen jungen Mann mit ernsten, schönen Zügen und einer auffallend hohen Stirn.

»Mein Onkel Michel«, sagte Ariane. »Er war ein weltberühmter Geiger. Leider habe ich ihn nie gekannt. Er starb im Krieg.«

Sie öffnete den Schrank. Eine Anzahl Kleider hing schief auf den Bügeln. Ariane durchwühlte die Fächer und holte zwei Badeanzüge hervor. Sie hielt mir beide unter die Nase.

»Da! Welchen willst du?«

Der eine hatte ein grellrotes Blumenmuster, der andere war dunkelblau mit einem schlichten, weißen Streifen um den Ausschnitt. Ich entschied mich für den letzteren.

»Probier ihn an!«, sagte Ariane.

Ich drückte den Badeanzug an mich und stand da wie ein Klotz. Wieder erschien das ironische Lächeln auf Arianes Lippen.

»Ich warte draußen!«

Sie verließ das Zimmer und schlug die Tür hinter sich zu. Die Geigenmusik verstummte und in der Stille hörte ich deutlich Arianes Wecker ticken. Tief holte ich Luft. Mit feuchten Händen öffnete ich den Regenmantel und löste mein Kopftuch. Ich zog Jacke, Bluse, Rock und Unterrock aus, rollte die Strumpfhose über meine Beine. Ein Glück, dass ich saubere Fußnägel hatte. Ich entfernte meinen verschwitzten Büstenhalter und zwängte mich, leicht schlotternd, in den Badeanzug.

Ariane klopfte an die Tür.

»Darf ich?«

Sie trat ein, stemmte die Hände in die Hüften und musterte mich prüfend von oben bis unten.

»Nicht schlecht!«

Über der Kommode war ein Spiegel angebracht. Ich drehte mich scheu nach allen Seiten und betrachtete mich wie eine Fremde. Die roten Spuren, die mein Büstenhalter auf Schultern und dem Rücken hinterlassen hatte, waren deutlich sichtbar. Obgleich ich mehr Busen als andere Mädchen hatte, waren meine Hüftknochen schmal und hoch angesetzt, der Bauch flach, die Beine lang und wohlgeformt. Viele Araberinnen haben einen starken Flaum an Armen und Beinen. Sie enthaaren sich wöchentlich mit einer Mischung aus Zitronensaft und Zucker, die sie aufkochen. Glücklicherweise entging ich dieser Prozedur, da meine Haut ebenso zart und glatt war wie die von Ma Djamila. Aber wie bleich ich neben Ariane wirkte! In meinem ganzen Leben hatte ich mich nie der Sonne ausgesetzt!

»Meinst du . . .«, stammelte ich, »dass ich mich im Badeanzug vor den anderen zeigen kann?«

»Ehrenwort!«, rief Ariane. »Er steht dir besser als mir.«

»Hinten ist er sehr tief ausgeschnitten.«

»Unsinn«, sagte Ariane ungehalten. »Das ist ein ganz normaler Schwimmanzug. Einen Tanga würde ich dir nie zumuten!«

Ich schwieg.

Ariane stieß geräuschvoll die Luft aus. »Mach doch kein Theater und pack das Ding ein!«

»Nein!«, rief ich nervös. »Behalt ihn lieber hier und bring ihn mir am Freitag mit!«

Ich stockte und Ariane brach in schallendes Gelächter aus. »Hast du Angst, dass deine Brüder den Badeanzug anbalzen?«

»Darf ich . . . mich wieder anziehen?«, stotterte ich.

»Brauchst dich nicht zu genieren!« Ariane verbeugte sich spöttisch und verzog sich. Während ich mich in meine kalte, feuchte Wäsche zwängte, setzte die Geigenmusik wieder ein. Mein Kopftuch war zerknittert, mein Regenmantel roch nach Bratenfett. Ich kam mir klebrig und schmutzig vor. Als ich angekleidet den Flur betrat, klingelte das Telefon. Ariane nahm den Hörer ab.

»Hallo? Kim! Wie geht es dir?«, rief sie erfreut. »Schön, dass du anrufst. Nein, Ben ist noch nicht da. Wie, heute Abend? Einverstanden, bis nachher!«

Sie hängte ein. Ihr Atem wurde schneller und ihre Wangen waren leicht gerötet.

»Ich muss gehen«, sagte ich. »Darf ich mich von deiner Mutter verabschieden?«

»Mama!«, rief Ariane. »Aischa muss nach Hause!«

Schüchtern betrat ich das Wohnzimmer, in dem Frau Singer mir lächelnd die Hand reichte.

»Hat dir das Apfelkompott geschmeckt?«

Ich senkte den Kopf.

»Ich durfte es nicht essen.«

»Sie hat Rabandan«, sagte Ariane.

»Ramadan«, verbesserte ich lächelnd.

»Der Fastenmonat, natürlich!« Frau Singer nickte verständnisvoll. »Schade um das Apfelkompott! Ein anderes Mal, vielleicht?«

»Ja, gerne«, hauchte ich.

Sie lächelte mir noch einmal zu und stimmte ihre Geige. Auf Zehenspitzen schritt ich aus dem Zimmer und nahm meine Schulmappe. Als ich den Türknopf anfasste, hielt draußen quietschend der Aufzug. Der Schlüssel drehte sich im Schloss und die Tür flog unmittelbar vor mir auf.

»Um Gottes willen! Entschuldigung!«, rief erschrocken ein Junge auf der Schwelle.

»Pass doch auf, du Dampfwalze!«, sagte Ariane. »Willst du Aischas Schädel einrennen?«

Arianes Bruder war ebenso groß und knochig wie Ariane klein und feingliedrig war. Er hatte ein eckiges Gesicht, eine lange Nase und die warmen, dunklen Augen seiner Mutter.

»Sieht Ben wie ein Lustmolch aus?«, fragte mich Ariane.

»Wie bitte?« Ben starrte mich an, während ich voller Verlegenheit die Augen niederschlug.

»Ach nichts!«, sagte Ariane. »Ich habe nur einen Witz gemacht.«

»Zu hoch für mich!«, seufzte Ben. Er musterte mich neugierig, aber freundlich.

»Wo kommst du denn her? Marokko? Tunesien?«

»Ich bin Algerierin«, hauchte ich.

»Kim hat soeben angerufen«, warf Ariane ein. »Er holt uns um sieben Uhr ab.«

»Was läuft denn?« Ben ging mit großen Schritten in die Küche und spähte in den Eisschrank.

»Hatari. Von John Houston.«

»Oh! Klasse.« Ben schlug den Eisschrank zu und öffnete eine Schublade. Mit einer Schale Apfelkompott und einem Löffel in der Hand trat er aus der Küche und lächelte mich an.

»Kommst du auch mit?«

»Wohin denn?«, fragte ich schüchtern.

»In den Filmklub«, sagte Ben mit vollem Mund. »Es läuft ein guter Film«.

Ich erschrak. »N. . . nein! Ich kann nicht! Ich muss nach Hause.«

»Schade.« Ben aß sein Apfelkompott. »Da verpasst du etwas!«

»Was macht denn dein Bruder?«, fragte ich Ariane im Treppenhaus.

»Er studiert Informatik. Er ist der kluge Kopf in der Familie.« Sie gluckste. »Kim nennt ihn ›die Denkmaschine‹.«

»Kim?«, fragte ich. »Der Junge, der vorhin angerufen hat?«

»Ja«, sagte Ariane kurz angebunden und sah auf ihre Armbanduhr. Offenbar wollte sie mich loswerden. Mir kam der Gedanke, dass sie in diesen Kim verliebt war.

Ich zwängte mich in den Aufzug und drückte auf den Knopf. Durch das Scherengitter sah ich, wie Ariane mir kurz zuwinkte. Dann lief sie, zwei Stufen auf einmal, die Treppe hinauf. Die Wohnungstür schlug hinter ihr zu, während mich der Aufzug schaukelnd und rasselnd nach unten beförderte.

8

Es war fast sieben Uhr, als ich atemlos und aufgelöst nach Hause kam: Ich hatte mich noch nie derart verspätet. Glücklicherweise befanden sich mein Vater und Ali noch in der Moschee.

»Endlich!«, rief meine Mutter, als sie den Riegel zurückschob. »Wir machten uns schon Sorgen.«

Ich drehte ihr den Rücken zu, um mein glühendes Gesicht zu verbergen, und hing meinen Mantel auf. Es war das erste Mal, dass ich sie anlog.

»Der . . . der Bus ist mir vor der Nase weggefahren und der nächste war verspätet.«

Es roch nach Harissa und frischem Fladenbrot. Ma Djamila blickte in den Ofen, in dem der Brotteig aufging, und stellte die Gasflamme kleiner. Sie wischte mit dem Ellbogen den Schweiß von ihrer Stirn und lächelte mich liebevoll an.

»Du siehst glücklich aus. Was ist denn geschehen?«

Ich lachte verlegen. Ich brachte es nicht fertig, sie auch noch anzulügen.

»Ich . . . ich glaube, ich habe eine Freundin!«

»Das freut mich für dich«, sagte Ma Djamila. »Wie heißt sie denn?«

»Ariane.«

Meine Mutter stand vor dem Spülbecken und kratzte einen Topf aus. Ihr Gesicht war von der Hitze aufgedunsen. Eine Haarsträhne klebte an ihrer nassen Stirn.

»Ist sie Französin?«

»Ja.«

»Sei zurückhaltend«, sagte meine Mutter. »Der Koran warnt uns vor der Freundschaft mit Ungläubigen.« Sie warf ihren schweren Zopf auf den Rücken und zitierte:

»Schließt keine Freundschaft mit solchen, die nicht eurer Religion angehören. Sie hören nicht auf euch zu verführen und wünschen nur euer Verderben.«

Mein Atem stockte. Es war, als ob ein kalter Finger meine Haut berührte.

»Said und Ali haben auch französische Freunde«, erwiderte ich mit zitternder Stimme.

Meine Mutter spülte den Topf aus und trocknete ihn sorgfältig. »Das ist etwas anderes. Du bist ein Mädchen.«

Ich war erledigt. Die Aufregung, die Hitze, der Hunger und nun dieser Vorwurf! Es war schrecklich, immer von einem schlechten Gewissen und dem Gedanken, nicht zu dürfen und nicht zu sollen, geplagt zu sein. Es hatte keinen Zweck, darüber nachzudenken, nichts würde sich ändern, konnte sich nicht ändern, weil Allah es dem Propheten so diktiert hatte.

Said kam nach Hause, mürrisch, verschwitzt und stöhnend.

»Mein armer Rücken! Den ganzen Tag Ware schleppen, Kisten ein- und ausladen! Und dazu noch Kohldampf!«

»Stell dich nicht so an«, sagte Ma Djamila heiter. »Fasten ist gesund!«

Plötzlich trat sie an ihn heran, schnupperte und runzelte die Brauen.

»Du stinkst nach Rauch! Wenn das dein Vater merkt!«

Said zeigte sein Grübchenlächeln.

»Nur eine Zigarette! Eine einzige!«, verteidigte er sich mit einschmeichelnder Stimme. »Sonst hätte ich nicht durchgehalten, bei dieser Anstrengung!«

»Wasch dich«, sagte Ma Djamila in kühlem Ton.

Said verschwand kleinlaut im Badezimmer. Ich hörte, wie er sich die Zähne putzte und gurgelte. Vielleicht tut er nur so und hat sogar heimlich was gegessen, dachte ich, er hat ein Gewissen wie Gummi. Aber ich konnte ihm keinen Vorwurf machen: Auch ich war nicht ganz unschuldig.

Es wurde dunkel, als mein Vater und Ali von der Moschee zurückkamen. Sie hatten eine Plastiktasche bei sich, in der sie Zahnbürste, Handtuch und Seife für die rituelle Waschung mitführten. Als der letzte Tagesschimmer verschwunden war, setzten wir uns zu Tisch und tranken gierig unsere Milch. Dann brachte meine Mutter die dampfende Suppenschüssel und ich füllte die Teller, während sie sich wieder in die Küche verzog. Lange waren nur unser Schlürfen und Kauen zu hören.

Das Fladenbrot rissen wir in Stücke, tauchten es in die »Harissa« und wischten damit die Teller aus. Als unser Heißhunger gestillt war, kam ein Gespräch auf. Ali redete wieder von Personalabbau. Von heute auf morgen konnte man seinen Arbeitsplatz verlieren und fristlos entlassen werden. Die Gewerkschaften und die Linksparteien versprachen vergeblich Hilfe.

»Nur schöne Worte«, schimpfte Ali, »und keine konkreten Maßnahmen. Früher konnte jeder gesunde, arbeitswillige Mann sich und seine Familie ernähren. Heute verlangt man eine abgeschlossene Schulbildung. Warum nicht das Abitur? Müssen alle, die kein Zifferblatt lesen können, vor die Hunde gehen? Wir, die Einwanderer, sind ein wesentlicher Bestandteil des französischen Wirtschaftslebens, wir müssen kämpfen und unsere Rechte durchsetzen, bevor uns die Roboter von den Arbeitsplätzen verdrängen.«

Wer trägt die Schuld?, überlegte ich. Nach Ali nur die Imperialisten, die Ausbeuter. Aber gab es sie nicht in allen Ländern und zu allen Zeiten? Ich verstand nichts von Politik oder Wirtschaftsstrategie. Doch woher kam eigentlich unsere furchtbare Unsicherheit, dieses quälende Gefühl, benachteiligt zu sein? An unserer Intelligenz, unserer raschen Auffassungsgabe war nicht zu zweifeln. Wie stand es aber um unsere Lebensweise? Im Existenzkampf, den meine nomadischen Vorfahren führten, galt der Grundsatz des »Rechts des Stärkeren«. Das Volk gehorchte den Mächtigen und diese gewährten ihm Schutz. Bildung wurde nicht gefördert, denn mit dem selbstständigen Denken trat Zweifel an der Autorität auf, jener Autorität, an deren oberster Spitze Allah, der Weltenherr, seit

Ewigkeit von den Menschen bedingungslose Unterwerfung forderte.

Ich hatte nie gewagt mich freimütig in solche Gespräche zu mischen. Aus irgendeinem Grund, vielleicht da ich in der Schule zur spontanen Äußerung ermutigt wurde, sagte ich: »Aber die Menschen sind doch zu kostbar, um immer schwere oder eintönige Arbeit zu verrichten! Warum setzen sie keine Roboter ein und nützen ihren Verstand für Besseres?«

Totenstille. Die Männer starrten mich an, als hätte ich etwas Unerhörtes gesagt, bis Said in Gelächter ausbrach.

»Aber kleine Schwester! Wie stellst du dir das denn vor? Überall Roboter, die bip, bip, bip wie im Kino machen!«

Ali runzelte die Augenbrauen und sagte grimmig: »Bringt man dir diesen Unsinn in der Schule bei?«

»Wie können gottlose Maschinen den Menschen ersetzen?«, rief mein Vater entsetzt. Wann immer er sich aufregte, wurde er von Hustenanfällen überrascht. »Roboter sind Teufelswerk. Allah wird jene, die eine Maschine dem Menschen gleichsetzen, in die Flammen der Hölle verbannen!«

Kummer verzerrte seine Züge, aber er war eher verunsichert als wirklich erbost. Wie? Seine Tochter hatte eine Meinung! Und welche! Ihre Worte waren unschicklich, beleidigend und darüber hinaus noch gotteslästerlich. Ya Allah! Das kam davon, wenn man Mädchen eine höhere Schulbildung ermöglichte! Fassungslos, verwirrt und hustend stimmte er den Spruch an, der den Teufel bannen sollte:

»Bim Illah Errahman El Rahim!«

Ali warf mir einen vernichtenden Blick zu.

»Verschwinde!«, zischte er. »In dein Zimmer!«

Stumm erhob ich mich und lief hinaus. Ma Djamila sagte kein Wort, kam mir nicht zu Hilfe. Ihre grünen Augen funkelten kühl und unergründlich. Ich schloss behutsam die Tür hinter mir und setzte mich in der Dunkelheit auf das Bett. Tränen brannten in meinen Augen. Was war das für ein Leben! Nie einen Gedankenaustausch, nie ein offenes Gespräch! Aber ich konnte doch nicht immer schweigen. Mit wem sollte ich sprechen? Mit Ariane vielleicht? Ach ja, Ariane! In meinem Herzen erwachten Sehnsucht, Zärtlichkeit und Glück. Die Tränen, die über meine Wangen liefen, waren nicht nur Tränen der Bitterkeit, sondern auch Tränen der Freude. Ich war dankbar, dass sie meine Freundin war, auch wenn sie zu den Ungläubigen gehörte.

Ich erinnerte mich an ein Zitat aus dem Koran. Ich murmelte es vor mich hin, die Worte trösteten mich:

»Allah kennt eure Seelen und weiß, ob ihr rechtschaffen seid. Und bei jenen, die sich aufrichtig an ihn wenden, ist er gnädig.«

9

Ich konnte den Freitag kaum abwarten! Meine einzige Sorge galt dem Wetter. Während ich früher den Regen oft herbeigesehnt hatte, hielt ich nun angstvoll Ausschau nach jeder Wolke. Aber das schöne, heiße Spätsommerwetter hielt an. Am Freitag brachte mir Ariane den Badeanzug mit. Sie hatte sogar an ein Handtuch gedacht. Als Frau Charvet uns holte, trat ich schüchtern an sie heran.

»Ich ... ich habe mir einen Badeanzug besorgt. Würden Sie mir bitte das Schwimmen beibringen?«

Frau Charvet blinzelte erstaunt und brach in fröhliches Gelächter aus. Sie war heute ganz in Rosa gekleidet, rosa Turnschuhe und rosa Stirnband.

»Mit größtem Vergnügen. Aber das erlernt sich nicht in einer Stunde! Solltest du zwei Stöße schaffen, bist du ein Wunderkind!«

Natürlich hatte sich die Sache herumgesprochen. Ich war auf Sticheleien gefasst. Die Mädchen glucksten und stießen sich an, die Jungen grinsten anzüglich.

»Endlich lässt sie ihre prachtvollen Formen bewundern!«, rief Maurice und Andy fragte mich:

»Kommst du nun oben ohne?«

»Wartet nur ab!«, rief Ariane. »Ihr werdet noch ein blaues Wunder erleben! Nächstes Jahr lernt sie Butterfly und wird uns allen davonschwimmen!«

Sie nahm mich mit in die Umkleidekabine. Alle Mädchen zogen sich mit der größten Selbstverständlichkeit aus. Sie schwammen sogar, wenn sie ihre Tage hatten. Ich zitterte und fror trotz der feuchten Hitze. Ariane packte die Badeanzüge aus. Zögernd schlüpfte ich aus meinen Strumpfhosen.

»Mensch!«, rief Lio. »Hast du viel an. Und das bei dreißig Grad im Schatten!«

»Was trugen denn die Araberinnen, bevor die Strumpfhosen erfunden wurden?«, wollte Yuriko wissen.

Ich erzählte ihnen von den Pluderhosen, die Ma Djamila und meine Mutter heute noch trugen.

Nathalie kicherte.

»Ich dachte, Araberinnen liefen immer im Nachthemd herum!«

Ich wandte ihnen den Rücken zu und zog meinen Badeanzug an. Ariane machte mir einen Träger zurecht.

»Hübsch«, sagte sie und lächelte mir ermutigend zu.

»Wie bleich du bist!«, sagte kopfschüttelnd Delfina. Sie trug einen winzigen, roten Tanga und einen Alibi-Büstenhalter.

»Schokoladen- und Vanilleeis«, kicherte sie und hielt ihren dunkelbraunen Arm neben meinen.

Zuletzt nahm ich mein Kopftuch ab und befühlte die Spangen an meinen Zöpfen. Mir graute davor, die Kabine zu verlassen. Kurz entschlossen packte mich Ariane am Arm.

»Komm! Raus!«

Ich befürchtete Schlimmes, und wahrhaftig: Alle Jungen standen Spalier, johlten, pfiffen, schrien. Beinahe wäre ich in die Kabine zurückgerannt. Aber Ariane hielt mich fest, verteilte lachend Fausthiebe und Tritte. Glücklicherweise setzte Frau Charvet dem Spießrutenlaufen ein Ende.

»Nun lasst sie gefälligst in Ruhe! Man sollte meinen, ihr habt noch nie einen Menschen mit zwei Beinen gesehen!«

Sie nahm mich mit unter die Dusche und führte mich in das Nichtschwimmerbecken. Vorsichtig watete ich im herrlich kühlen Wasser. Ich vertraute Frau Charvet, die bei mir stand und mich stützte. Nichtschwimmer sind langweilig: Bald verloren die Jungen das Interesse an mir und begannen mit lautem Geschrei eine Wasserballschlacht.

»Na, wie gefällt es dir?«, rief Ariane.

Sie stand über mir am Beckenrand in ihrem gelben Bikini und strahlte über das ganze Gesicht.

»Großartig!«, rief ich.

Sie hielt sich die Nase zu und sprang, rückwärts einen Purzelbaum schlagend, ins Wasser. Eine Welle schwappte mir ins Gesicht und ich klammerte mich lachend an den Rand.

»Nie werde ich so gut schwimmen wie sie!«

»Sei etwas geduldig«, sagte Frau Charvet. »Sie hat auch eines Tages angefangen.«

Sie brachte mir zuerst bei das Gesicht unter Wasser zu halten und die Augen zu öffnen. Ich fürchtete mich nicht, beobachtete das Licht, das auf den Fließen wie in einem blauen Kaleidoskop schimmerte.

»Du wirst es schnell lernen«, sagte Frau Charvet.

Eine Stunde später, in der Umkleidekabine, trocknete ich mich mit Arianes Handtuch ab. Ich fühlte mich herrlich entspannt und erfrischt. Als ob kühles Wasser an Stelle des Blutes in meinen Adern kreiste. »Immerhin bist du nicht wasserscheu«, sagte Ariane. »Gib mir den Badeanzug. Ich wasche ihn aus und bringe ihn dir am Freitag wieder mit.«

Schlagartig sank meine Stimmung auf null. Jede Schülerin hing, wenn sie nach Hause kam, unbekümmert ihren Bikini zum Trocknen auf, erzählte, wie es beim Schwimmunterricht gewesen war. Nur ich musste den Mund halten, als ob ich etwas auf dem Gewissen hätte, musste mein überschwängliches Gefühl, mich lebendig und stark zu fühlen, unterdrücken. Im Grunde hinterging ich meine Eltern ohne Reue und träumte schon von der nächsten Schwimmstunde. Was war nur mit mir los? Wohin sollte dies führen?

Am Dienstagnachmittag fielen zwei Chemiestunden

aus. Herr Verdier, der Lehrer, musste sich einen Zahnabszess behandeln lassen. Niemand hatte Mitleid: Der Verdier war ein arroganter Miesling, der uns wie Schwachsinnige behandelte. In Maurices schadenfroher Bemerkung kam unsere Empfindung zum Ausdruck:

»Der Zahnarzt soll ruhig bis auf den Nerv bohren und auch noch ohne Spritze!«

»Zwei Stunden früher frei – welch Glücksfall!«

»Komm doch zu mir«, schlug Ariane vor. »Meine Mutter ist nicht da. Sie hat Orchesterprobe.«

Ich zögerte nur kurz. Die Stunden, über die ich frei verfügen konnte, waren selten. Und ich hatte Sehnsucht nach Arianes Wohnung, ein Zuhause, von dem ich nur träumen konnte, von heiterem Lebensgefühl und ungezwungener Gemütlichkeit erfüllt.

Fünf Minuten später liefen wir durch den Hausflur.

Ariane flüsterte mir zu: »Gib Acht, der Wachhund!«, als Madame Mathilde durch das Logenfenster spähte. Mit ihren kieselähnlichen Pupillen, dem vorgestreckten Kinn und den speichelnassen Zähnen hinter den dünnen Lippen erinnerte sie derart an einen Spitz, dass ich nur mit Mühe einen Lachkrampf unterdrückte. Ariane winkte ihr freundlich zu, aber sie starrte uns misstrauisch nach, bis der Aufzug kam und wir ihrem Blickfeld entschwunden waren.

Ariane schloss die Wohnungstür auf, warf ihre Schulmappe in eine Ecke. Ich holte tief und beglückt Atem. Die Wohnung war wie in meiner Erinnerung: geräumig, mit Fenstern, die bis zum Fußboden reichten, die hellen Wände von Sonnenlicht überglänzt, die schön polierten Möbel, die bunten Herbstblumen. Fast alle Türen standen offen. Jedes Zimmer, von heiterer Unordnung erfüllt, strahlte Behaglichkeit und Lebensfreude aus.

»Hast du noch immer Ramadam?«, fragte mich Ariane.

Ich schüttelte lächelnd den Kopf.

»Seit vorgestern nicht mehr.«

»Umso besser. Es ist sicher noch Pflaumentorte da.«

Dem Brauch entsprechend, hatte Ali vor zwei Tagen einen frisch geschlachteten Hammel mitgebracht. Ma Djamila hatte das Fleisch derart zubereitet, dass es wie Butter auf der Zunge zerging. Vor einigen Jahren kaufte mein Vater das Tier noch lebendig und schlachtete es auf dem Balkon. Aber die Nachbarn hatten sich beim Wohnungsamt beschwert und mein Vater war aufgefordert worden davon in Zukunft abzusehen.

Ariane ging in die Küche und nahm eine angeschnittene Pflaumentorte aus dem Kühlschrank.

»Warte, ich mache uns Tee.«

Sie ließ Wasser in einen Kessel fließen und stellte ihn auf die Herdplatte. Dann holte sie zwei gelbe Becher aus Steingut und eine zierliche Zuckerdose aus dem Schrank.

»Hübsch, nicht wahr? Die Sachen kommen aus China. Kim hat sie mir zu Weihnachten geschenkt.«

Ihre Stimme klang betont gleichgültig. Aber ich kannte sie inzwischen. Wenn sie etwas berührte, wurde sie rot.

»Der Freund deines Bruder?«, fragte ich. »Was macht er eigentlich?«

»Nur kluge Dinge. Er studiert Physik und befasst sich mit Philosophie! Er behauptet, beides gehöre zusammen. Kannst du dir das vorstellen?«

»Kaum«, sagte ich. Sogar die Ausdrücke waren mir

fremd. Philosophie! Da sollte ich im Wörterbuch nachschlagen.

»Bist du in ihn verliebt?«, fragte ich.

Sie lachte etwas verlegen.

»Ist das so offensichtlich?«

Der Kessel pfiff. Ariane schüttete Tee in eine kleine Kanne und goss das heiße Wasser hinzu.

»Die meisten Jungen sind entweder kindisch, zu kompliziert oder total auf den Sextrip aus. Kim ist ganz anders.«

Ich gewöhnte mich allmählich an ihre unverblümte Art, die Dinge beim Namen zu nennen.

»Wie denn?«

Ariane holte Teller aus dem Schrank und schnitt zwei Stücke von der Torte ab.

»Er ist schwer zu angeln«, antwortete sie in sachlichem Ton. »Aber ich lasse nicht locker. Im Frühling bin ich beinahe die Wände hochgegangen, als er ein anderes Mädchen hatte. Zum Glück ist nichts daraus geworden. Mich behandelt er wie einen Kindskopf, du ahnst nicht, wie mich das aufregt. Aber er ist schon neunzehn, weißt du. Und bei allem, was er und seine Schwester mitgemacht haben . . .«

Sie schob mir die Zuckerdose über den Tisch zu.

»Nimmst du noch Zucker auf die Pflaumen? Ich nicht.«

»Weshalb?«, fragte ich. »Was ist ihnen denn passiert?«

Ariane steckte mit finsterem Blick ein Stück Torte in den Mund.

»Ach, immer die gleiche Scheiße. Ich frage mich, ob wir das auch noch eines Tages erleben werden . . .«

Ich kam überhaupt nicht mehr mit.

»Was denn?«

»Nun, der Krieg! Wann der wohl endlich unmodern wird.«

Ich schwieg betroffen. Ali und mein Vater unterhielten sich jeden Abend über den Bürgerkrieg in Libanon, über den Konflikt zwischen Iran und Irak. Der rechtmäßige Befreiungskampf der Palästinenser, die Niederlage der Imperialisten und die Vernichtung Israels waren mir vertraute Begriffe.

»Es hat doch immer schon Kriege gegeben«, sagte ich endlich.

»Ebendeshalb.« Ariane kaute verdrossen. »Sie sollten mal aufhören.«

»Also, ich weiß nicht«, sagte ich.

»Denkst du denn nie an so etwas?«, fragte sie ungeduldig. »Ich ziemlich oft. Hast du schon einmal im Lexikon über das Wort ›Krieg‹ nachgelesen? Dieser Wortschatz! Es wird einem beinahe schlecht dabei.«

Ich spielte mit meinem Teelöffel, ließ ihn gegen den Becher klirren.

»Das sind doch Männerangelegenheiten.«

»Gott«, brauste sie auf, »bist du wirklich derart unterbelichtet? Der Krieg geht doch jeden von uns etwas an. Soll ich einfach sitzen bleiben und warten, bis die Welt in die Luft gesprengt wird? Ich will etwas beitragen, damit es sich ändert.«

»Aber wie denn?«

Sie warf mir einen seltsamen Blick zu.

»Jeder kann mitmachen. Sogar du und ich.«

»Wie kommst du denn darauf?«

Wieder dieser seltsame Blick. Nun lächelte sie beinahe.

»Jemand hat einmal gesagt: ›Den ersten Frieden schließt

der Mensch mit sich selbst. Der zweite wird unter Nachbarn geschlossen. Der dritte unter den Völkern. Solange aber der Mensch nicht den ersten Frieden geschlossen hat, ist jeder andere Frieden unmöglich.‹«

Verstört stopfte ich die Torte in mich hinein. Für Ali und meinen Vater war das Kriegsgeschehen – wie bei einem Dominospiel – in weiße und schwarze Felder eingeteilt. Freunde und Feinde hatten genaue Unterscheidungsmerkmale. Aber Arianes Ansicht war mit meiner anerzogenen Vorstellung von Recht und Unrecht nicht zu vereinen. Ihr Denken kam mir so verwirrend und unbegreiflich vor, dass ich rasch Zuflucht zu einem anderen Thema suchte.

»Ich darf nie Freundinnen mit nach Hause bringen. Wenn Ali oder Said Besuch kriegen, bleibe ich mit meiner Mutter in der Küche. Ich gehe nur schnell in das Zimmer, um die Männer zu bedienen.«

»So lässt du auf dir herumtrampeln?« Ariane war fassungslos.

»Es ist der Tradition wegen«, seufzte ich. »Männer und Frauen leben in getrennten Welten.«

»Aber irgendwann treffen sie sich im Bett.«

Diese Schlagfertigkeit! Nie konnte ich schnell genug eine passende Antwort finden.

»Glaube nicht, dass ich mit allem einverstanden bin«, sagte ich beschämt. »Ich möchte auch sein wie du. Jeans anziehen. Braun werden. Das Haar offen tragen.«

»Du musst tolles Haar haben«, sagte Ariane. »Meines ist schrecklich fein!« Sie blies eine Strähne aus ihrer Stirn. »Wie lang sind eigentlich deine Zöpfe?«

»Ungefähr bis hier.«

Ich hielt die Hand an die Hüften.

»So lang!«, rief Ariane entzückt. »Darf ich sie sehen?«

Ich musste über ihre Begeisterung lachen.

»Wenn du willst.«

»Gehen wir in mein Zimmer«, sagte Ariane.

Wir tranken den Tee, stellten das Geschirr in die Spülmaschine. In Arianes Zimmer war es dämmrig und kühl. Die Vorhänge wölbten sich vor dem angelehnten Fenster. Ariane zog die Decke über ihr Bett, schob mit einem Fußtritt ein paar Turnschuhe aus dem Weg. Ich knotete mein Kopftuch auf und zog die Spangen aus meinem Haar. Die Zöpfe fielen bis zu meiner Taille.

»Mensch!«, rief Ariane. »Niemand in der Klasse hat solche Zöpfe! Öffne sie!«

Ich tat ihr den Gefallen. Eigentlich hatte ich glattes Haar, aber durch das tägliche Flechten bildeten sich Wellen, die bis zu meinen Hüften hinunterfluteten.

»So schönes Haar!«, rief Ariane. »Und immer unter diesem blöden Kopftuch versteckt!«

»Eine Muslimin darf ihr Haar nur dem eigenen Mann zeigen«, sagte ich.

»Wie tugendhaft!«, seufzte Ariane, sodass ich unwillkürlich lachen musste. Ich warf den Kopf in den Nacken, genoss das herrliche Gefühl, das Haar hin und her zu schwingen, ohne die Spangen auf der Kopfhaut zu spüren.

»Da, probier das mal an!«, rief Ariane.

Sie hielt mir ein schwarzes, ärmelloses T-Shirt und einen roten Baumwolloverall hin. Noch immer in übermütiger Stimmung knöpfte ich meinen Regenmantel auf, entledigte mich meiner Kleider und zog Schuhe und Strumpfhosen aus. Über Büstenhalter und Slip streifte ich das T-Shirt und den Overall. Ariane band den Gürtel hinten zu und klatschte vor Freude in die Hände.

»Kaum zu glauben! Du bist ein ganz anderer Mensch!«

»Findest du?«

Verlegen lachend, stellte ich mich vor den Kommodenspiegel, als Ariane sagte: »Der ist zu klein, draußen hängt ein größerer.«

Sie zerrte mich in den Flur. Fassungslos starrte ich auf mein Spiegelbild und kannte mich nicht wieder: das offene, rötlich schwarze Haar, die porzellanfarbene Haut, die großen, glänzenden Pupillen unter den bräunlichen Lidern. In T-Shirt und Overall wirkte ich auffallend lang und schmal, mit fast zerbrechlich schlanker Taille.

»Komm nur eines Tages so in die Klasse«, sagte Ariane, »die Jungen werden bestimmt auf dich fliegen!«

Ich sah im Spiegel, wie meine Augen ironisch aufblitzten. »Nur das nicht!«

Ariane war begeistert.

»Ich möchte dich so gerne fotografieren! Genau so, wie du jetzt bist!«

Insgeheim erschrak ich, da wir aber so gut gelaunt waren, wollte ich die Stimmung nicht verderben.

»Die Bilder darf aber niemand sehen!«

»So wahr ich hier stehe!«, rief Ariane feierlich aus. »Ich knipse sie nur für uns beide!«

Sie rannte aus dem Zimmer, um ihre Fotoausrüstung zu holen. Mit besonnener Miene schraubte sie ihre Canon auf das Stativ und stellte den Belichtungsmesser ein, der an einer Schnur um ihren Hals baumelte.

»Hoffentlich ist es hell genug! Blitzen will ich nicht, die Bilder wirken sonst zu hart!«

Ich stand unbeholfen und linkisch da, während sie stirnrunzelnd die Entfernung prüfte.

»Was muss ich tun?«

»Nichts! Einfach stehen bleiben! Dreh dich ein bisschen nach links, damit Sonne auf dein Gesicht fällt. Ja, so ist es gut!« Mit dem Finger drückte sie auf den Auslöser. Der Fotoapparat klickte.

»Großartig! Wie ein echtes Foto-Modell!« Ariane stellte das Stativ höher auf und drehte an ihrem Objektiv. »Nun das Gesicht!« Ich blickte lachend in die Linse und entfernte instinktiv mein Haar aus der Stirn. Klick!, machte der Apparat.

»Bravo!«, rief Ariane. »Noch eine!«

Es schellte. Ich zuckte zusammen. Mein Atem stockte und vor Schrecken brachte ich keinen Ton über die Lippen. Aber Ariane war schon an der Tür und riss sie auf.

»Kim!«, rief sie strahlend.

Ich starrte auf den Jungen, der in Begleitung eines zottigen, weißen Pinschers in die Wohnung trat. Auf einmal war mir, als stehe die Zeit still. Unerklärlicherweise entschwand das, was wir Wirklichkeit nennen, ich fühlte mich von meinem Körper losgelöst, glaubte zu schweben. Erst als der Hund wedelnd meine Beine beschnupperte, schnellte die Welt mit einem plötzlichen Ruck an ihren Platz. Ich erstickte einen Aufschrei und wich erstarrt zurück.

»Aber Fanfan«, sagte der Junge, »sei doch nicht so zudringlich!« Er packte den Pinscher am Halsband und zog ihn zurück, wobei er mir lachend ins Gesicht sah. Eine Hitzewelle überflog mich. Obwohl ich vor jedem Jungen den Blick senkte, starrte ich zurück wie von einem Magneten festgehalten. Wer war dieser Junge? Sicherlich kein Franzose, noch weniger ein Araber. Ein Asiate wahrscheinlich. Seine Augen, goldbraun wie Bernstein, blickten weder anmaßend noch kühn, sondern weich, heiter und voller Mitgefühl. Das Haar, das bei jeder Kopfbewegung mitschwang, fiel ihm bis auf die Schultern. Bei Muselmanen gilt langes Haar als unmännlich, aber seines erschien mir als das schönste, das ich je bei einem Jungen gesehen hatte: locker, füllig und knisternd wie schwarze Seide.

Er trug ein weißes Hemd, braune Kordhosen und um die Schultern einen ungezwungen geknoteten Pulli.

Dies alles nahm ich innerhalb jener Sekunden wahr, in der unsere Blicke sich trafen und ein Funke von Auge zu Auge sprang. Schon kehrte ich dem Fremden blitzschnell den Rücken zu und flüchtete in Arianes Zimmer. Ich schlug die Tür hinter mir zu, drehte den Schlüssel. Durch das Sausen in meinen Ohren hörte ich die erstaunte Stimme des Jungen:

»Was ist denn mit ihr los? Weshalb rennt sie denn weg?«

Ich lauschte nicht auf Arianes Antwort, sondern riss in fiebriger Eile T-Shirt und Overall vom Leibe, zwängte mich in Strumpfhose und Unterrock. Als ich in meinen Rock schlüpfte, klemmte der Reißverschluss, ich zerrte und zog, aber ich konnte ihn nur bis zur Hälfte schließen. Hastig knöpfte ich meine Bluse bis zum Hals zu. Dann flocht ich vor dem kleinen Spiegel mit zitternden Fingern meine Zöpfe, nahm sie hoch und steckte sie mit Klammern derart fest, dass mir die Kopfhaut schmerzte. Wo war nur mein Kopftuch geblieben? Da, auf dem Bett!

Atemlos faltete ich es zu einem Dreieck, knotete es unter dem Kinn zusammen und zog es tief über die Stirn. Meine Wangen glühten, die Kiefermuskeln schmerzten und ich fröstelte am ganzen Körper. Wie von weit her hörte ich Ariane an die Tür klopfen.

»Aischa? Ist alles in Ordnung?«, rief sie beunruhigt und rüttelte am Türgriff. »Nun stell dich doch nicht so an! Mach auf!«

Wortlos und hastig schlüpfte ich in meinen Regenmantel, dann erst drehte ich den Schlüssel. Ariane schob ihren Kopf durch den Türspalt. Ihr Gesichtsausdruck zeigte eine seltsame Mischung von Heiterkeit und Bestürzung.

»Entschuldige, ich hatte ganz vergessen, dass du vor Jungen davonläufst!«

»Wo ist er?«, fragte ich mit zitternder Stimme.

»Wer? Kim? In der Küche! Auf diesen Schrecken hin musste er etwas essen. Zum Glück haben wir für ihn noch Pflaumentorte übrig gelassen.«

Zaghaft verließ ich das Zimmer und erblickte Kim, der kauend an der Küchentür lehnte. Ich wich so heftig zurück, dass ich auf Arianes Fuß trat.

»Au!«, rief diese wütend. »Pass doch auf, du Trampeltier!«

Kim seufzte mit komischem Bedauern.

»Es ist das erste Mal, dass ein Mädchen vor mir flüchtet. Ich bin ein bisschen aus den Fugen.«

Hinter ihm schlürfte der weiße Pinscher Wasser aus einer Schale, wobei Tropfen nach allen Seiten spritzten.

Ich schwieg. Kim lächelte etwas zerknirscht, mit herabgezogenen Mundwinkeln. Seine Augen glitten schnell über mich hinweg.

»Schade«, sagte er mit leisem Vorwurf, »vorhin erschienst du mir viel schöner ...«

Jetzt erst vernahm ich die besonders tiefen und leisen Schwingungen seiner Stimme, ihre ruhevolle Ausstrahlung. Ich war betäubt, kraftlos wie jemand, der einen Schlag in den Magen bekommen hat.

»Ich ..., ich muss nach Hause«, war das Einzige, das ich über die Lippen brachte.

»Jetzt schon?«, fragte Kim.

Er schluckte den letzten Bissen hinunter, entfernte die Krümel vom Hemd und sah mich an. Und wieder schienen meine Augen sich selbstständig zu machen und kehrten zu seinem friedlichen, leuchtenden Blick zurück. Auf einmal schüttelte sich Fanfan, gähnte und wollte zur Küche hinaus. Kim hielt ihn am Halsband fest.

»Es tut mir Leid, wenn ich dich vorhin erschreckt habe«, sagte er ernst.

Ich schüttelte den Kopf. »Es war meine Schuld.« Verstört suchte ich Arianes Blick. »Ich muss jetzt gehen!«

Sie reichte mir teilnahmslos meine Schulmappe. Natürlich freute sie sich, dass ich ging.

»Bist du mir böse, wenn ich nicht mitkomme? Du kennst den Weg!«

Ich nickte und sah ein letztes Mal zu Kim hinüber. Er hob leicht die Hand zum Abschied. Sein Lächeln mit den herabgezogenen Mundwinkeln war spöttisch und bedauernd zugleich. Rasch wandte ich mein glühendes Gesicht ab. Die Tür schlug hinter mir zu. Ich wankte die Treppe hinunter. Auf halber Höhe gaben die Beine unter mir nach, ich musste mich an die Wand lehnen. Meine Unterwäsche klebte an der Haut. Ich schnappte nach Luft wie eine Ertrinkende. Mach dir doch nichts vor. Du bist in ihn verliebt. Verliere bloß nicht den Kopf. Das wäre eine Katastrophe! Denke doch daran, dass er ein Ungläubiger ist, schlimmer noch, ein Heide! Ich atmete laut. Die Ader an meinem Hals klopfte vor Aufregung. Was wird aus mir? Was soll ich tun?, dachte ich in hilfloser Verzweiflung.

10

In dieser Nacht konnte ich nicht schlafen. Nie hatte ich einen Menschen, geschweige denn einen Unbekannten, so nahe gefühlt. Im Geist sprach ich mit ihm, als läge er neben mir in der Dunkelheit. Verzeih mir. Es geht nicht. Wir können uns nicht sehen. Es wird ja doch nichts mit uns. Aber ich werde dich nie vergessen. Ich warf mich hin und her. Mein Gesicht brannte, es war, als ob eine leichte heiße Flamme in mir pulsierte.

Die Stimme meiner Großmutter schreckte mich plötzlich auf.

»Kind, was ist mit dir? Bist du krank?«

Mein Herz klopfte so laut, dass sie es hören musste. »Ich . . . ich kann nicht schlafen«, stammelte ich.

Die Matratze knarrte, als sie sich aufsetzte und in der Dunkelheit zu mir herüberschaute.

»Mir ist schon abends aufgefallen, dass du anders als sonst warst. Hast du Schwierigkeiten in der Schule?«

»Nein!«

Ich drehte mich auf die andere Seite. Ma Djamila schwieg und legte sich wieder hin. Das Geheimnis brannte mir auf den Lippen, etwas in mir wollte überquellen, zerspringen, jedoch verbarg ich mein Gesicht in das Kissen. Kim, dachte ich, welch seltsamer Name! Aber ich musste den Gedanken an ihn loswerden. Tränen verschleierten meine Augen. Eine Weile weinte ich still vor mich hin, trocknete an den Bettlaken meine heißen, nassen Wangen. Meine Nase war verstopft, ich atmete durch den Mund, versuchte kein Geräusch von mir zu geben. Großmutter rührte sich nicht und stellte auch keine weitere Frage. Aber ich wusste, dass sie wach lag und mich weinen hörte. Am nächsten Tag ging ich in einer dicken, langen Strickjacke zur Schule. Mein Kopftuch war tiefer als sonst über die Stirn gezogen. Ich fürchtete mich vor Ariane. Hoffentlich bemerkte sie nichts! Zumal sie doch selbst in Kim verliebt war . . .

Sie saß schon an ihrem Platz. Ich setzte mich neben sie, wandte das Gesicht ab und kaute an meinen Nägeln.

»Na«, sagte sie ironisch, »hast du deinen Schrecken überwunden?«

Ich schwieg befangen. Ich wusste nicht, wo ich die Hände lassen, geschweige den Blick hinrichten sollte.

»Du brauchst wirklich vor Kim keine Angst zu haben«, sagte sie ungeduldig. »Er tut keiner Fliege etwas an.«

»Woher . . . woher kommt er eigentlich?«, fragte ich stotternd.

»Aus Vietnam. Seine Eltern mussten Saigon verlassen, als die Nordvietnamesen die Stadt einnahmen.«

»Ist er . . . ein Moslem?«

Ariane brach in schallendes Gelächter aus.

»Kim? Ein Moslem? Du liebe Zeit, wie kommst du darauf?«

Ich starrte stumm vor mich hin. Als ihr Lachen verging, wirkte ihr Gesicht abweisend.

»Du musst nicht glauben«, sagte sie kühl, »dass der Islam die einzige Religion in der Welt ist. Es gibt auch nette Menschen, die keine Moslems sind, weißt du . . .«

Ich senkte den Kopf.

»Er hat mich . . . mit offenem Haar gesehen!«

»Nun hör doch auf!«, rief sie gereizt. »Du tust ja so, als ob er dich vergewaltigt hätte. Sei doch nicht hysterisch!«

Sie wurde richtig aggressiv. Warum nur? Hatte sie etwas bemerkt? Ich steckte betroffen den Hieb ein und bis zur Pause sprachen wir kaum noch ein Wort. Auch mittags ließ sie mich links liegen. Ich selbst war zu sehr aufgewühlt, um unbefangen ein Gespräch anzuknüpfen. Ich war erleichtert, dass sie nach dem Unterricht ihren Judokurs hatte und früher als üblich die Klasse verließ.

Ich sah sie mit Lio und den beiden Japanerinnen über die Straße laufen. Vier Mädchen mit wehendem Haar, lachend, unbeschwert und voller Lebensfreude. Ich durfte nicht dazugehören, musste die Augen senken, mich absondern. Niedergeschlagen ging ich an der Seine entlang zur U-Bahn-Station. Über die Brücke brauste der Verkehr, es stank nach Motoröl und Abgasen. Trotzdem lag ein goldener Schimmer in der Luft, das Herbstlaub leuchtete kupfern und der blaue Himmel spiegelte sich im Wasser. Wie gerne hätte ich mich ans Ufer gesetzt, den Rücken an die warme Mauer gelehnt, den Blick auf das funkelnde Wasser gerichtet. Aber nein! Ich musste auf schnellstem Wege nach Hause gehen, zurück in meine eigenen vier Wände, in denen es nach Hammelfett und Chorba roch, der Geruch Algeriens, der auch mir anhaftete. In dieser

Welt war ich verwurzelt, hing an ihr trotz allem, zumal sie meine Heimat bedeutete. Und ich schwor mir mit meinem Gewissen Frieden zu schließen, für alles blind und taub zu sein, was nicht in diese Welt passte. Ich wollte nicht mehr leiden und auf andere neidisch sein. Ich wollte mich nicht verlieben, in einen Heiden noch dazu! Es ist eine Schande ...!

Ein Spruch aus dem Koran kam mir in den Sinn: »Allah gehört alles, was im Himmel und auf Erden ist, er wird von euch über das, was in eurem Herzen ist – mögt ihr es kundtun oder verschweigen –, Rechenschaft fordern!«

»Aischa«, hörte ich eine Stimme dicht hinter mir sagen. Ich fuhr herum wie von einem Peitschenhieb getroffen und starrte in Kims lächelndes Gesicht. Die Bestürzung musste aus meinen Augen sprechen, denn er sagte halb belustigt, halb zerknirscht:

»Jetzt habe ich dich schon wieder erschreckt!«

Er trug die gleiche braune Kordhose und den um die Schultern geschlungenen Pulli, nur diesmal ein blaues Hemd dazu. Den weißen Pinscher hielt er an der Leine.

Einen Atemzug lang stand ich wie betäubt, unfähig einen klaren Gedanken zu fassen. Meine Augen wichen den seinen aus, hasteten verstört in alle Richtungen.

»Ich ... ich darf mit dir nicht reden!«

»Warum denn nicht?«, fragte er überrascht. Ich schluckte befangen.

»Das ... gehört sich nicht. Ich bin ein anständiges Mädchen!«

Er neigte den Kopf, wobei das dichte, geschmeidige Haar seiner Bewegung folgte.

»Hör mir einmal zu. In diesem Augenblick unterhalten

sich auf der Welt Millionen von Mädchen mit Jungen, ohne dass jemand sich etwas dabei denkt.«

Mein Herz schlug so heftig, dass mir beinahe die Knie erlahmten.

»Aber wenn meine Brüder uns sehen?«

»Wie viele hast du denn? Nicht etwa ein ganzes Dutzend?«

»Zwei«, hauchte ich.

»Was machen die denn?«

Ich erklärte es ihm mit bebender Stimme.

»Also, Aischa«, sagte Kim, »beide sind beschäftigt und Paris ist groß. Ich glaube kaum, dass einer von ihnen ausgerechnet in dieser Minute hier vorbeikommt.«

»Aber Freunde von ihnen könnten uns sehen . . .«

Er blinzelte mir schelmisch zu.

»Sag mal, leidest du an Verfolgungswahn?«

Ich schnappte nach Luft. Ich meinte zu ersticken.

»Ich bin Muslimin. Ich darf mit einem fremden Jungen nicht sprechen. Auch wenn ich ihm zufällig begegne.«

Sein Lächeln verging. Er sah mich ernst an.

»Es ist kein Zufall, dass ich hier bin. Ich habe auf dich gewartet.«

Eine Hitzewelle schoss mir ins Gesicht.

»Aber . . . warum denn?«

»Ich wollte dich wieder sehen«, entgegnete er schlicht.

Der Pinscher starrte mich mit schwarzen, glänzenden Augen an und vergrub seine Schnauze in meinen Regenmantel. Ich wich rasch aus.

»Setz dich, Fanfan!« Kim lächelte beruhigend. »Hab keine Angst, er beißt nicht!«

Ich wollte ihm mitteilen, dass Hunde unreine Tiere waren und ich mit ihnen so wenig wie möglich in Berührung kommen wollte. Aber ich brachte es nicht über die Lippen. Seine Liebe zu diesem Tier schien wirklich echt zu sein.

»Seit gestern«, sagte Kim, »denke ich nur noch an dich.«

Ich senkte den Kopf. Ich wagte ihm nicht zu sagen, wie ich die vergangene Nacht verbracht hatte.

»Hast du ein wenig Zeit?«, fuhr er fort. »Komm, wir gehen am Seineufer spazieren.«

»Nein!«, rief ich. »Wir könnten gesehen werden!«

Kim verschluckte ein Lachen.

»Das erinnert an einen Ehebruch im Kintopp, bei dem der Liebhaber in Unterhosen in den Kleiderschrank flüchtet!«

Ich musste unwillkürlich mitlachen. Sein Humor wirkte entspannend.

»Mir fällt etwas Besseres ein«, fuhr Kim fort. »Weiter vorne befindet sich ein Tearoom, in dem es guten Kuchen gibt. Wir setzen uns in die hinterste Ecke und unterhalten uns.«

Ich erschrak. Das Betreten jedes öffentlichen Lokals war mir untersagt. Und obendrein noch mit einem Jungen! Mein Verstand gebot mir: Sag nein, lauf weg, solange noch Zeit dazu vorhanden ist! Aber die Versuchung war stärker als die Vernunft. Ich nickte ihm wortlos, fast demütig ergeben zu. Kim ging mit mir über die Straße. Er schien sich kaum darüber zu wundern, dass ich drei Schritte hinter ihm verblieb und hielt mir höflich die Tür auf. Der Tearoom sah ganz anders aus als die verrauchten Stehbars und Cafés, die meine Brüder aufsuchten. Die Stühle waren mit blauem Samt bezogen. Auf den Tischen stand schönes weißes Geschirr. Gabeln klirrten. Gut gekleidete Damen und Herren tranken Kaffee aus Silberkännchen, einige Schülerinnen verschlangen riesige Eisportionen. Heiteres Stimmengewirr erfüllte den Raum und aus dem Hintergrund klang gedämpfte Musik. Kim steuerte auf einen Tisch zu, der genau zwischen Garderobe und WC stand.

»Von hier aus sehe ich die Tür. Sobald ein Algerier sich blicken lässt, schließt du dich in der Toilette ein!«

Wieder musste ich lachen, obwohl mir kaum der Sinn danach stand. Wir setzten uns. Fanfan ließ sich seufzend auf dem Spannteppich nieder. Ich rückte meinen Stuhl etwas ab, um ihn mit meinen Füßen nicht zu berühren.

»Was nimmst du?«, fragte Kim. »Tee oder Kaffee?«

Ich zog Tee vor. Meine Mutter entnähme sofort meinem Atemgeruch, dass ich Kaffee getrunken hatte. Kim bestellte für beide je einen Apfelstrudel und einen Windbeutel.

»Ich habe nicht viel Zeit«, sagte ich.

»Das macht nichts.« Kim betrachtete mich nachdenklich. Ich leistete keinen Widerstand mehr, erwiderte fest und voll seinen Blick. Das Weiß seiner Augen schimmerte bläulich. Die goldbraune Iris wirkte wie Samt.

»Ich bin glücklich, dass du überhaupt mit mir gekommen bist«, seufzte er. »Ich hatte schon Angst, du würdest wieder davonlaufen.«

»Es ist nicht, wie du glaubst«, sagte ich betrübt. »Gestern, als ich mit Ariane allein war, hatte ich ihre Sachen anprobiert und mein Haar dabei offen getragen. Bei uns darf ein Mädchen nämlich ihr Haar nur dem eigenen Ehemann zeigen.«

An seinen Augenwinkeln bildeten sich kleine Lachfalten.

». . . und jetzt fühlst du dich mit mir verheiratet und das ist dir nicht geheuer!«

Wieder spürte ich, dass ich errötete.

»Du machst dich über mich lustig«, erwiderte ich unsicher, fast traurig.

»Nimm es mir nicht übel.« Er lächelte beklommen. »Mir wurde schon immer ein lockeres Mundwerk nachgesagt. Immerhin ist Lachen gesünder als Heulen, findest du nicht?«

Eine freundliche Kellnerin brachte Teegeschirr und Kuchen. Sie legte ein Besteck dazu. Ich knipste nervös an meinen Nägeln.

»Ich weiß, es ist schlimm, was ich tue . . .«

»Warum schlimm?«, fragte er lebhaft. »Warum quälst du dich mit Bedenken, Befürchtungen, Vorurteilen? Warum flüchtest du vor dir selbst?«

Er schenkte mir Tee ein, gab drei Zuckerstücke hinein und rührte in der Tasse. Ich saß da wie ein Ölgötze. Es war das erste Mal, dass mich ein Junge bediente.

»Versuch mal, ob er süß genug ist!«, sagte er.

Ich hob die Tasse an den Mund. Der englische Tee war köstlich und erfrischend. Ich lächelte Kim an.

»Er ist gut, dein Tee!«

»Vergiss den Kuchen nicht«, sagte er. »In ganz Paris gibt es keine besseren Windbeutel.«

Er nahm einen Schluck Tee und blickte mich über den Rand der Tasse hinweg an.

»Gestern, bei Ariane, erschienst du mir als das hübscheste Mädchen, das ich je gesehen hatte. Es war . . . als ob eine Sonne in dir strahlte. Heute wirkt sie beinahe verloschen, aber bei mir brennt sie immer noch . . . hier im Herzen.«

Er legte impulsiv beide Hände auf die Brust. Meine Augen folgten der Bewegung. Die schmalen, glatten Hände, deren Knöchel unter der Haut spielten, strahlten Beherrschung und Kraft aus, doch waren die Gelenke zart und locker wie die eines Mädchens. Ich fühlte Tränen in meinen Augen.

»Sag das nicht . . .«, flüsterte ich rau. »Bitte, sei still!«

Er schüttelte den Kopf. »Weshalb sollen wir uns etwas vormachen? Ich weiß genau, dass Kopftuch und Mantel nur aufgezwungene Hüllen sind, die dein wahres Ich verbergen. Aber wozu nur? Wozu?«

»Es ist Tradition«, sagte ich gepresst. »Der Koran befielt den Frauen sich zu verhüllen. ›Sage, Prophet, deinen Frauen und Töchtern und den Frauen der Gläubigen, dass sie mit dem Übergewand ihr Antlitz verdecken, wenn sie ausgehen; so ziemt es sich, damit sie als ehrbare Frauen erkannt und nicht belästigt werden.‹«

»So ist das also«, meinte Kim und machte sich über seinen Windbeutel her, »doch logischer wäre, wenn dort stände: Sage, Prophet, den Männern, sie sollen die Frauen und Töchter der Gläubigen in Ruhe lassen, wenn sie ausgehen, damit sie unbelästigt die Sommerzeit genießen.«

Ich blickte ihn unsicher an. Ich wusste nicht, ob er wieder Spaß machte.

»Seitdem im Iran die islamische Republik ausgerufen worden ist«, sagte ich, »werden die Glaubensgesetze des Korans wieder strenger befolgt. Der Islam will sich vom Einfluss des Westens befreien und einen neuen Weg einschlagen.«

»Der Weg fährt in eine Sackgasse«, sagte Kim, »wenn

eure Tradition nicht das Wesentliche, das in der Gleichheit der Geschlechter besteht, erkennt.«

»Das geht nicht«, sagte ich. »Im Koran steht: ›Die Männer sollen den Frauen bevorzugt werden.‹«

Kim steckte sich ein Stück Apfelstrudel in den Mund. »Quatsch«, sagte er gelassen.

Ich musste blass geworden sein. Meine Befürchtungen waren berechtigt gewesen. Bei Allah! Dieser Heide lästerte Gott! Das war der Preis dafür, mich mit ihm eingelassen zu haben. Doch Kim sprach ungerührt weiter.

»In der Biologie und Psychologie sind männliche und weibliche Eigenschaften nicht eindeutig getrennt, da beide ineinander übergehen. Mann und Frau bilden eine Einheit. Yin und Yang.«

Was war das denn schon wieder? Er musste mein mangelndes Verständnis auf meinem Gesicht abgelesen haben, denn er lächelte.

»Das war jetzt Chinesisch!«

Er entnahm der Brusttasche seines Hemdes einen Kugelschreiber und zeichnete auf die Papierserviette einen Kreis, der zwei identische, durch eine geschwungene Linie abgegrenzte Flächen, enthielt.

»Yin ist die Weiblichkeit, Yang die Männlichkeit. Gleich wie Tag und Nacht, Himmel und Erde, Wärme und Kälte. Dieses Symbol umfasst alle Gegensätze. Jeder Mensch ist zugleich männlich und weiblich. Auch du. Auch ich. Und sogar deine Brüder, ob sie es wollen oder nicht.«

Er sah mich eindringlich an und zitierte:

»Wer seine Mannheit kennt
Und seine Weibheit wahrt,
Der ist der Kern der Welt.«

Verwirrt fragte ich:

»Woher stammen diese Worte?«

»Aus dem Tao-Te-King, dem Buch vom ›Sinn und Leben‹.« Er lächelte schalkhaft. »Lao Tse, der Verfasser, war ein chinesischer Weiser, der dreitausend Jahre vor Mohammed starb. Aber seine Gedanken werden ewig Gültigkeit haben.«

Ich schüttelte heftig den Kopf.

»Die Wahrheit ist nur im Islam enthalten!«

»Alles wandelt sich«, sagte Kim. »Sogar die Wahrheit. Als du bei Ariane dein Haar löstest und Kleider trugst, die deine Weiblichkeit betonten, war es in Wirklichkeit deine Männlichkeit, die dich dazu bewegte. Verstehst du, was ich meine?«

Ich biss mir verstört auf die Lippen. Was sollte ich mit diesem fremden, verwirrenden Weltbild anfangen?

»Ich weiß nicht . . .«, stammelte ich, »ich bin noch nie auf solche Gedanken gekommen.«

»Und hast dir alles gefallen lassen. Noch etwas Tee?«

»Danke, gerne«, flüsterte ich. Er füllte meine Tasse.

»Drei Stücke Zucker«, sagte er. »Ich weiß, dass du ihn süß trinkst.«

»Woher denn?«, fragte ich verblüfft.

»Von vorhin«, erwiderte er vergnügt.

Ich schwieg befangen. Sonst war immer ich es, die den Männern jeden Wunsch von den Augen ablas.

»Ich kann mir vorstellen, was du empfindest«, sagte Kim mit Wärme. »Bisher hat sich dein Leben im geschlossenen Rahmen abgespielt. Jetzt bist du mit einer anderen Welt in Berührung gekommen und weißt nicht mehr, wo du hingehörst.«

Ich starrte ihn an, fasziniert und betroffen. Weshalb kannte er mich so genau? Zauberei musste im Spiel sein! Nicht umsonst warnte uns der Koran vor den Götzendienern: »Mit ihrem Munde zwar wollen sie euch gefallen, doch ihre Herzen sind euch fremd. Die meisten sind Übeltäter.«

Jedoch unterdrückte ich die Mahnworte. Ich wollte mehr hören, mehr erfahren. Ich war nahezu berauscht.

»Woher weißt du das?«

»Aus eigener Erfahrung.«

Kim goss sich frischen Tee ein.

»Ich bin Vietnamese und wohne seit zehn Jahren in Paris. Auch ich lebe wie du in zwei Welten. Warum sollten aus diesem Zwiespalt nur Konflikte entstehen? Ich bin der Meinung, dass ein doppeltes Wissen, ein doppeltes Empfinden zu echter geistiger Freiheit führen kann.«

»Fühlst du dich denn nie als Fremder, als Außenseiter?«

»Früher schon«, gab Kim zu. »Eine Zeit lang wusste ich nicht, was ich vom Leben wollte. Es ist nicht leicht, zwischen zwei Weltbildern zu entscheiden. Deswegen wähle ich nicht, sondern setze auf individuelle Freiheit. Heute weiß ich, wer ich bin und bedarf der Zugehörigkeit zu einem Volk oder einer Religion nicht, um mich gestärkt zu fühlen.«

Er lachte und zitierte augenzwinkernd:

»Was die Menschen hassen, ist Einsamkeit, und doch machen Fürsten und Könige sie zu ihrer Lebenshaltung.«

»Aber du bist ein Junge«, sagte ich kläglich.

Er zuckte die Achseln.

»Ja, und? Wir sind beide Menschen.«

Ich antwortete nicht und er fuhr fort: »Jeder, der nachdenkt, weiß, dass die Frau von Natur aus nicht untergeordnet ist, sondern dazu gebracht wurde. Der Gedanke, dass der Mann sowohl die Natur wie auch die Frau zu beherrschen hat, bildet den Grundstein vieler Kulturen und hat eine Menge Schaden angerichtet. Es wird Zeit, dass sich das ändert.«

Fanfan, der sich bisher nicht bewegt hatte, richtete sich auf und legte wimmernd seine Schnauze auf Kims Knie. Dieser hielt ihm ein Stück Apfelstrudel hin, das der Pinscher gierig verschlang.

»Er liebt Süßes«, seufzte Kim, »aber ich will ihn nicht verwöhnen. Sonst wird er fett!«

Plötzlich ging die Tür auf. Ein großer, kraushaariger Mann betrat den Raum. Ich spürte, dass ich bleich wurde, aber Kim ließ ein leises, nachsichtiges Lachen hören.

»Keine Aufregung! Es ist ein Inder!«

Ich atmete auf. Aber der Bann war gebrochen. Auf einmal überkam mich das heulende Elend. Was sollte ich mit diesem Fremden und seinen seltsamen Ansichten? Seine Worte waren wie Honig, aber sie durchbohrten wie Giftpfeile meinen schützenden Panzer von Schicksalsergebenheit und Gehorsam und rissen tiefe Wunden in mir auf ...

»Ich ... ich muss nach Hause«, sagte ich mit schwacher Stimme. Er versuchte nicht mich zurückzuhalten, sondern winkte der Kellnerin und bezahlte. Fanfan wurde lebhaft und bellte erfreut. Kim gab ihm einen leichten Klaps auf die Schnauze.

»Morgen, um die gleiche Zeit?«, fragte er.

Ich erbebte.

»Unmöglich!«

»Warum denn nicht?«

»Ich . . . ich kann nicht jeden Tag später nach Hause kommen. Meine Mutter und meine Brüder passen auf mich auf. Ich habe Angst . . .«

»Eines Tages«, sagte Kim sanft, »wirst du lernen dich nicht mehr zu fürchten.«

Ich war erschüttert, wie überzeugt er von dem war, was er sagte.

»Es ist nicht nur das . . .«, flüsterte ich händeringend.

»Ariane?«, fragte er ruhig.

Ich musste ihn entgeistert angestarrt haben, denn er lächelte verschmitzt.

»Ich habe mit ihr bereits gesprochen.«

Seine Klarsicht verblüffte mich aufs Neue. Beinahe meinte ich, er kannte mich besser als ich mich selbst.

»Was . . . was hast du ihr denn gesagt?«

»Dass ich dich treffen möchte. Ariane hat Verständnis für uns. Sie wird uns helfen.«

Mir fiel ihre heutige Verstimmung ein. Das war es also gewesen.

»Sie ist doch in dich verliebt«, stammelte ich kopflos.

»Ich liebe dich«, sagte er im gleichmäßigsten Ton, als wäre es das Selbstverständlichste der Welt.

Es durchfuhr mich wie mit Messern. Zitternd hielt ich seinem klaren, ruhigen Blick stand. Unsere Gesichter waren so nahe, dass jeder den Atem des anderen spürte, unsere Hände lagen nebeneinander auf dem Tisch, ohne dass sie einander berührten. Ich wusste nicht mehr, ob es Traum oder Wirklichkeit war. Richtete er seine Worte an mich oder galten sie einer Vision, die jenseits von mir lag? Aber ich spürte die Wärme, die seine Augen ausstrahlten, und die hämmernden Schläge meines Herzens. Warum geschieht das gerade mir?, dachte ich. Ich kann es nicht ertragen, ich ersticke daran. Und doch ist es geschehen ...

Einen Atemzug lang schloss ich die Augen. Als ich sie wieder öffnete, schlug mein Herz ruhig. Ich fühlte auch keine Furcht mehr, sondern nur ein ungeheures Glühen. Ich holte tief Luft und stand auf. Kim erhob sich ebenfalls und der Hund zog an der Leine.

»Übermorgen nach der Schule«, sagte ich leise. »Geht das?«

Kim neigte ruhig den Kopf.

»Ich warte auf dich.«

Der Schimmer, der aus seinen dunklen Augen schoss, war unendlich zärtlich.

»Aischa«, sagte er, »was bedeutet dieser Name eigentlich?«

Leise, kaum hörbar, antwortete ich: »Das Leben.«

Ich zog mein Kopftuch tief in die Stirn, wandte mich ab und verließ den Tearoom. In mir leuchtete die Sonne, die Sonne des Lebens. Nie mehr konnte ich es hinnehmen, dieses Licht in mir verdunkeln zu lassen.

11

Ich weiß kaum noch, wie ich an diesem Abend nach Hause kam. Wie ich die gewöhnlichen Hausarbeiten verrichtete, meiner Mutter in der Küche half und den Tisch für die Männer deckte. Etwas hatte sich ereignet. Meine kleine in sich geschlossene Welt war zerplatzt, in Scherben zersplittert und ich freute mich sie in Trümmern zu sehen. Verstohlen beobachtete ich meine Mutter, die Handtücher auf dem Balkon aufhing. Ihre zu einem dicken Zopf geflochtenen glänzenden Haare baumelten um ihre fette Taille. Ihre Bewegungen wirkten träge und lahm. Ihr Gesicht war ausdruckslos, ihre Augen trübe: meine Mutter, die kaum ihre vier Wände verließ, nur für die Familie lebte, meinem Vater nie widersprach. Auch sie trug in sich die Sonne des Lebens, doch diese Sonne war erloschen, verschüttet, zu Asche zerfallen. Bereits als kleines Mädchen war sie mit dem Weg, den sie gehen musste, vertraut: Sie war im Laufgitter der Tradition gefangen, behindert und begrenzt durch Hemmungen, Vorschriften, unerklärliche dunkle Tabus. In meiner selbstbewussten Großmutter aber flackerte noch die helle, leuchtende Lebensflamme. Sie dachte, sie handelte, sie vertrat ihre Meinung. Den äußerlichen Hindernissen maß sie keine Bedeutung bei. Sie hatte das Wesentliche bewahrt: die Freiheit des Geistes, die über dem grauen Alltag wie ein Eisvogel über dem Wasser fliegt und leuchtet.

Ich reinigte einen Topf, während Ma Djamila auf dem Boden saß und das Kuskusmehl knetete. Wir besaßen einen Küchentisch, aber Ma Djamila benutzte ihn nie. Sie kauerte vor einer Plastikschüssel, in der sie mit ihren gelenkigen Fingern die heiße Hirse rollte und zerdrückte. Meine Blicke glitten über ihre gewölbte Stirn, die bebenden Lider, die schön geschwungenen, spöttischen Lippen. Sie würde Kim schätzen, dachte ich. Und auch sie würde ihm gefallen. Ich fühlte, dass sie sich ähnlich waren: Außenseiter, Rebellen, die sich selbst treu blieben und allein gingen, abseits der Herde. Etwas wurde in mir immer deutlicher: Fügsamkeit begünstigt Unterdrückung und Ausbeutung, während Eigenständigkeit und Stolz Beachtung fordern. Aber die muselmanische Sippe war stets darauf bedacht gewesen, weibliche Widerspenstigkeit im Keim zu ersticken. Die Erziehung bestimmt das spätere Verhalten. Unsere wissbegierigen, beweglichen, verwegenen kleinen Mädchen mussten gebremst, aufgehalten und gedrosselt werden. Nur die Stärksten verstanden es, sich durchzusetzen. Dann verhielten sich die Männer stillschweigend und fürchteten sich vor ihnen ...

»Warum betrachtest du mich, Kind?«, fragte Ma Djamila. Ich zuckte zusammen, dann lächelte ich.

»Du musst schön gewesen sein, als du jung warst. Du bist es heute noch.«

»Aber Kind!« Großmutter lachte etwas verlegen. »Wie kommst du darauf?«

Ich zog die Schultern hoch. »Einfach so.«

»Kleine Schmeichlerin!«, sagte Ma Djamila. »Was hast du im Sinn?«

Ihre Stimme klang heiter, doch sie streifte mich mit einem scharfen, glitzernden Blick, der mich zum Erröten brachte. Ich wandte rasch das Gesicht ab. »Nichts. Ich bin nur so glücklich, das ist alles!«

Ma Djamila wiegte nachdenklich den Kopf.

»Bewahre dieses Glück in dir. Es gibt Augenblicke im Leben, die uns die Kraft geben, unser tägliches Schicksal zu ertragen.«

Sie rieb das Hirsemehl in den Handflächen und setzte im beiläufigen Ton hinzu:

»Nächsten Monat fahre ich nach Algier zurück.«

Meine Fröhlichkeit verging. Ich spürte einen Stich im Herzen.

»Kannst du nicht noch etwas länger bleiben?«

»Heute erhielt ich einen Brief«, sagte Ma Djamila. »Ali war mittags hier und hat ihn mir vorgelesen. Zora heiratet. Ihr Bräutigam ist ein Sohn aus guter Familie, ein Beamter. Es gibt eine große Hochzeit.«

Zora war die Tochter von »Khalti« (Tante) Fatima, der zweiten Frau meines Großvaters. Sie war sechzehn wie ich. Ma Djamila hatte mir oft von ihr erzählt. Sie war eine der besten Schülerinnen ihrer Klasse. Die Lehrer lobten sie sehr.

»Will sie denn nicht weiter zur Schule gehen?«

Großmutter zog die Schultern hoch. Ihr Gesicht wirkte unbeteiligt und gleichgültig.

»Offenbar weiß sie genug.«

Als mein Vater und Ali nach Hause kamen, stand die dampfende Kuskusschüssel bereit. Mein Vater verschwand zunächst in seinem Zimmer, um zu beten. Ali war schon in der Moschee gewesen. Said kam wie üblich später. Er wirkte sehr selbstzufrieden. Seit einigen Tagen hatte er sich einen Walkman zugelegt und trug ihn stets bei sich. Er hätte ihn billig erworben, erzählte er uns. Doch als mein Vater aus dem Zimmer schlurfte, entfernte Said sofort die Hörer aus den Ohren. Seit der jämmerlichen Geschichte mit der Polizei war das Verhältnis zwischen ihnen gestört. Sie sahen aneinander vorbei und besprachen nur das Allernotwendigste. Keiner verzieh dem anderen, was er ihm angetan hatte.

Mein Vater stellte wortlos den Fernseher an. Die Männer setzten sich zu Tisch. Ich brachte die Schüssel mit Kuskus aus der Küche und holte die Soße. Die Männer begannen gierig zu essen, durchwühlten den Hirseberg mit dem Zeigefinger, fischten die Fleischstücke heraus und schluckten sie schnell hinunter. In der Küche klapperten meine Mutter und Ma Djamila mit den Töpfen. Said hielt mir seinen Teller hin: Er wünschte mehr Soße. Meine Hände zitterten, als ich den Soßenlöffel anhob. Ein Tropfen fiel auf seinen Hemdsärmel.

»Aber kleine Schwester!«, rief er, übertrieben empört. »Ein ganz neues Hemd!«

Das war gelogen: Er besaß es schon lange. Trotzdem sprang ich auf, holte ein Handtuch, dessen Zipfel ich in warmes Wasser getaucht hatte und rieb den Fleck, der jedoch kaum verblasste.

»Gib mir nachher das Hemd«, sagte ich beschämt. »Ich wasche es dir.«

»Heute Abend noch? Ich will es morgen anziehen.« Dabei sah er mich auf eine Art an, die es mir unmöglich machte, seinen Wunsch abzuschlagen.

»Ich bügle es dir, bevor ich zur Schule gehe«, seufzte ich und er belohnte mich mit einem anmutigen Lächeln.

Mein Vater sah sich die Nachrichten an und Ali hielt sich wieder bei seinem Lieblingsthema, der Politik, auf. Er träumte vernehmlich von der Utopie, den Islam als ideologische Macht in den Gewerkschaften einzusetzen.

»Religion und Politik müssen gemeinsam wirken. Imam Khomeiny hat uns den Weg gezeigt. Der Kampf gegen den Imperialismus hat begonnen. Vom afrikanischen Raum aus wird unser Siegeszug auf die ganze Welt übergreifen.«

Er verschlang seinen Kuskus, trank dazu Wasser in großen Mengen. Mit seinen glänzenden Augen, seinem hageren, hochmütigen Gesicht, seinen fettigen Lippen erschien er mir heute Abend düster und fanatisch. Es lief mir kalt den Rücken hinunter. Natürlich machte er sich Sorgen: Die Entlassungen, der Fremdenhass am Arbeitsplatz und auf der Straße forderten ihn zum Widerstand heraus. Aber es war die Verbissenheit in seinen Worten, die mich erschreckte: Er redete wie ein Schüler daher, der seine Lektion auswendig weiß. Seine eigene Meinung war verkümmert. Wie viele Gleichgesinnte suchte er nach einem Ausweg im Glaubenskampf und in der Gewalt. »Auge um Auge, Zahn um Zahn.« Seine Intelligenz, sein Einsichtsvermögen schützten ihn nicht davor, Religion, politisches Bekenntnis und persönliche Freiheit in einen Topf zu werfen.

»Was unterschied Said und Ali von Kim?«, fragte ich mich. »Das Alter? Kaum. Vielleicht ihre Anmaßung? Ihr naiver Egoismus?« Plötzlich wurde mir bewusst, dass sie in Wirklichkeit keine eigene Meinung hatten. Sie sahen alles durch die Brille ihrer Kultur, wie durch einen Filter. Ihr Reifeprozess war unterbrochen.

Sie würden nie erwachsen werden, sich ihr Leben lang wie verzogene, arrogante Jungen aufführen oder wie mein Vater sich abkapseln. Beide zweifelten an sich selbst, waren Spielball ihrer eigenen Ängste. Wirkliche Menschlichkeit, Toleranz, Liebe zur lebenden Kreatur fehlte ihnen. Millionen solcher Männer gab es. Sie waren Strohpuppen, aufgeblasene Figuren, seelische Krüppel. Und wir, Frauen und Mädchen, spielten seit Jahrtausenden mit, bekräftigten die Männer im Glauben ihrer Überlegenheit. Großmütig übersahen wir, dass wahre Männlichkeit nicht Stärke, sondern Ausgeglichenheit, Hilfsbereitschaft und Menschlichkeit bedeutet. Denn das Wesentlich-Männliche konnte sich nur im bewussten Erleben des Weiblichen, das in jedem Mann schlummert, veräußerlichen.

»Wasser!« Alis Stimme drang wie durch eine Watteschicht an mein Ohr. Traumbefangen wandte ich die Augen zu ihm hin.

»Wasser!«, wiederholte er ungeduldig. »Wie lange soll ich dir das Glas unter die Nase halten?«

»Kleine Schwester, du bist auf dem Mond!«, kicherte Said und mein Vater sagte mit mildem Tadel:

»Das ist nicht verwunderlich, wenn sie sich ständig in ihre Bücher verkriecht. Das Kind soll weniger lesen und zu Hause dafür nützlicher sein.«

Ich beeilte mich die Mineralwasserflasche zu entkapseln und Alis Glas zu füllen. Unsere Blicke trafen sich und ich lächelte ihn versöhnlich an. Da ich ihn durchschaut hatte, fürchtete ich mich nicht mehr vor ihm. Unwillkürlich lächelte er zurück. Seine Finger fuhren zerstreut durch mein Haar, so wie man ein Kätzchen krault. Ich senkte die Stirn. Es lag viel Zärtlichkeit in seiner Liebkosung, aber eine geringschätzige. Er liebte mich, solange ich ihn im Glauben an meinen Gehorsam ließ, ohne zu wissen, dass er seine Überheblichkeit, seine Stärke nur aus meiner friedfertigen Großmut schöpfte.

12

Am nächsten Morgen stand ich früh auf, kochte mir Kaffee und bügelte Saids Hemd. Ich nähte einen Knopf an, der an einem Faden baumelte und hing das Hemd gut sichtbar auf einen Bügel. Dann begab ich mich auf den Schulweg. Ich hatte es eilig, denn ich wollte mein Gewissen beruhigen und mit Ariane vor dem Unterricht reden. Ich erschien als eine der Ersten auf dem Schulhof, stellte mich an die Mauer und wartete. Bald strömten die Schüler zum Tor hinein. Autos fuhren vor, Mopeds knatterten. Wo steckte nur Ariane? Ich konnte doch nicht mit ihr reden, wenn die halbe Klasse zuhörte! Endlich kam sie, ging mit leichten Schritten über den Schulhof. Sie trug einen Mini-Rock aus Jeansstoff, dazu ein weißes Sweat-Shirt und ebenfalls weiße Socken. Ihr Haar, das sie selbst als »scheußlich« empfand, wehte im kühlen Morgenwind.

Als sie mich sah, blieb sie stehen und drückte mit unbewegtem Gesicht die Schulmappe an sich. Dann verzogen sich ihre Lippen zu einem trotzigen Lächeln.

»Wie war es denn gestern?«

»Es . . . es tut mir Leid«, stammelte ich.

»Weshalb denn? Ich an deiner Stelle würde einen Luftsprung machen. Kim ist verrückt nach dir.«

Ich hielt es nicht mehr aus. Diese Sperre zwischen uns! Wie konnte ich sie nur aufheben?

»Es ist wirklich nicht meine Schuld . . .«

». . . dass Kim dich mag?« Ariane lachte künstlich und viel zu laut. »Kann ich mir vorstellen!«

Ihr Gelächter verstummte. Sie senkte plötzlich den Kopf. Ihre Lippen zitterten. Ihre Augen wurden feucht und glänzten. Wenn sie es mir bloß nicht übel nahm! Aber sie sagte:

»Mich behandelt er wie einen Kumpel, und das, seitdem wir uns kennen. Warum, weiß ich auch nicht. Wahrscheinlich bin ich nicht sein Typ.«

Fast kamen mir auch die Tränen.

»Ich wollte dir nicht wehtun ...«

»Aber du kannst doch nichts dafür, du Dummkopf! Ich war es, die dein Haar sehen wollte. Liebe auf den ersten Blick, was soll ich da machen? Heulen, toben, mir den Schädel einrennen? Das ist doch pubertär!«

Sie warf den Kopf zurück, schniefte und lachte.

»Na ja, und als Kim mir sein Herz ausschüttete, da sagte ich mir: Sei großzügig und hilf ihnen, das macht einen guten Eindruck. Ich kann ihn ja nicht zwingen mich zu mögen, auch nicht mit einem Bauchtanz im Lamé-Bikini! Außerdem gibt es noch andere Jungen auf der Welt.«

Ich lachte ebenfalls, aber es kamen mir auch die Tränen.

»Ariane ... was soll ich nur sagen?«

»Am besten nichts. Wann seht ihr euch wieder?«

»Morgen«, hauchte ich.

»Vergiss nicht, dass eine Muslimin ihr Haar nur dem Ehemann zeigt!«

»Ariane ...«

»Hör auf ständig ›Ariane‹ zu wimmern. Erzähl mir eher, wie es war. Erstens bin ich neugierig und zweitens werdet ihr mich noch brauchen. So wie ich die Lage einschätze, steckt ihr bald bis über beide Ohren in Schwierigkeiten!«

Ich antwortete nicht, aber auch ich konnte diese Ahnung nicht loswerden. Ich war davon überzeugt, dass wir auf eine Katastrophe zugingen. Aber heute, von Glück erfüllt, verdrängte ich diesen Gedanken. Ich hatte beides: Kims Liebe und Arianes Freundschaft. Was konnte ich mir Schöneres wünschen? Ich atmete in tiefen Zügen, die Freude drang in mich wie strömendes Licht. Morgen!

Morgen würde ich Kim wieder sehen. Bis dahin fühlte ich mich unfähig mich auf etwas anderes zu konzentrieren, einen Bissen zu mir zu nehmen, geschweige denn im Unterricht etwas zu leisten.

Jedoch war meine Untätigkeit nur eine scheinbare: Ich fühlte die verborgene, empfindliche Veränderung meiner Seele. Diese drückte sich sogar äußerlich aus. Zu Hause vor dem Spiegel bemerkte ich mein rosiges Gesicht, meine leuchtenden Augen. Doch die Entdeckung meines neuen Ichs erschöpfte mich. Ich erlebte wie abwesend mein Glück. Eine Puppe kam und ging und trug meine Kleider, während ich selbst in unerreichbare Ferne entfloh . . .

In der Nacht lag ich lange wach. Ich hatte das Bedürfnis, mit meinen Gefühlen allein, abgeschlossen von der Außenwelt zu sein. Mein Herz klopfte in der Erinnerung an ein Wort, an einen Blick, an ein Lächeln, die Vorfreude erstickte mich fast. Meine Großmutter lag ganz still neben mir. Schlief sie oder starrte sie wie ich mit offenen Augen in die Dunkelheit? Ich sprach nicht mit ihr und blickte auch nicht zu ihr hinüber, aber ich fühlte zwischen uns ein geheimnisvolles Vibrieren, ein unsichtbares Schwingungsfeld, das uns enger verband als ein Wort oder ein Zeichen der Zuneigung. So schlief ich ein und erwachte, als das Tageslicht durch die Ritzen schien und mein erster Gedanke »Heute!« wie ein Sonnenstrahl aufblitzte.

Ich wartete, bis alle Schüler das Klassenzimmer verlassen hatten, packte meine Hefte ein und schob meine Kugelschreiber und mein Lineal in das Schreibetui. Ariane, die beinahe zuletzt wegging, trieb mir mit einem zweideutigen »Viel Vergnügen!« die Röte ins Gesicht

Als ich über den Schulhof ging, befestigten Schüler ihre

Taschen auf den Gepäckträgern und schoben ihre Mopeds durch das Tor hinaus. Schon von weitem sah ich Kim mit seinem Hund an der Mauer stehen. Meine Knie wurden weich, mein ganzer Körper schien durch die Schläge meines Herzens zu erzittern. Er sah, dass ich stehen blieb, und kam auf mich zu, unendlich vertraut und doch so unglaublich fremd. Er neigte den Kopf, das geschmeidige Haar fiel ihm auf die Schultern und er lächelte mich an. Der Hund beschnupperte mich und wedelte, aber ich wich seiner Berührung aus.

»Wie geht es dir?«, fragte Kim. »Bist du hungrig?«

»Nein«, flüsterte ich.

»Du wirst es werden. Heute versuchst du eine Zitronenrolle.«

Ich musste lachen. Mir war vor Glück fast schwindelig. »Denkst du immer nur ans Essen?«

»Ich denke an dich«, sagte er ernst. Ich wandte mein glühendes Gesicht ab. Die Worte »Ich auch« brachte ich nicht über die Lippen.

»Es war schlimm«, fügte er hinzu. »Zwei Tage können wie zwei Jahre sein.«

Ich schlug die Augen nieder. »Mir ging es ebenso.«

Wir schlenderten die Straße entlang, wobei ich unruhig nach allen Seiten spähte. Ich war erleichtert, als sich die Tür des Tearooms hinter uns schloss. Hier fühlte ich mich in Sicherheit. Ein Glück war es, dass unser Tisch gerade frei wurde. Wir setzten uns. Kim bestellte Tee und Zitronenrollen. Langsam entspannte ich mich, als Fanfan sich aber unter den Tisch hinlegte, zog ich so hastig mein Bein weg, dass Kim überrascht die Leine anzog und der Hund sich erhob. »Hast du immer noch Angst vor Fanfan?«

Ich knetete nervös meine Finger. Ich wollte ihm nichts vormachen.

»Sei mir nicht böse ... aber bei uns sind Hunde unreine Tiere.«

»Ach so«, sagte Kim leichthin, »aber ich bade ihn jede Woche, weißt du.«

Ich blickte ihn unsicher an. War seine Arglosigkeit echt oder gespielt? Das Zucken seiner Lider verriet jedoch, dass er mich neckte. Dann veränderte sich sein Ausdruck, drückte diese Mischung von Ernst und Ironie aus, die ich bereits an ihm kannte.

»Die Menschen sind wirklich seltsam. Sie fühlen sich als Herrscher über die Natur und bezeichnen die Tiere mit Etiketten. Dies hat zur Folge, dass wir Raketen zum Mond starten lassen und vor schwarzen Katzen davonlaufen.«

Er schüttelte den Kopf. »Unrein! Armer Fanfan! Was du dir alles gefallen lassen musst.«

Er kraulte den Hund hinter den Ohren, während Fanfan die Lefzen leicht öffnete und einen Ausdruck zeigte, den man als Lächeln deuten konnte. Ich spürte den Austausch, den vertrauten Umgang zwischen Mensch und Tier und sehnte mich plötzlich danach, ihn auch empfinden zu können. Zaghaft streckte ich die Hand aus. Fanfan hob die Schnauze, um mich zu beschnuppern, legte sich wieder, gähnte und schloss die Augen.

»Jetzt seid ihr Freunde«, sagte Kim zufrieden. »Das ist gut so. Wer Tiere nicht liebt, kann auch Menschen nicht lieben.«

Die Kellnerin brachte Tee und Kuchen. Auch heute schenkte mir Kim den Tee ein, fügte drei Stücke Zucker hinzu. Ich beobachtete ihn. Seine Anmut, so wurde mir bewusst, kam nicht nur von seinen goldbraunen, ruhigen Augen, von der Wärme seines Lächelns, sondern auch von der Ausgeglichenheit seiner Bewegungen her. Die ganze selbstverständliche Leichtigkeit, mit der er sich bewegte und mit den Dingen umging, prägte zugleich in kaum veränderter Form seine Beziehungen zu Mensch und Tier.

Ich seufzte tief und glücklich auf.

»Ich fühle mich wohl mit dir. Wir können über alles reden. Zu Hause ist das unmöglich.«

Er rührte meinen Tee um und stellte behutsam die Tasse vor mich hin. »Wir sind uns ähnlicher, als du denkst. Wir wurden beide verwundet. Du in deiner Seele und ich ...«

Er stockte und lächelte plötzlich nicht mehr.

»Vielleicht sollte ich dir von mir erzählen.«

Ich war von der Schwermut in seiner Stimme verwirrt. Arianes Andeutungen kamen mir in den Sinn. Kims Augen waren fest auf die meinen gerichtet, doch ich hatte das Gefühl, dass er mich nicht sah.

»Ich bin in Saigon, der Hauptstadt von Südvietnam, aufgewachsen. Saigon heißt heute Ho-Chi-Minh-Stadt, nach dem Gründer der kommunistischen Partei Indochinas benannt. In fünfzig Jahren wird der Name vermutlich wieder wechseln, aber das ist ja unwichtig. Mein Vater war Beamter, meine Mutter Lehrerin. Wir waren zu dritt: Meine Schwester Lan war die Älteste, dann kam ich. Als ich sechs war, wurde meine kleine Schwester Thuy geboren. Wir waren eine glückliche Familie. Aber Vietnam war seit dreißig Jahren in Krieg verwickelt. Zuerst die Kolonialkriege, dann der so genannte ›Befreiungszug‹ des Nordens gegen den Süden.«

Er holte gepresst Atem.

»Kriege entspringen fast immer einer Theorie. Worte dröhnen aus Lautsprechern und werden von Sprechchören wiederholt, bevor die grausame Wirklichkeit von Hass, Elend, Hungersnot und Tod das Schicksal von Millionen Unschuldiger bestimmt.«

Ich biss mir auf die Lippen. Nein, ich wollte ihn jetzt nicht unterbrechen.

»Wie du weißt«, sagte Kim, »unterstützten die Amerikaner den Süden. Sie handelten als Weltmacht. Doch ihre Feinde hatten auch Prinzipien. Menschen, die Grausamkeit im Namen der Gerechtigkeit ausüben, entwickeln eine selbstzerstörerische Besessenheit, eine alles verzehrende Moralfreude. Sie sind bereit sowohl ihr Leben zu opfern als auch ihre Gegner zu Organbehältern mit einem Nummernschild um den Hals zu erniedrigen.«

Erschüttert dachte ich an Ali, an seine Verblendung, an seinen Traum. Auch er war bereit im Namen eines Ideals zu kämpfen, zu morden und zu sterben.

»Wir Kinder«, fuhr Kim fort, »verstanden nichts von dem, was um uns geschah. Aber wir schrien vor Angst, wenn Bomben fielen oder Maschinengewehre uns aus dem Schlaf rissen. Meine Eltern fürchteten den drohenden Terror. Sie liebten sich. Sie wollten leben und ihren Kindern eine gesicherte Zukunft bieten. Schweren Herzens entschlossen sie sich ihre Heimat zu verlassen. Mein Vater hatte einen Bruder in Paris, der ihm eine Stelle besorgen wollte. Jedoch waren alle Flüge für Monate ausgebucht. Dank teurem Schmiergeld gelang es meinem Vater, uns in letzter Minute auf einen Dampfer nach Thailand einzuschiffen. Wir waren schon auf hoher See, als ein Flugzeug das Schiff mit Napalmbomben angriff.«

»Was war denn das für ein Flugzeug?«, fragte ich bebend.

Er schüttelte leicht den Kopf.

»Ich weiß es nicht, es spielt auch keine Rolle. Die wesentliche Frage ist, *wie* Menschen dazu gebracht werden, auf den Hebel zu drücken, dass die Bomben fallen. Was denken sie, was fühlen sie? Gehen sie nachher in die Kantine essen? Schlafen sie in der folgenden Nacht ruhig?«

In meinem Kopf begann sich etwas zu drehen. Schwindel erfasste mich. Kim senkte die Stirn, sodass ihm das Haar ins Gesicht fiel. Seine Stimme klang leise und verhalten.

»Schon die erste Explosion kostete viele Tote und Verletzte. Die Bombe riss ein großes Loch ins Heck und die Flammen breiteten sich aus. Rauchwolken hüllten das Schiff ein, es stank nach Teer und Benzin. Inmitten einer schreienden, kopflosen Menge versuchten wir die Rettungsboote zu erreichen. Mein Vater war verletzt. Aus einer klaffenden Stirnwunde floss Blut auf sein Gesicht und sein Hemd. Er hielt die kleine Thuy in den Armen. Ich erinnere mich daran, dass sie nicht weinte. Sie war nur ganz bleich im Gesicht. Vergeblich versuchten wir zusammenzubleiben. Die Menge stieß meinen Vater zurück, während meine Mutter, Lan und ich vorwärts getrieben wurden. Und dann fiel die zweite Bombe . . .«

Das Haar bedeckte sein Gesicht. Schwer atmend sprach er weiter.

»Durch die Druckwelle wurden wir zu Boden geworfen, aber die entsetzliche Hitze zwang uns uns wieder aufzurichten. Plötzlich wehte ein Flammenvorhang über die Mitte des Schiffes, erfasste die schreiende, blutende Menschenmenge, zu der mein Vater und Thuy gehörten. Ich sah, wie ihre Kleider verglühten, wie ihre Haut zu Fetzen schmolz und schuppengleich abfiel . . .«

»Sei still!« Ich hielt mir die Ohren zu. »Bitte, hör auf, mir wird schlecht!« Der Schweiß brach aus allen Poren, mir war, als müsse ich mich übergeben. »Aber dir . . . dir ist doch nichts passiert!«, stotterte ich kopflos.

Er warf sein Haar aus dem Gesicht. Seine Augen glänzten stumpf. Ich sah, wie seine Haut mit einem Schweißfilm überzogen war. »Ich hatte Glück«, sagte er mit bebenden Lippen.

Wie aus innerem Zwang heraus knöpfte er sein Hemd auf. Das Blut stockte mir in den Adern. Fassungslos, schreckerfüllt starrte ich auf die riesige, dunkelrote Narbe, die sich von seiner Schulter bis über die Brust erstreckte.

»Am Anfang sah es noch viel schlimmer aus«, sagte Kim. »Hautflächen wurden verpflanzt, damit ich den Arm wieder gebrauchen konnte. Ich lag monatelang im Krankenhaus. Auch da hatte ich Glück. Es gibt Leute, die ihr Leben lang entstellt bleiben, mit kahlem Schädel oder verschrumpeltem Gesicht weiterleben müssen.«

Lastendes Schweigen. Mein Kopf fühlte sich dumpf an, als sei er mit Watte gefüllt. Ich meinte blind und taub zu sein, nur das Blut rauschte und pochte in meinen Ohren. Mit einem Mal zerriss der Schleier, der meine Sinne verdunkelte. Wieder vernahm ich die Stimmen, die Musik, das Klappern der Gabeln. Heftiges, unbeherrschtes Schluchzen stieg in mir hoch, doch mit äußerster Anstrengung würgte ich die Tränen hinunter. Leise, kaum hörbar, fragte ich:

»Hast du noch Schmerzen?«

Er knöpfte sein Hemd zu und verzog leicht das Gesicht.

»Manchmal, wenn das Wetter sich ändert. Und es ist lästig im Freibad, da alle wissen möchten, was mit mir geschehen ist. Aber man gewöhnt sich daran.«

»Und danach?«, fragte ich zitternd. »Was wurde aus euch?«

»Meine Mutter, Lan und ich gehörten zu den wenigen Überlebenden, die von einem Fischerboot geborgen wurden. Zuerst hielten wir uns in einem Flüchtlingslager in Thailand auf. Später wurde uns die Ausreise nach Frankreich bewilligt. Ich besuchte hier die Schule. Meine Mutter, die fünf Sprachen beherrscht, wurde Übersetzerin an der Universität und kümmert sich um asiatische Flüchtlinge. Lan ist inzwischen mit einem Franzosen verheiratet. Sie wohnt in Grenoble und hat zwei kleine Kinder.«

Er nahm einen Schluck Tee zu sich. Auf seinem Gesicht waren wieder die gewohnte Ruhe und Heiterkeit abzulesen.

»Verstehst du nun, warum mich gefühlsgeladene Worte und abstrakte Begriffe unberührt lassen? Starre Vorstellungen und Verhaltensmuster sind mir ein Greuel. Ich hüte mich ebenso vor Moralisten wie vor Dogmatikern. Denn, solange in der Welt Blut mit Blut heimgezahlt wird, haben wir keinen Fortschritt gemacht. Nie werde ich es zulassen, dass andere an meiner Stelle denken und ihre Prinzipien mir aufzwingen. Unser Schicksal liegt in unserer Hand. Wir können es formen und gestalten, sobald wir gelernt haben unser Erkenntnisvermögen von der Klischeewelt abzuheben. Die Gitter, die uns einengen, befinden sich in uns selbst.«

»Das Wort Islam«, seufzte ich, »bedeutet Unterwerfung.«

»Weißt du denn nicht«, sagte er bitter, »dass Unterwerfung mehr Schaden anrichtet als Auflehnung?«

Ich erschrak.

»Es ist schlimm, was du da sagst!«

»Napalmbomben sind schlimmer«, erwiderte er.

Ich schwieg. Ich spürte dieses Glühen, dieses Licht wieder in mir. Den Gehalt seiner Worte hatte ich schon immer gefühlt, ihn aber nie gewagt in Gedanken zu fassen. Und ich begriff, dass Kim in meiner Gefühlswelt die Ablehnung jeglicher Form von Zwang, den Hunger nach Freiheit gelesen hatte. Es war verwirrend und wunderbar zugleich, dass derjenige, der die Stimmung meiner Seele am besten erfasst hatte, ein Mensch aus einem anderen Volk, aus einem anderen Erdteil war.

Ich beugte mich vor. Ich fühlte meinen Puls klopfen.

»Willst du mir helfen, Kim? Bitte, hilf mir!«

Er sah mich lange schweigend an. Seine Augen glänzten sanft und verständnisvoll. Dann hob ein tiefer Atemzug seine Brust.

»Es wird nicht leicht für dich sein.«

Ich rang die Hände.

»Ich will leben, lebendig sein, verstehst du? Nicht halb tot, wie ich es jetzt bin!«

Obwohl ich die Stimme nie erhob, schrie ich die letzten Worte beinahe hinaus. Eine Frau am Nebentisch drehte den Kopf zu uns und sah gleich wieder weg.

Kims Augen ließen von mir nicht ab. Sein bläulich schimmernder Blick war fern und eindringlich zugleich. Schließlich nickte er.

»Ich helfe dir. Wenn du es willst.«

»Ja, ich will es!« Mein Schrei schlug in Flüstern um. »Bitte, lass mich nicht im Stich!«

»Wie könnte ich?«, seufzte er. »Ich liebe dich doch.«

Seine Hand lag neben der meinen auf dem Tisch, so nah, dass es nur der geringsten Bewegung bedurft hätte, um uns zu berühren. War er es oder war es ich, die diese Bewegung machte? Ich werde es nie wissen: Auf einmal umschlangen sich unsere Finger. Ich senkte den Kopf, meine Lippen streiften seine Hand und in der zärtlichen Berührung mit der weichen, warmen Haut zogen alle Bilder an mir vorüber, von denen er mir erzählt hatte. Die Empfindsamkeit dieses Jungen erfüllte mich ganz.

Sanft streichelte er mein Gesicht, meine Wimpern schlugen gegen seine Finger. Während einiger Augenblicke rührten wir uns nicht. Dann richtete ich mich langsam auf. Wir sahen uns an. Unser gleichzeitiges Lächeln war Ausdruck unserer gegenseitigen Zuneigung und des Vertrauens. Schlagartig aber kehrte ich in die Wirklichkeit zurück.

»Morgen dürfen wir uns nicht sehen. Es ist zu gefährlich.«

Er dachte nach, selbst beunruhigt durch die Angst, die er in meinen Zügen las.

»Du hast Recht. Wir wollen nichts aufs Spiel setzen. Aber ich habe eine Idee. Ich gebe dir meine Telefonnummer. Ruf bei mir an, sobald die Luft rein ist.«

»Ich lerne sie lieber auswendig«, sagte ich, »für alle Fälle.« Er lachte und schrieb sie auf eine Papierserviette.

»Ariane kann nachhelfen, wenn dein Gedächtnis versagt.«

Ich schüttelte den Kopf.

»Ich habe ein gutes Gedächtnis.«

»Tagsüber besuche ich Kurse«, fuhr Kim fort, »aber abends bin ich zu Hause. Sonst antwortet meine Mutter.«

Ich erschrak.

»Hast du ihr denn von mir erzählt?«

Ein Lächeln füllte den glänzenden Spalt seiner Augen.

»Selbstverständlich. Vor ihr habe ich keine Geheimnisse. Und mach nicht so ein Gesicht. Sie läuft nicht mit einem Messer zwischen den Zähnen herum.«

»Spinner!«, sagte ich und lachte. Dann warf ich einen Blick auf die Uhr. Wie schnell die Zeit verging!

»Deine Zitronenrolle«, sagte Kim. »Und der Tee ist inzwischen auch kalt geworden.«

Er betastete die Kanne und fügte heißes Wasser hinzu.

»Trink! Nach diesem Schrecken!« Er sah besorgt zu, wie ich meine Tasse leerte und den Kuchen verschlang.

»Gut?«

Ich lächelte, gerührt über seine Aufmerksamkeit. Die furchtbaren Schatten der Vergangenheit waren verflogen. Kims Heiterkeit hatte sie verbannt. Ein Gefühl von Unbeschwertheit war in mir, als wir aufstanden und ich meine Schulmappe aufnahm. Fanfan zog erregt an der Leine.

»Er braucht Bewegung«, sagte Kim. »Ich gehe nun mit ihm zum Seineufer. Schade, dass du nicht mitkommen kannst.«

»Das nächste Mal vielleicht«, sagte ich und fügte gleich hinzu, »es ist besser, dass wir nicht gemeinsam hinausgehen.«

Er legte den Arm um meine Schultern, zog mich kurz und fest an sich. Ich schmiegte mein Gesicht an seinen Hals.

»Ich warte auf dich«, sagte er leise. »Ich warte schon heute auf dich.«

Sanft löste ich mich von ihm, wandte mich ab und entfloh. Ich spürte kaum den Boden unter den Füßen.

13

Seltsam, dass ich Kims Telefonnummer auswendig wusste! Er hatte mir die Entscheidung überlassen, eine neue Begegnung zu vereinbaren. Dies machte mich glücklich. Ähnlich der Entwicklung von der sickernden Quelle über den reißenden Bach zum breiten Strom, wuchs mein Freiheitsdrang, den Kim geweckt hatte. Es war, als ob ich innerlich schrie, und daher wunderte ich mich, dass niemand es hörte. Aber die Angst bestand Tag und Nacht und verließ mich nicht. Ich wusste, dass ich mich auf des Messers Schneide bewegte.

Freitag fand die letzte Schwimmstunde statt. Ariane hatte mir den Badeanzug mitgebracht. Sie fragte mich nicht, wie die Begegnung verlaufen war, sondern sah mich nur auf eine Art an, die es mir unmöglich machte, den Mund zu halten.

»Wir sprachen vom Vietnamkrieg«, sagte ich zurückhaltend.

»Dann weißt du ja Bescheid«, meinte sie. »Geht einem ganz schön unter die Haut, nicht wahr? Und natürlich hat er dir nicht alles erzählt. Wie sich etwa seine Mutter mit den beiden Kindern im Lager durchschlagen musste . . . Entsetzlich! Als sie nach Paris kamen, waren sie an Tuberkulose erkrankt und Kims rechter Arm war vollkommen gelähmt.«

»Er sieht so unbekümmert, so sorglos aus«, sagte ich kopfschüttelnd.

»Der Schein trügt.« Ariane zuckte mit den Schultern. »Nicht alle wissen es. Kim gehört nicht zu denen, die durch Selbstmitleid auffallen. Aber ich weiß nun, warum er dich mag.«

»Wie meinst du das?«, fragte ich verlegen.

»Du hast einen Knacks, einen richtigen seelischen Schaden und willst davon loskommen. Kim ging es ähnlich. Er musste sich zwischen einem Krüppeldasein und einem normalen Leben entscheiden. Jetzt macht er sogar Karate.«

Es klang sachlich, wie eine Feststellung über das Wetter, aber ihre Klarsicht überraschte mich. Hatte Kim nicht Ähnliches gesagt?

»Ich mit meinem Egotrip komm da sowieso nicht mit«, meinte Ariane, während ich schwieg, und lachte ihr lebhaftes, gekünsteltes Lachen, das Feinfühligkeit und tiefes, frühreifes Verstehen verbarg.

Die Luft war kühl, die Sonne schien durch einen Dunstschleier hindurch und mich fröstelte im kalten Wasser. Doch gelangen mir mit Frau Charvets Hilfe einige Schwimmzüge, die mich bald erwärmten.

»Schade, dass die Saison vorbei ist«, meinte sie. »Aber nächstes Jahr lernst du es schnell.«

»Nächstes Jahr?«, fragte ich mich selbst. »Wer weiß, was dann sein wird?« Ich wollte nicht an die Zukunft denken, so sehr fürchtete ich mich, ins Unglück zu rennen. Doch auf dem Weg zur Selbsterkenntnis hatte ich bereits einige unsichtbare Schwellen überschritten und es gab für mich kein Zurück mehr . . .

Als ich nachmittags nach Hause kam, stand meine Mutter am Küchentisch und bügelte, während Ma Djamila ein Unterhemd meines Vaters flickte.

»Warum bummelst du jeden Tag auf dem Schulweg?« Meine Mutter rieb sich den schmerzenden Rücken. »Dein Vater sieht es nicht gerne, wenn du dich draußen aufhältst.«

Ich schluckte nervös. Ausgerechnet heute, diese Bemerkung, wo ich doch pünktlich war!

»Der Bus kam mit Verspätung«, murmelte ich.

»Möchtest du einen Kaffee?«, fragte Ma Djamila.

Sie schaltete den Herd an, ließ Wasser in den Kessel laufen und stellte ihn auf die Platte, als es schellte. Wir zuckten zusammen und sahen uns an. Um diese Zeit! Wer konnte das bloß sein? Da Frauen die Tür nicht öffnen durften, zumindest die jüngeren nicht, stand Ma Djamila auf. Man hämmerte bereits an die Tür.

»Ich bin's! Macht auf!«, rief Saids Stimme.

Ma Djamila zog die Kette zurück. Said stürzte bleich und nass geschwitzt an ihr vorbei in die Wohnung. Der Schrecken fuhr mir in die Glieder. Was war geschehen? Ein Unfall? Oder – kaum wagte ich daran zu denken – schon wieder die Polizei?

»Ich . . . ich bin gefeuert worden!«, stieß er hervor.

Meine Mutter starrte ihn fragend an. Sie konnte sich darunter nichts vorstellen.

»Gefeuert?«

»Ich habe meine Stelle verloren!« Said steckte sich mit zitternden Händen eine Zigarette an. »Sie haben mich auf die Straße gesetzt. Die schriftliche Kündigung wird morgen zugestellt.«

Er zog einen zerknitterten Umschlag aus der Jeanstasche und warf ihn auf den Tisch.

»Das ist mein Monatsgehalt!«

Meine Mutter stand da wie erstarrt. Unerwartet stieß Ma Djamila einen Schrei aus.

»Das Bügeleisen! Pass auf! Gleich verbrennst du die Hose!«

Meine Mutter hob schnell das Bügeleisen hoch und betrachtete fassungslos den braunen Fleck. Ma Djamila ließ ein missbilligendes »Ts, ts« hören und wandte sich stirnrunzelnd an Said.

»Was hast du denn schon wieder angestellt?«

Said hob lebhaft seine feingliedrigen Hände.

»Nichts! Ich schwöre es bei Allah und dem Koran! Sie wollten einen anderen. Einen Franzosen.«

»Ya Mohammed!«, stöhnte meine Mutter. »Wenn das dein Vater erfährt!«

Ma Djamila nahm bedächtig Tassen aus dem Schrank und goss Kaffee ein.

»Trink einen Kaffee. Nun ist es geschehen. Inch' Allah! Dein Vater muss sich damit abfinden.«

Said zog seine Schuhe aus und schlurfte ins Wohnzimmer. Meine Mutter rückte ihm die Kissen zurecht, strich über seine nasse Stirn, murmelte tröstende Koseworte. Inzwischen bügelte ich an ihrer Stelle weiter. Die Hose war an dieser Stelle nur leicht verfärbt und einige Flusen klebten am Bügeleisen. Mit einem nassen Tuch versuchte ich den Schaden zu beseitigen. Ich war beunruhigt und nicht nur Saids wegen. Ich ahnte, dass ich von nun an besonders Acht geben musste.

Als Ali nach Hause kam und von der Entlassung erfuhr,

suchte er sofort das Tabakgeschäft an der Straßenecke auf und verlangte den Personalchef. Wenige Minuten später kam er wutentbrannt zurück.

»Dem Kerl habe ich meine Meinung gesagt. Er bezeichnete dich als vorlaut und faul. Welche Frechheit!«

»Dabei schuftete ich von morgens bis abends, sodass mir die Knochen wehtaten!«, schrie Said. »Der Lagerhalter schnauzte mich an, wenn ich mal eine Zigarette rauchte oder mit den Kollegen ein Wort wechselte. Ich bin doch keine Maschine!«

»Was für eine Schweinerei«, sagte Ali finster. »Einen Franzosen hätten sie niemals unvorbereitet auf die Straße gesetzt.«

Beklommen warteten wir auf den Vater. Wir alle fürchteten seinen Jähzorn.

»Lasst mich reden«, sagte Ali, »ich weiß, wie man ihn anpackt.«

Als mein Vater die Wohnung betrat, merkte er sofort, dass etwas geschehen war. Seine Augen richteten sich auf Saids schuldbewusstes Gesicht und wirkten sogleich hart und scharf wie Glasscherben.

»Was ist los?«, fragte er barsch.

Said winselte und meine Mutter trat näher an ihn heran, als ob sie ihn beschützen müsste.

»Said hat seine Stelle verloren«, sagte Ali gelassen.

Mein Vater erbleichte. Sein Brustkorb hob und senkte sich unter den schweren Atemzügen.

»Ich werde dir«, zischte er, »die Knochen brechen!«

Said zog den Kopf ein und meine Mutter jammerte, doch hob Ali beschwichtigend die Hand.

»Warte, Vater. Es ist nicht seine Schuld.«

Said, erklärte er, war ein Opfer der Diskriminierung, der Schwarze oder Nordafrikaner ausgesetzt waren. Man konnte Said nicht vorwerfen sich gegen Schikanen gewehrt zu haben.

Ich hörte zu, sagte keine Silbe und dachte mir mein Teil. Lag es wirklich nur am Fremdenhass? Said war unbekümmert und träge. Er war bereits mit einem Diebstahl belastet. Und kürzlich diese Geschichte mit der Polizei . . .

Jedoch akzeptierte mein Vater Alis Erklärung. Allmählich beruhigte er sich, sein Zorn verflog. Said war somit einer Tracht Prügel entgangen.

»Morgen meldest du dich beim Arbeitsamt«, sagte Ali. »Du bist kein illegaler Einwanderer und hast Anspruch auf Unterstützung.«

In der Kündigung, die am nächsten Tag eintraf, war vermerkt, dass Said sich schlecht angepasst und für diese Arbeitsstelle nicht die richtigen Voraussetzungen mitgebracht hatte. Wohl oder übel musste Ali meinem Vater diesen Brief vorlesen, wobei dieser wieder in Schweiß ausbrach, hustete und würgte.

»Es kommt nicht in Frage, dass du dich auf den faulen Hintern setzt!«, brüllte er Said an. »Du bewirbst dich sofort für eine andere Stelle!«

Said schwor es. Er suchte jeden Morgen das Arbeitsamt auf und kam nachmittags enttäuscht zurück.

»Einen Job kann man nicht von heute auf morgen finden«, verteidigte er sich, wenn mein Vater ihm Vorwürfe machte. Ali pflichtete ihm bei. Bei der Stellenknappheit wurden zuerst die Franzosen berücksichtigt. Ausländer hatten es schwer.

Demzufolge hielt sich Said in der Wohnung auf, hörte

Platten, rauchte und ließ sich von mir bedienen. Abends zog er ein frisches Hemd an, formte sich eine Rockertolle mit Frisiergel und traf sich mit Freunden. »Ich muss doch mal auf andere Gedanken kommen!« So vergingen zehn Tage. Wenn ich zu Hause ankam, war Said da. Ich fühlte mich beobachtet, bespitzelt und fand nicht den Mut, Kim ein Treffen vorzuschlagen.

»Jemand macht sich Sorgen um dich«, sagte mir Ariane eines morgens mit Nachdruck.

Die Hitze schoss mir ins Gesicht.

»Hat dir Kim was gesagt?«

»Ja, er hält es nicht mehr aus!«

Verstört nagte ich an meiner Unterlippe.

»Bei uns ist dicke Luft. Mein Bruder hat seine Stelle verloren. Er passt immer auf, um wie viel Uhr ich von der Schule komme.«

»Das fehlte auch noch!«, seufzte Ariane. Plötzlich lächelte sie. »Hör zu, am Mittwoch werde ich sechzehn. Ich gebe eine Party. Einige Leute aus der Klasse kommen auch. Hast du Lust?« Sie kicherte anzüglich. »Du kannst dich mit Kim in eine Ecke verkriechen, ich schiele garantiert nicht hin!«

Mein Herz klopfte.

»Ich weiß nicht, ob es möglich sein wird.«

»Warum denn nicht?«, fragte sie ungeduldig. »Du darfst doch wohl eine Freundin besuchen.«

Ich schüttelte traurig den Kopf.

»Ein Moslemmädchen geht nie alleine aus.«

»Ist das ein Theater!«, brummte Ariane fassungslos. »Bei mir ist doch kein Puff!«

»Ich müsste meinen Bruder mitnehmen.«

Sie lachte sarkastisch auf.

»Aber nur, wenn er sein Messer in der Garderobe lässt!«

Ich zog hilflos die Schultern hoch.

»Such doch eine Ausrede«, fuhr Ariane fort. »Not macht erfinderisch.«

Eine Ausrede? Aber welche? Doch das war der einzige Ausweg. Ich holte gepresst Luft.

»Sag Kim ... dass ich vielleicht komme.«

Sie zog ironisch die Brauen hoch.

»Bloß vielleicht?«

»Ich kann ihm nichts versprechen«, sagte ich unglücklich.

Während der folgenden Tage zerbrach ich mir den Kopf. Meinen Eltern das Nächstliegende, nämlich die Wahrheit mitzuteilen kam überhaupt nicht in Frage. Es war undenkbar, dass ich alleine auf eine Einladung ging! Am Abend vor der Party aber fasste ich den Mut. Ich wählte den Augenblick nach dem Abendessen, während mein Vater zufrieden rülpsend den Teller wegschob und die Nachrichten erwartete.

»Vater ... darf ich morgen etwas später nach Hause kommen?«

Er drehte überrascht den Kopf zu mir hin. Sein Gesichtsausdruck war gleichzeitig wohlwollend und leicht beunruhigt. Ich bemerkte, wie Alis Augen scharf und aufmerksam aufblitzten, und zwang mich nicht hinzusehen.

»Worum geht es denn?«, wollte mein Vater wissen.

»Um die Französischprüfung im kommenden Dezember. Frau Favre will nach dem Unterricht mit einigen Schülern die Partizipien durcharbeiten.«

Ich staunte, wie mühelos mir die Worte einfielen, und hasste mich zugleich, dass ich zur Lüge gezwungen war.

»Und du gehörst dazu?« Said blinzelte schelmisch. »Ich dachte, du seist eine Leuchte in Französisch!«

Ich errötete.

»Frau Favre meint, ich könnte noch besser werden. Ich sei zu . . . unkonzentriert.«

»Allerdings«, sagte Ali, ziemlich schroff. »Was nützt dir dein Bücherberg, wenn du Nachhilfeunterricht in Grammatik brauchst?«

Mein Vater hüstelte. Seine Kiefermuskeln traten scharf hervor.

»Mädchen, ich warne dich! Falls du durchfällst, ist es mit der Schule aus!«

»Deswegen möchte ich auch an dieser Stunde teilnehmen!«, entgegnete ich schnell.

Mein Vater wiegte brummend den Kopf, während Ali misstrauisch fragte:

»Wer bleibt denn außer dir noch?«

Ich nannte die Namen einiger Mädchen. Schließlich nickte mein Vater.

»Also gut. Aber zum Essen bist du zu Hause.«

Ali schwieg mit finsterem Gesicht. Die Angelegenheit war ihm nicht geheuer, aber mein Vater hatte entschieden.

Geschafft!, dachte ich, zugleich beschämt und erleichtert. Ich verdammte die Sturheit unserer Sitten, die mich zu dieser Heuchelei veranlasste. Wer war schuldig? Die Religion? Die Gesellschaft? Die Familie? Alles bildete eine Einheit, ähnlich den Fasern eines Gewebes. Wie Recht hatte Kim jede Form von Unterwerfung und Beherrschung abzulehnen und den Anspruch auf ein Leben in aufrichtiger Freiheit zu erheben!

Am nächsten Morgen wagte ich nicht mich besonders zu kleiden, sondern wählte lediglich ein weißes Kopftuch, das meine Augen groß und dunkel wirken ließ.

Ariane trug einen rosa Overall und einen lila Glitzerschal um den Hals. Ihre Haut, ihre Augen, das frisch gewaschene Haar, alles glänzte. Jeder wusste, dass sie Geburtstag hatte: Die Hälfte der Klasse war zu ihrem Fest eingeladen worden. Die Mädchen umarmten sie, die Jungen spendeten Beifall und Marcel, der gerne auffiel, küsste sie auf den Mund, worauf alle in lautes Gelächter ausbrachen. Ich stand scheu abseits, doch als unsere Blicke sich fanden, trat ein schelmisches Lächeln auf ihre Lippen.

»Du kommst also auch?«

»Aber ich bleibe nicht lange«, sagte ich.

»Zeitmangel ist deine chronische Krankheit!«, seufzte Ariane. »Und dabei feiern wir bis Mitternacht!«

»Ich habe ein Geschenk für dich«, sagte ich.

Ich reichte ihr ein winziges Fläschchen Rosenöl, das Ma Djamila mir aus Algier gebracht hatte. Ariane entfernte behutsam den Korken und hielt mit schwärmerischem Gesichtsausdruck das Fläschchen an ihre Nase.

»Das duftet ja himmlisch!«

Die Mädchen nahmen ihr das Fläschchen aus der Hand, um ebenfalls daran zu riechen.

»Dass ihr mir ja keinen Tropfen stehlt«, rief Ariane, während das Fläschchen weitergereicht wurde. Zu mir sagte sie:

»Jetzt habe ich endlich mein Teleobjektiv. Und Kim schenkte mir diesen Schal. Ist er nicht schön?«

Ich nickte ihr lächelnd zu. Ich teilte ihr Glück.

»Und von Tante Martha«, fuhr sie fort, »erhielt ich diesen Schmuck.«

Sie hob ihr Kinn, wühlte unter ihrem Schal und brachte ein kleines, goldenes Kettchen mit Anhänger zum Vorschein. Ich hielt den Anhänger, um ihn näher zu betrachten. Eine eiskalte Welle fuhr mir durch Mark und Bein. Es war ein kleiner Davidsstern.

14

Ich ließ den Anhänger los, als hätte ich mir die Finger verbrannt. Fassungslos stand ich da und brachte kein Wort über die Lippen. Ariane runzelte überrascht die Brauen. Wie ein Stein, der in stilles Wasser fällt und nach allen Seiten Wellenringe aussendet, rührte sich in ihren Augen das Flackern einer steigenden Erregung, als sie begriff, was mein Verstummen bedeutete. Dann ließ sie mit leisem Lachen die Kette in ihren Ausschnitt fallen.

»Wie?«, sagte sie. »Habe ich dir das nie gesagt?«

Ich schüttelte den Kopf. Lio gab ihr das Parfümfläschchen zurück. Ariane nahm es in wortloser Beiläufigkeit, verschloss es mit dem Korken und steckte es in ihre Hosentasche.

»Ich denke kaum daran«, fuhr sie fort. »Wir gehen weder in die Synagoge, noch befolgen wir religiöse Vorschriften. Du kennst doch das Bild meines Onkels Michel. Der starb in Auschwitz. Auch die Familie meines Vaters wurde verschleppt. Mein Vater entkam, weil er von Freunden in der freien Zone versteckt wurde.«

Ich biss mir auf die Lippen.

»Du bist also . . . Jüdin?«

»Du meine Güte!«, rief sie trotzig. »Ist das so schlimm für dich? Ich habe dir eines Tages gesagt, dass man den ersten Frieden mit sich, den zweiten unter Nachbarn schließt. Mir ist es gleichgültig, dass du Muslimin bist. Was können wir dafür, wenn sich die Politiker die Köpfe einschlagen? Ich habe nicht den Sechstagekrieg geführt, bin auch nicht für die Invasion im Libanon verantwortlich und habe weder Sabra noch Chatila auf dem Gewissen. Weshalb sollten Hass, Intoleranz und Glaubensdogmen unsere Freundschaft versauen? Wer zwingt uns die Meinung der Masse zu teilen?«

Kim, dachte ich stumpfsinnig, denkt und redet wie sie. Warum liebt er mich und nicht sie?

Ich fuhr mit der Hand über die nasse Stirn. »Die Juden«, sagte mein Vater, »sind unsere schlimmsten Feinde.« Ali war noch radikaler: »Israel muss beseitigt werden!« Beide sahen alles nur schwarz oder weiß. Sie waren so erzogen worden. Dabei wusste ich, dass es Zeiten gab, in denen Araber und Juden in Frieden zusammenlebten. Im Mittelalter hatten die Araber die Juden sogar verteidigt, als sie in Europa verfolgt wurden. Und gingen nicht bedeutende Teile des Korans auf das Alte Testament zurück?

Ariane sprach die Wahrheit, aber ich schwieg. Eine sonderbare Lähmung, ähnlich einem Krampf, nahm mir die Fähigkeit, zu denken. Als ich stumm blieb, neigte Ariane den Kopf leicht zur Seite – genau so, fiel mir auf, wie Kim es zu tun pflegte.

»Willst du jetzt nicht mehr meine Freundin sein?«, fragte sie leise.

Mein Weltbild ging aus den Fugen, ich ahnte, dass es eine andere an ihrer Stelle geben könnte, aber ich schreckte davor zurück wie eine Motte vor einer glühenden Lampe.

»Ich ... ich weiß es nicht«, hauchte ich.

Sie warf den Kopf zurück und lachte ihr heiseres herausforderndes Lachen.

»Gut. Reden wir nicht mehr darüber. Wenn du meine Freundin bleiben willst, vergiss nicht, du wirst heute Nachmittag zur Party erwartet. Kommst du nicht, weiß ich Bescheid.«

Sie wandte sich um und ließ mich mitten auf dem Schulhof stehen. Die Schulglocke läutete. Völlig benommen betrat ich das Klassenzimmer und sah Lio an Arianes Platz neben mir sitzen.

»Sie wollte, dass wir tauschen«, sagte sie achselzuckend.

Ariane saß hinter uns, unterhielt sich mit Yves und tat, als sei ich Luft. Ich drehte ihr den Rücken zu. In meinem Nacken kribbelte es.

»Was ist los?«, fragte Lio. »Habt ihr euch verkracht?«

Ich schüttelte wortlos den Kopf. Frau Favre kam mit einem Stapel Bücher unter dem Arm herein und schritt energiegeladen auf die Tafel zu.

»Nehmt eure Aufsatzhefte hervor. Wir schreiben eine Klassenarbeit. Thema: Flaubert und die Antike. Interpretiert an einigen Beispielen die Metaphern, durch die Flaubert uns seine Vision der Antike vor Augen führt.«

Missbilligendes Gemurmel machte sich in der Klasse breit. Frau Favre verzog keine Miene. »Eine Stunde steht euch zur Verfügung«, sagte sie, setzte sich und begann Hefte zu korrigieren.

Während mein Kugelschreiber über das Papier glitt, schien mir, als sei ich gespalten. Ein Teil befasste sich mit Flauberts Metaphern, der andere verfolgte selbstständig seine eigenen Gedanken. Ariane. Meine einzige Freundin. Sie hatte mir so viel gegeben! Sie war in Kim verliebt und doch hatte sie sich für uns eingesetzt. Und nur des winzigen Schmuckstücks und des Symbols wegen sollte ich sie verabscheuen! Plötzlich überfiel mich tiefer, verwirrender Schrecken.

Wenn ich mich von Ariane zurückzog, verlor ich zugleich Kim. Obwohl er meine Beweggründe verstehen konnte, würde er sie niemals akzeptieren.

»Flauberts Vorstellung der Antike entstand aus einer Weltanschauung des neunzehnten Jahrhunderts«, schrieb ich und dachte voller Schmerz: »Kim, nein! Ich kann dich nicht aufgeben!« Die bloße Vorstellung, ihn nicht mehr sehen zu können, machte mich krank.

Aber würde ich stark genug sein aufgezwungene Vorurteile abzuschütteln? Hatte ich wie Ariane den Mut, meine verzweifelte kleine Stimme aus dem Geschrei des Kollektivhasses zu erheben?

Ariane übersah mich in der Pause und auch in der Mittagszeit. Ihr eigensinniges, stolzes Gesicht verriet kein Gefühl. Wahrscheinlich bemerkten die Mädchen, dass etwas nicht stimmte, denn sie warfen einander bedeutungsvolle Blicke zu. Aber keine stellte glücklicherweise eine Frage.

Nach der Schule ging Ariane in Begleitung einer Gruppe fort. Lio, Delfina, die Zwillinge Yuriko und Kiku, Marcel, Yves und Maurice waren selbstverständlich eingeladen worden. Sogar Tobias, Nathalie und Isabelle, mit denen mich wenig verband, waren mit von der Partie.

Langsam verhallte das Echo ihrer Stimmen. In den Gängen wurde es still. Ich ordnete meine Bücher und verließ als Letzte den Raum. Die Putzfrau war schon dabei, die Treppen zu wischen. Ich trat aus dem Gebäude hinaus, ging mit schleppenden Schritten über den Schulhof. Der Herbsthimmel schimmerte milchig blau wie Porzellan, ein leichter Dunst lag in der Luft. Ich ging durch das Tor hindurch, an den knatternden Mopeds vorbei, sah die Schüler einzeln oder in Gruppen nach Hause gehen. Und plötzlich überwältigte die Einsamkeit meine Seele, wie ein Insekt in einem Fluss ertrinkt. Dicke, heiße Tränen stiegen mir in die Augen. »In dir leuchtet die Sonne«, hatte Kim gesagt. Wie ein Echo kehrte der Klang seiner Worte zurück und da wusste ich, dass ich weder ihn noch Ariane verlieren wollte. Sie gehörten zu mir, zur Welt, in der ich leben wollte.

Ich merkte kaum, wie ich zu rennen begann, zwischen den Autos hindurchlief. Ein Fahrer hupte mich wütend an. Keuchend erreichte ich die andere Straßenseite, hielt mein Kopftuch beim Laufen mit beiden Händen fest.

Welke Blätter lösten sich von den Kastanienbäumen, fielen kreisend in den Staub. Vor Arianes Haus standen Fahrräder und Mopeds. Außer Atem lief ich die Stufen hinauf, stürzte in den Hausflur, an Madame Mathildes Loge vorbei. Sie saß hinter der Glasscheibe, mit dunkelrotem Lippenstift geschminkt und zwei grünen Lockenwicklern auf der Stirn. Sie fuhr hoch, riss das Fenster auf und kläffte: »Augenblick mal, wohin so eilig?«

»Zu ... zu Ariane Singer«, stotterte ich kopflos. »Ich, ich bin eingeladen!«

Madame Mathilde zog die Oberlippe über ihre spitzen Zähne hoch.

»Putz dir gefälligst die Schuhe ab! Ich habe gerade den Flur gewachst und nun ist er schon wieder verdreckt!«

Ich gehorchte kleinlaut, zog zitternd das Scherengitter auf und zwängte mich in den Aufzug. Mein Herz klopfte derart, dass es schmerzte. Mit weichen Knien stieg ich die Stufen zu Arianes Wohnung hinauf. Hinter der Tür vernahm ich Gelächter, Musik und fröhliche Stimmen. Ich wartete einige Sekunden, bis mein Atem sich beruhigte. Dann drückte ich auf den Klingelknopf.

Eilige Schritte näherten sich der Tür, die dann aufgerissen wurde. Vor mir stand Ariane. Sie hielt eine Serviette in der Hand und an ihrem Kinn klebten Kuchenkrümel. Einige Atemzüge lang schwiegen wir beide. Wir starrten uns an. In den schrägen, kühlen Augen, die, ohne zu blinzeln, das Licht auffingen, leuchtete mein Spiegelbild wie ein kleiner, heller Funke. Dann zitterten ihre Lider, das Spiegelbild trübte sich. Ariane nahm die Hand vor ihren Mund und schluckte ihren Bissen hinunter. Als wir in Tränen ausbrachen, umarmten wir uns bereits. Schlagartig wurde alles einfach, selbstverständlich und klar. Meine Zweifel waren gewichen, zurück blieb nur eine tiefe, alles umfassende Süße. Mein Kopf lag an ihrer Schulter, ich spürte den leichten Duft des Rosenöls, das ich ihr geschenkt hatte, und schluchzte noch mehr. Sie drückte mich an sich, lehnte ihr tränenüberströmtes Gesicht an meine Wange. Wir weinten und konnten nicht aufhören, aber es waren gute, notwendige Tränen, die Bitterkeit und Argwohn wegspülten. Und dann spürte ich ein Wedeln, eine schnüffelnde Hundenase berührte meine Beine und ich hörte Kims Stimme, ein Gemisch aus Zärtlichkeit und Spott.

»Ich dachte, das sei eine Geburtstagsfeier. Von einer Heulparty war nie die Rede!«

Wir lösten uns aus unserer Umarmung, lachten und schnieften, fast am Rande einer Nervenkrise, und wischten uns mit zitternden Fingern die Tränen aus dem Gesicht. Fanfan sprang übermütig an mir hoch und ich blickte mit feuchten Augen in Kims Gesicht. Er neigte lächelnd den Kopf, sein wundervolles Haar fiel ihm auf die Schulter. Dann nahm er meine Hand und hob sie feierlich hoch.

»Komm«, sagte er, »du bist sicherlich hungrig. Hoffentlich sind noch Frühlingsrollen übrig geblieben!«

15

Ich erschrak, als ich das Wohnzimmer betrat. Mit so vielen Menschen hatte ich nicht gerechnet! Als Ariane und Kim mich durch die Menge führten, erkannte ich einige vertraute Gesichter und entspannte mich. Fast alle Schüler drängten sich um das Buffet, das aus verschiedenen Salaten, belegten Broten und Kuchen bestand. Immer noch schniefend, aber strahlend, zog mich Ariane zu ihrer Mutter hin, die sich mit Delfina lebhaft unterhielt. Frau Singer trug ein Sweatshirt aus schwarzem Samt und ebenfalls schwarze Hosen. Erst heute fiel mir auf, dass ihre linke Schulter durch das Geigenspiel etwas schief geworden war. Sie lächelte mir, den Kopf wendend, wohlwollend zu und gab mir die Hand.

»Schön, dass du gekommen bist«, sagte sie. »Wir vermissten dich schon.« Dabei blickte sie Kim an, der ihr ein entwaffnendes Lächeln schenkte. Ich errötete. Was hatte Ariane ihrer Mutter bloß erzählt? Ihr Ausdruck war unbefangen, aber sie musterte mich mit verhaltenem Staunen, während ich scheu die Lider senkte. Jedoch trat das unangenehme Schweigen, das ich befürchtete, nicht ein, denn Ariane sagte: »Ich möchte dich meinem Vater vorstellen.«

Ein überschlanker Herr, in Cordhosen und braunem Pullover, kam mit einer Pfeife im Mundwinkel und einer Salatschüssel in der Hand auf uns zu. Die schmalen Schläfen, die lange Nase, die kahle Stirn erinnerten mich an das Antlitz der spanischen Adeligen, die in den Gemälden des Louvre-Museums dargestellt waren. Durch seinen Händedruck jedoch stieß ich beinahe einen Schrei aus.

»Ah! Hallo, Aischa!«, rief er freundlich und balancierte geschickt die Salatschüssel. »Ariane hat uns oft von dir erzählt.«

Er nahm mit behutsamer Gebärde die Pfeife aus dem Mund und sagte zu seiner Frau:

»Ich bin ganz verwirrt. In Arianes Klasse ist ein Mädchen hübscher als das andere. Am liebsten würde ich Hahn im Korbe spielen.«

»Was hindert dich daran?«, fragte Ariane.

»Eine Sitzung«, seufzte ihr Vater, mit kummervollem Blick auf die Uhr. »Und außerdem, jetzt geht es noch gesittet zu, aber später tanzt ihr Rock, Pop und wie das alles heißt und dann komme ich mir wie Methusalem vor.«

»Tanz doch mit!«, sagte Ariane.

»Mit knackenden Gelenken und zitternden Knien?«

»Du übertreibst«, sagte Ariane. »Meine Freundinnen finden dich alle sehr smart.«

»Das hört man gerne«, erwiderte ihr Vater und klemmte die Pfeife wieder in den Mund. »Und wohin soll ich die Salatschüssel stellen?«

Ich traute meinen Ohren nicht. Im Traum würde ich es nicht wagen, mit meinem Vater so zu reden. Aber mein Vater würde auch niemals einen Salat selbst zubereiten und mit seiner Frau und Tochter eine gelockerte Unterhaltung führen. Fast schmerzlich wurde mir bewusst, wie unsere Sittenstrenge den vertrauten Umgang von Mensch zu Mensch einschränkte, und beneidete Ariane um diese zwanglose Zärtlichkeit.

Arianes Bruder Ben und ein hoch gewachsener Schwarzer in roter Latzhose und einem üppigen krausen Haarschopf warfen sich über meinen Kopf hinweg Stücke einer angeregten Unterhaltung zu. »Musik wird zur Geschmacksfrage«, sagte Ben, sein knochiges Gesicht zu dem Schwarzen erhebend, der ihn um einen ganzen Kopf überragte. »Sehr richtig«, erwiderte dieser im klangvollen Bass, »was dem einen sein Ketschup, ist dem anderen sein Kaviar!«

Kim schmunzelte. »Das ist Coco, er stammt aus New York.«

Eine zierliche Frau zwängte sich durch die Menge, stellte eine Schüssel mit knusprigem Gebäck aufs Buffet und trat dann lächelnd auf uns zu. Sie trug ein hoch geschlitztes Kleid aus gelber Seide, mit engen Ärmeln und Stehkragen, über eine weite, schwarze Satinhose. Ihr überschlanker Körper glich einem Blumenstängel, auf dem das zarte Gesicht wie ein Blütenkelch schwebte. Ihr Haar war im

Nacken zu einem blau schimmernden Knoten geschlungen. Sie war eine der hübschesten Frauen, die ich je gesehen hatte, aber die glanzlosen Augen, die hohlen Wangen, die nach unten gezogenen Mundwinkel waren Merkmale einer erschütternden Traurigkeit.

»Meine Mutter freut sich dich kennen zu lernen«, sagte Kim mit halbem Lächeln.

Ich grüßte befangen. Ich hatte nicht erwartet Kims Mutter zu begegnen und wunderte mich, wie ungezwungen er den Arm auf meiner Schulter liegen ließ.

»Du bist also Aischa«, sagte sie, »ich habe schon viel von dir gehört.« Ihre helle Kinderstimme stand in seltsamem Gegensatz zu der Schwermut, die sich in ihrem Blick und in jeder Bewegung äußerte.

»Ariane zweifelte daran, dass sie kommen würde«, meinte Kim.

Sie sah ihn ruhig an.

»Aber du nicht.«

Er schüttelte den Kopf.

»Nie. Nicht einen Augenblick.«

Eine rundliche Dame in geblümtem Kleid segelte wohlwollend majestätisch auf uns zu und drückte Kim und mir ein Glas Orangensaft in die Hand.

»Guten Tag«, stellte sie sich vor, »ich bin Tante Martha.« Sie stöhnte. »Arianes Freunde sind wie hungrige Wölfe. Wie können sie nur so schlank bleiben bei den riesigen Portionen, die sie verschlingen?«

»Schülerstress«, sagte Kim heiter.

»So ist es«, bestätigte Marcel und grinste uns mit vollem Mund an.

»Himmel!«, sagte Tante Martha zu Kim, »wenn du deiner Freundin nicht sofort etwas zu essen besorgst, bist du für ihren leeren Magen verantwortlich.«

Kim führte mich lachend zum Buffet, nahm einen Teller und begann ihn für mich zu füllen. Plötzlich stand Coco neben mir. Ich blickte eingeschüchtert zu ihm hoch, als er mir seine prachtvollen Zähne zeigte.

»Hübsch«, meinte er, »aber ein bisschen zu sehr eingewickelt.« Er spitzte seine Lippen. »Küsst du mich trotzdem?«

»Verschwinde, Coco«, sagte Kim. »Such dir eine andere. Hier gibt es Auswahl genug.«

Er hielt mir einen Teller voller Dinge, die ich noch nie gegessen hatte, unter die Nase.

»Vietnamesische Küche!«

Ich setzte mich neben Kim auf ein Kissen am Boden und versuchte ebenso geschickt wie er die Stäbchen zu gebrauchen.

»Wer hat denn das alles zubereitet?«

»Wir alle«, sagte Kim. »Jeder hat mitgeholfen. Schmeckt es dir?«

»Und ob«, sagte ich. »Was ist denn das alles?«

»Garnelenbällchen, Frühlingsrollen und Schweinefleisch in Ingwersoße.«

Ich ließ erschrocken den Teller sinken.

»Aber ich darf doch kein Schweinefleisch essen!«

»Dann lass es bleiben«, erwiderte er ironisch. »Aber da versäumst du etwas.«

Ich zögerte, dann versuchte ich vorsichtig ein Stückchen. Kim gluckste leise.

»Das Gebot, kein Schweinefleisch zu essen, stammt noch aus einer Zeit, in der es keine Kühlschränke gab.«

Ich warf ihm einen zerknirschten Blick zu und wir brachen beide in Gelächter aus.

»Oh Kim!«, seufzte ich. »Was ist nur mit mir geschehen? Ich mache alles, was ich nicht darf.«

»Mach nur so weiter«, sagte er in zufriedenem Ton, »und du wirst deine inneren Gitterstäbe bald loswerden. Vom Schweinefleisch bekommst du keine Pickel.«

Die Schüler räumten die Teller weg, sammelten die befleckten Papierservietten ein und stellten das Geschirr in die Spülmaschine. Dann brachte Tante Martha eine riesige Mokkatorte, auf der sechzehn Kerzen brannten. Feierlich stellte sie die Torte aufs Buffet. Ariane holte tief Luft und blies unter lautem Beifall sämtliche Kerzen beim ersten Versuch aus. Dann schnitt sie die Torte an und Kim sagte:

»Warte, ich will sehen, ob ich für uns ein Stück ergattern kann!«

Ich seufzte tief und glücklich auf. An das Kissen gelehnt spürte ich, wie ich mich nach der Aufregung der letzten Stunden langsam entspannte. Ein kaum hörbares Rascheln von Seide ließ mich den Kopf wenden. Kims Mutter hatte sich lautlos neben mich in einen Sessel gesetzt. Ich spürte ihren Blick wie eine Berührung und biss mir nervös auf die Lippen. Doch sie lächelte und sagte mit ihrer seltsamen Kinderstimme:

»Ich kenne dich schon gut, weißt du. Kim spricht viel von dir.«

Mein Herz klopfte wild, während ein Seufzer ihre Brust hob.

»Um ganz ehrlich zu sein, war ich anfangs nicht besonders begeistert. Kim hatte es bisher nicht leicht. Ich wollte nicht, dass er sich in eine dumme Geschichte einließ . . .«

Ich holte gepresst Luft. Ich konnte nicht mehr schweigen.

»Auch ich habe lange gezögert. Es war alles so schwer für mich! Aber heute habe ich meine Entscheidung getroffen . . .«

Ich erzählte ihr, was sich heute Morgen zugetragen hatte. Sie fuhr fort mich nachdenklich und sehr genau zu betrachten.

»Und was hast du jetzt vor?«, fragte sie.

Ich seufzte.

»Meine Familie wird mir Schwierigkeiten machen, aber ich finde mich damit ab. Im Augenblick muss ich mich fügen. Aber sobald ich nach dem Abitur eine Stelle in Aussicht habe, gehe ich weg von zu Hause.«

Sie schwieg und ich spürte, wie mein Herz sich verkrampfte.

»Sie denken sicherlich, dass eine Schülerin diesen Entschluss noch nicht fassen kann? Aber bei uns sind sechzehnjährige Mädchen schon erwachsen, sie heiraten und haben Kinder . . .«

Kim kam mit zwei Tellern zurück. Er warf uns einen eindringlichen Blick zu und sagte leichthin:

»Was macht ihr denn für ernste Gesichter?«

Seine Mutter hob die tiefschwarzen Augen zu ihm empor und sagte mit sonderbarer Unbefangenheit:

»Jetzt verstehe ich dich besser.«

»Das freut mich aber«, erwiderte er mit einer Ironie, die keinen von uns täuschte.

Die junge Frau nickte sinnend vor sich hin.

»Wo immer zerbröckelnde Kulturen ihre Gebote verschärfen, sollte man den Heuchlern zuliebe sich selbst betrügen.« Sie blickte mich besorgt an. »Du willst dir selbst und deiner Familie gegenüber ehrlich sein. Dein Wunsch nach Aufrichtigkeit ist dir hoch anzurechnen, aber ich fürchte auch die Folgen. Hast du denn keine Angst?«

Ich schüttelte den Kopf.

»Aischa ist sehr mutig«, sagte Kim gelassen.

Ich lachte verlegen. »Das stimmt nicht! Manchmal möchte ich mich in ein Mauseloch verkriechen!«

Das Gesicht der jungen Frau blieb unbewegt, doch nahm ich ihr Mitempfinden am langsamen Rhythmus ihres Atems wahr.

»Die Freiheit wird einem nicht geschenkt«, sagte sie. »Sich über gewisse Schranken hinwegzusetzen bringt Belastungen mit sich, denen viele Menschen nicht gewachsen sind. Aber Mut ist eine Vertrauenssache. Ich glaube, du kannst dich auf Kim verlassen.«

»Vergiss nicht deine Torte, Mama«, sagte Kim, »und mache dir keine Sorgen. Ich gebe schon Acht, dass sie nicht in einem Harem landet!« Ihre Blicke voller Zuneigung kreuzten sich. Von dieser zierlichen Frau mit dem herzbewegenden Lächeln ging eine eigentümliche Kraft aus. Mit scharfer Intelligenz und feinster Empfindsamkeit durchschaute sie meine Gefühle. Was sie selbst erlebt und erduldet hatte, verlieh ihr die Unerschrockenheit, Konventionen zu übergehen, und die Gabe, das innere Wesen eines Menschen schnell und unfehlbar zu erkennen.

Eine heiße Welle der Freude stieg in mir hoch, die alle Ängste und Widersprüche auflöste. Kims beruhigende Zärtlichkeit, die nicht forderte, sondern nur gab, weckte mein Selbstbewusstsein und meine innere Stärke. Zum ersten Mal in meinem Leben fühlte ich mich frei, vollkommen, restlos, wunderbar frei!

Inzwischen hatte Frau Singer ihr Notenpult aufgestellt und stimmte ihre Geige. Die Schüler überließen die Sofas und Sessel den Erwachsenen und setzten sich auf Kissen und Teppiche. »Zu Ehren unseres Geburtstagskindes«, sagte Frau Singer, »spiele ich nun das Larghetto aus Ludwig van Beethovens Violinkonzert op. 61.«

Sie lächelte ihrer Tochter zu, bevor ihr Gesicht sich in tiefe Konzentration hüllte. Kraftvoll und zärtlich zugleich führte sie den Bogen über die Saiten. Und während die Melodie den Raum erfüllte, spürte ich die Musik ähnlich einem Zittern in der Luft, einer Vibration des Lichtes. Die Gesichter der Zuhörer waren ebenso ernst wie entspannt. Ihr Mienenspiel wurde zum Spiegelbild der Seele. Ich lehnte den Kopf an Kims Schulter. Gelöst, aber wachsam, abwesend, aber empfänglich gab ich mich der Magie der Musik hin, die zu den Menschen aller Völker und Länder sprach. Und alle blieben bis zum letzten Klang vertieft, um – wie aus einem Traum erwachend – begeistert Beifall zu spenden, zu pfeifen und mit den Füßen zu trampeln.

»Oh Mama! Es war wunderschön!« Ariane fiel ihrer Mutter stürmisch um den Hals, während ihr Vater ein Taschentuch hervorzog und seine Ergriffenheit hinter einem lauten Schnäuzen verbarg.

Es trat eine kleine Pause ein, jedoch unterhielten sich alle nur flüsternd, außer Ben und Coco, die sich endlos und gewichtig über den Sinn der Musik stritten. Aber auch sie schwiegen, als Delfina in ihren hautengen Jeans und in violettem Glitzerpulli die Mitte des Raumes betrat. Sie kicherte, schaukelte mit den Hüften und entfernte den Kaugummi aus ihrem Mund. Als aber die Geige einsetzte, war auf ihrem lebhaften Gesicht eine seltsame Verwandlung abzulesen: Es wirkte heiter, gelöst und ein schwebendes Lächeln lag auf ihren Lippen, während ihr glockenheller Sopran erklang. Sie sang »Voi che sapete«. Ihre Haut glänzte kupferfarben im aufglühenden Lampenlicht, ihre Augen glänzten wie schwarze Sterne. Und meine Freude, auf den Flügeln des Liedes getragen, trieb mich immer weiter, höher in jene wunderbaren Gefilde, in denen Dunkelheit in Klarheit und Schmerz in Seligkeit umschlagen. Als Mozarts sehnsuchtsvolle Melodie verklang, waren Kim und ich noch sekundenlang von der gemeinsamen Verzauberung benommen, bevor wir uns dem Beifall der anderen anschlossen. Delfina verneigte sich halb spöttisch, halb verlegen, strich ihre Zöpfe mit den bunten Perlen aus dem Gesicht und steckte den Kaugummi wieder in ihren Mund.

»Zu trinken!«, stöhnte sie. »Ich sterbe vor Durst!«

Es war Arianes Vater, der ihr ein Glas Fruchtsaft reichte.

»Für unsere zukünftige Diva«, sagte er, wobei er feierlich ihre gelenkige Hand küsste.

Kim beugte sich vor und ich wandte ihm mein Gesicht zu.

»Wie glücklich du aussiehst«, sagte er halblaut, bevor er mich küsste. Es war das erste Mal. Sein Kuss war zart und frisch und seine Haut duftete nach Pfefferminz. Ich schmiegte mein Gesicht an seines, nahm seinen tiefen, ruhigen Atem in mir auf. Ich hatte das Gefühl, als sei ich mit ihm allein in dem Zimmer, allein mit ihm auf der Welt, als sei ich schon immer allein mit ihm gewesen. Kaum vernahm ich die hämmernde Discomusik, die nun in voller

Lautstärke durch die Wohnung dröhnte. Die Erwachsenen hatten sich verzogen. Die Schüler blieben unter sich. Sie tanzten ausgelassen, Pop, Disco, Rock und Polka, alles durcheinander. Nur Kim und ich rührten uns nicht, jeder in den Armen des anderen geborgen, traumversunken und umhüllt vom Vertrauen in unsere Zusammengehörigkeit. Doch plötzlich, als ich mein Gesicht zum Fenster wandte, sah ich die Dunkelheit hinter den Vorhängen und riss mich erschrocken aus Kims Umarmung los.

»Ich muss nach Hause!«

»Jetzt schon?«, fragte er unglücklich.

Ich nickte, während ich mein Kopftuch enger band und wir uns erhoben.

»Ich begleite dich«, sagte er.

»Um Himmels willen, nein!«, keuchte ich.

»Du kannst doch nicht ständig unter diesem Druck leben«, sagte er, »das macht dich ja kaputt.«

Ariane begleitete mich in den Flur.

»Weißt du«, sagte sie leise, »du hättest mir kein schöneres Geschenk machen können.«

Wir umarmten uns, und als sie sich von mir löste, sah ich ihre Mundwinkel zittern. Dann ging sie wieder zu ihren Gästen. Fanfan, der in der Küche auf einer Decke lag, kam uns freudig entgegen. Ein Stück seiner Leine, die er erwartungsvoll zwischen den Zähnen hielt, schleifte hinter ihm her, was sehr drollig aussah. Kim und ich mussten lachen.

»Geduld, Fanfan!«, sagte er. »Wir gehen noch nicht. Zunächst helfen wir Ariane Ordnung zu machen.«

Er ging mit mir durch das Treppenhaus und drückte auf

den Knopf. Unten setzte sich der Aufzug geräuschvoll in Bewegung. Kim nahm meine Hand. Ein Zucken ging über sein Gesicht.

»Wann sehe ich dich wieder? Ich will nicht mehr am Telefon sitzen und tagelang vergeblich auf einen Anruf warten.« Ich sah ihm ins Gesicht.

»Morgen.«

Seine braunen Augen leuchteten auf. »Im Ernst?«

»Ja. Ich habe es satt, mich dauernd zu verkriechen.«

Mein Ausbruch wurde lauter und bestimmter. »Ich will mit dir und Fanfan spazieren gehen, Eis essen oder auch ins Kino gehen, wenn es uns danach ist. Ich will nicht mehr wie ein Maulwurf leben!«

Meine Bestimmtheit verwunderte mich mehr als ihn. Leise lachend nahm er mein Gesicht in beide Hände und küsste mich auf die Nasenspitze.

»Siehst du«, sagte er zärtlich. »Nun kommt dein wahres Ich zum Vorschein. Du hast keine Angst mehr, über deinen Schatten zu springen.«

Ich erwiderte sein Lächeln. In mir blühte ein neuer Glaube, der Glaube an mich selbst, an meine Stärke. Ich hatte den Panzer meiner Furcht abgestreift und bot Kim mein neues, selbstbewusstes Ich an. Und die Worte, die er an mich richtete, nahm ich freudig und dankbar entgegen.

Der Aufzug hielt. Kim zog das Scherengitter auf. Eng umschlungen fuhren wir nach unten, huschten auf Zehenspitzen an Madame Mathildes erleuchteter Loge vorbei.

»Ich hole dich in der Mittagspause ab«, sagte Kim. »Wenn es schön ist, gehen wir in den Bois de Boulogne. Mit der U-Bahn sind wir schnell dort.«

Wir umarmten uns ein letztes Mal.

»Schlaf gut!«, hauchte ich.

Er sah mir nach, während ich aus Gewohnheit das Kopftuch in die Stirn zog und schnell die Straße überquerte. Feuchtigkeit stieg von der Seine auf und die Lichter verschwammen im Nebel. Ich lief die Treppe zur U-Bahn hinunter. Übel riechende, heiße Zugluft schlug mir entgegen. Ich hastete durch die Korridore bis zur Sperre. Ein dumpfes Rollen brachte den Boden zum Erzittern. Bremsen quietschten, der Zug hielt. Die Türen öffneten sich, Menschen stiegen ein und aus. Im bleichen Neonlicht wirkten alle Gesichter ausdruckslos, müde und fahl. Die Wagentür schnappte hinter mir zu. Der Zug brauste durch die Tunnel, hielt an wenig beleuchteten Bahnsteigen. Endlich erreichte ich meine Station. Über Gänge und Treppen strebte ich nach oben, zur Place de la Defense, an der ich den Bus nehmen musste. Er stand schon da, überfüllt und zur Abfahrt bereit. Als ich einstieg, fuhr er schon los. In einer Kurve trat eine Frau auf meine Füße, ein Mann blies mir seinen Tabaksatem ins Gesicht. Ich drehte den Kopf zur anderen Seite. Nach einigen Haltestellen erwischte ich einen Platz. Ich setzte mich, lehnte die Stirn an die kühle Scheibe, blickte auf mein Spiegelbild, das in den Lichtreflexen schemenhaft sichtbar wurde. Bald aber verschwanden diese Umrisse. Kims Antlitz formte sich vor meinen starr blickenden Augen, überdeckte mein eigenes Spiegelbild und verschmolz mit ihm. »Ich liebe dich«, flüsterten lautlos seine Lippen, als abermals der Bus hielt. Ganz in meinem Traum versunken, vergaß ich, dass ich hier aussteigen musste, und rührte mich nicht. Doch hinter den Scheiben löste sich ein Gesicht aus der Dunkelheit, ein hartes, angespanntes Gesicht, das nicht einer Illusion entstieg, sondern der greifbaren Wirklichkeit angehörte. Mein Herzschlag schien auszusetzen. Lähmender Schrecken fuhr mir in die Knochen. An der Haltestelle, durch das Busfenster zu mir emporstarrend, stand Said.

16

Ich sprang auf, zwängte mich durch den Gang und stolperte aus dem Bus, als der Motor schon ansprang und das Fahrzeug sich in Bewegung setzte. Die Lichter glitten über Saids verzerrte Miene, bevor nur seine dunklen Umrisse und das Glänzen seiner Augen in der Nacht sichtbar blieben. Aus lauter Angst brach ich zuerst das Schweigen.

»Was machst du denn hier?«

»Auf dich warten«, entgegnete er eisig. »Wo kommst du denn her?«

»Aus der Schule.«

»Um diese Zeit?« Er entblößte ironisch die weißen Zähne. »Du willst mich wohl zum Narren halten!«

Er packte mich beim Arm, hielt mich fest. Sein schwerer Atem streifte mein Gesicht.

»Weißt du überhaupt, wie spät es ist? Habe ich eine Hure zur Schwester, die sich nachts alleine auf der Straße herumtreibt?«

Er bohrte seine Nägel in meine Haut. Mein Gehirn arbeitete fieberhaft, während ich vergeblich versuchte mich aus seinem Griff zu befreien.

»Es hat länger gedauert. Wir waren noch bei der Lehrerin.«

»Mir kannst du nichts vorschwindeln und Ali noch viel weniger.« Said stieß mich grob vor sich her. »Warte nur, du Luder! Mach dich auf etwas gefasst!«

Er ging so schnell, dass ich ihm kaum folgen konnte, drehte mir den Arm auf den Rücken. Seltsamerweise empfand ich keine Wut, sondern nur Mitleid. Said hatte seinen Job verloren, sein Selbstvertrauen war angeschlagen. Jetzt spielte er sich auf, wollte zeigen, dass er der Stärkere war. Ich durchschaute ihn, hatte aber weder die Kraft, mich zu wehren, noch den Mut, die anerzogenen Reflexe zu überwinden.

An der Haustüre war eine Scheibe eingeschlagen. Jemand hatte den Lichtschalter entfernt, die Kupferdrähte hingen lose heraus.

Im Aufzug brannte trübes Licht. Said stieß mich brutal hinein, sodass ich gegen die Wand flog.

»Said, hör auf!«, rief ich. »Du tust mir weh!«

»Geschieht dir ganz Recht, du Hure!«

Er schlug mir ins Gesicht. Es war eine harte, blitzschnelle Ohrfeige. Nach Mädchenart duckte ich mich, anstatt zurückzuschlagen, erkannte stillschweigend die Überlegenheit der männlichen Kraft an und machte mich mitschuldig angesichts der Gewalt, unter der das weibliche Geschlecht seit Menschengedenken zu leiden hatte. Ein bestürzender Gedanke schoss mir durch den Kopf: Erst an dem Tag, an dem ich ebenso blitzschnell zurückschlagen konnte, würde ich endgültig wissen, dass ich frei war. Alles andere war nur ein Wunschtraum, eine Hoffnung und vielleicht eine Illusion.

Der Aufzug hielt mit einem Stoß. Said zerrte mich in den Flur und drückte auf den Klingelknopf, als stände das Haus in Brand. Ali öffnete. Saids Fausthieb traf mich in den Rücken. Ich taumelte in die Wohnung und stolperte über die Schuhe meines Vaters. »Da ist sie!«, kreischte Said, als sei es sein persönlicher Verdienst, dass ich wieder in meinen vier Wänden war.

Mein Vater saß mit finsterem Ausdruck vor seinem Suppenteller und hielt den vollen Löffel in der Hand. Meine Mutter erschien an der Küchentür. »Ya Allah!«, stöhnte sie, »wo bist du denn so lange gewesen?«, während Ma Djamila mich im Vorbeigehen mit einem bedeutungsvollen Blick streifte, bevor sie gelassen eine Platte mit Sardinen, Tomaten und Zwiebeln auf den Tisch stellte.

Ali stand da wie ein Eisblock und stellte dieselbe Frage wie Said.

»Wo kommst du denn her?«

Ich schwieg eine volle Sekunde lang. Der Unterschied zwischen seiner sachlichen Stimme und Saids hysterischer Wichtigtuerei gab mir neuen Mut. Mit Geschick konnte ich mich aus der Klemme ziehen. »Wir hatten bis fünf Uhr Unterricht«, sagte ich, bemüht meiner Stimme einen überzeugenden Klang zu geben. »Dann hat Frau Favre uns noch bei sich zum Tee eingeladen.«

Alis Augen zogen sich zusammen. »Wie kam sie dazu?«

»Einfach so. Sie wollte uns eine Freude machen.«

»Ist das üblich?« Diese Frage stellte mein Vater, jedoch bemerkte ich, dass er verunsichert war.

»Das kommt schon vor«, sagte ich. »Wenn die Lehrerin nett ist.«

Mein Vater warf mir einen Seitenblick zu und Ma Djamila sagte leichthin: »Iss deine Suppe, Farid, bevor sie kalt wird!«, worauf mein Vater gedankenlos den Löffel zum Mund führte. Ma Djamila kam und ging, anscheinend unbeteiligt. Ihre Ruhe war wohltuend: Ich bemerkte, wie sich die Stimmung entspannte. Plötzlich tauchte meine Mutter aus der Küche auf, brachte frisch gebackenes Fladenbrot und rief weinerlich:

»Hoffentlich waren keine Jungen dabei!«

Und da, ich wusste nicht, warum, riss meine Geduld.

»Natürlich waren auch Jungen dabei! Ich kann sie doch nicht wie Pestkranke meiden!«

Alis Gesicht wurde steinern.

»Vergiss nicht, dass du ein Moslemmädchen bist.«

»Was soll ich denn machen?«, schrie ich. »Mich in ein Loch verkriechen?«

»Du freches Luder!«, zischte Said. Er hob die Hand und erneut duckte ich mich, meine eigene Feigheit hassend, und hielt den Ellbogen vor mein Gesicht. Abermals kam mir Ma Djamila zu Hilfe. »Nun beruhigt euch doch. Das Kind ist ja wieder da.« Sie blieb vor Said stehen und blickte ihn kalt an.

»Hast du so wenig Vertrauen zu deiner Schwester?«

Saids Wimpern flatterten. Schroff drehte er ihr den Rücken zu, schüttelte seine Schuhe mit einem Fußtritt ab und setzte sich zu Tisch. Mein Vater spießte eine Sardine auf die Gabel und sah mich verdrießlich an. Meine Antwort verwunderte ihn derart, dass er offenbar nicht wusste, wie er sich verhalten sollte.

»Geh in dein Zimmer. Für einmal lasse ich es gut sein. Aber dass es nicht wieder vorkommt!«

Wortlos gehorchte ich, machte die Tür hinter mir zu

und knipste das Licht an. Meine Wange war noch heiß von der Ohrfeige. Ich holte tief Luft, zog meinen Mantel aus und löste mein Kopftuch. Meine Kopfhaut juckte und schmerzte. Ich öffnete die Spangen und ließ meine Zöpfe auf den Rücken baumeln. Im kleinen Spiegel über dem Bett sah ich mein müdes, verkrampftes Gesicht. Wieder verwünschte ich die Umstände, die mich zur Lügnerin machten. Aber ich hatte Freiheit geatmet, ihren Geschmack auf den Lippen gespürt. Dieser Freiheit zuliebe war ich weiterhin bereit zu heucheln, zu betrügen und mich selbst zu hassen.

Mein Pulsschlag war wieder ruhig. Ich versuchte nachzudenken. Was nun? Auf das Treffen mit Kim musste ich verzichten. Morgen vor der Schule musste ich ihn anrufen und ihm mitteilen, dass es nicht ging. Mit Sicherheit würde er furchtbar enttäuscht sein. Aber ich hatte keine andere Wahl ... Die Tür ging auf. Ma Djamila kam in das Zimmer. Sie brachte ein Tablett, auf dem ein Teller mit Suppe stand.

»Du musst doch etwas essen«, sagte sie gütig.

Ich lächelte schwach. Ich erinnerte mich an das Schweinefleisch, das ich mit Heißhunger verzehrt hatte, und ich fragte mich, was Ma Djamila mit ihrer Nachsicht für die menschlichen Schwächen wohl dazu sagen würde. Obwohl ich nicht hungrig war, aß ich die Suppe, um Ma Djamila nicht zu enttäuschen. Sie setzte sich zu mir aufs Bett und betrachtete mich.

»Nun sag mir, wo du warst. Doch sicherlich nicht bei der Lehrerin.«

Ihre Klarsicht erschreckte mich. Ich brachte es nicht über mein Herz, sie anzulügen.

»Bei einer Freundin«, sagte ich leise. »Sie feierte ihren Geburtstag.«

Sie schmunzelte. Der seltsame Funke, den ich schon oft an ihr beobachtet hatte, blitzte in ihren Augen auf.

»Du lügst sehr ungeschickt, mein Täubchen. Dein Vater geht dir vielleicht auf den Leim, aber Said und Ali sind nicht auf den Kopf gefallen.«

»Ma, was soll ich denn tun?«, erwiderte ich verzweifelt. »Ich kann ihnen doch die Wahrheit nicht sagen!«

Sie nahm mir den leeren Teller aus der Hand und stellte ihn auf den Nachttisch.

»Wie war denn das Fest?«, erkundigte sie sich, ohne auf meine Frage einzugehen.

Ich erzählte von Arianes Mutter, die Geige spielte, von Delfina und von der offenen, ungezwungenen Freundschaft, die Jungen und Mädchen verband. Ma Djamila nickte vor sich hin.

»Dein Vater und deine Brüder wollen nicht einsehen, dass das Leben hier anders ist, und halten an ihrer Tradition fest.« Ein Seufzer hob ihre Brust.

»Es ist schlimm, wenn ein Kind gezwungen wird seine Eltern anzulügen.«

Ich fühlte, wie mir die Tränen kamen.

»Es tut mir ja so Leid . . . ich liebe sie ja! Aber sie ersticken mich, sie schnüren mir die Luft ab.«

Sie blickte mit eigenartigem Gesichtsausdruck ins Leere.

»Du brauchst mir nichts zu erzählen, mein Kind. Ich kenne dieses Gefühl. Unsere Männer mögen noch so gut und gerecht sein, aber sie glauben an ihre Macht über uns. Sie wollen nicht, dass wir in ihr Gehege eindringen, denn das bedeutet das Ende ihrer vertrauten Welt.«

»Die neue Welt«, sagte ich bitter, »wäre schöner und gerechter als diese. Die Männer wissen nicht, wie viel mehr die Frauen sie lieben würden, wenn sie sich nicht vor ihnen zu fürchten brauchten.«

Ihre grünen Augen flogen über mein Gesicht. Ich errötete und wurde befangen unter dem Blick, mit dem sie meine Gedanken zu lesen schien.

»Kind«, sprach sie leise, »bist du verliebt?«

Ich zuckte zusammen, als ob sie mich geschlagen hätte. Eine plötzliche Schwäche überkam mich. Wortlos warf ich mich in ihre Arme. Ich atmete den leichten Geruch nach Minze, Bratenfett und Schweiß, der an ihr haftete, ein und fühlte, wie ihre kühle, raue Hand liebkosend über mein Haar strich.

»Ist er ein Moslem?«, fragte sie.

»Nein«, hauchte ich.

Sie seufzte.

»Dann also ein Christ.«

»Auch kein Christ.«

Ich fühlte, wie sie erstarrte.

»Ya Allah! Doch wohl kein Jude?«

Ich riss mich von ihr los, starrte verzweifelt und herausfordernd in ihr undurchdringliches Gesicht.

»Ist das so wichtig? Juden, Christen, Moslems oder Andersgläubige, wo liegt der Unterschied? Sind wir nicht alle Menschen?«

Sie warf einen Blick zur Tür. Zum Glück lief im Wohnzimmer das Fernsehen.

»Still, mein Täubchen, man könnte uns hören. Du hast Recht, der Allmächtige hat alle Völker erschaffen, auf dass sie in Frieden auf dieser Welt leben.«

Vor lauter Qual hatte ich Halsschmerzen. Schluchzend lehnte ich den Kopf an ihre Schulter.

»Ma, ich liebe ihn so! Was soll nur aus mir werden?«

»Kind«, erwiderte sie bewegt, »wie gerne würde ich dir sagen: ›Wenn es in deinem Leben einen Jungen gibt, selbst wenn er ein Andersgläubiger ist, bring ihn zu uns her, damit wir uns an deinem Glück erfreuen.‹ Das Gesetz, der Brauch, die Ehre der Männer aber lassen es nicht zu.« Sie hielt mich in den Armen und wiegte mich wie ein Kind.

»Eines musst du aber wissen: Für eine Frau bedeutet Ungehorsam kein Laster, sondern eine Tugend. Ungehorsame Frauen werden geachtet, gehorsame mit Füßen getreten. Du bist von meinem Blut. Die Saat des Ungehorsams steckt auch in dir. Jedoch warne ich dich: Treibe es nicht auf die Spitze! Du bist jung und verletzbar. Dein Vater und deine Brüder brechen dich wie ein Schilfrohr, verspeisen dich wie frisches Korn . . .«

Ich weinte, stumm und aufgewühlt, während sie bedrückt murmelte:

»Bald fliege ich nach Algier zurück. Ya Allah! Wer schützt dich, wenn ich nicht mehr hier bin?«

17

An der U-Bahn-Station war eine Telefonzelle. Ich nahm einige Münzen aus der Tasche und wählte Kims Nummer mit zitternden Fingern. Die Zelle war stickig und schmutzig. Obszöne Kritzeleien bedeckten die Wände und der Gestank von kalter Asche drehte mir fast den Magen um.

Durch das Rauschen und Knacken der Leitung hörte ich fernes Läuten. Einmal ... dreimal ... fünfmal. Ich wartete vergeblich: Niemand nahm ab.

Verstört legte ich den Hörer wieder auf und trat aus der Zelle. Kim und seine Mutter waren nicht da. Was nun?, dachte ich angsterfüllt.

Es war ein klarer, blauer Herbsttag. Das Laub schimmerte rötlich in der aufgehenden Sonne und das Wasser der Seine glitzerte türkisblau. In nagender Unruhe lief ich die Treppe zur U-Bahn hinunter, zwängte mich in den überfüllten Wagen. Es war eine Minute vor acht, als ich atemlos in die Klasse kam. Die Schüler saßen schon auf ihren Plätzen. Ariane gähnte mir fröhlich entgegen. Ich lächelte verstört.

»Habt ihr noch lange gefeiert?«

Sie kicherte. »Bis um zwei, dann haben die Nachbarn an die Wand geklopft! Anschließend haben wir noch bis um drei Uhr Ordnung gemacht. Und nun fallen mir die Augen zu. Wenn ich gleich beim Rechnen einschlafe, tu mir den Gefallen und kneife mich!« Sie blickte mich aufmerksam an und ihr Lächeln erlosch.

»Schwierigkeiten?«, fragte sie in knappem Ton.

Ich seufzte.

»Ich hatte furchtbaren Krach zu Hause. Kim will mich heute Mittag abholen, aber es ist besser, wir sehen uns nicht. Ich habe vergeblich versucht bei ihm anzurufen.«

»Um diese Zeit ist er schon weg und seine Mutter arbeitet auch«, sagte Ariane.

Ich nagte nervös an meiner Unterlippe.

»Ich werde ihm sagen, dass es nicht geht.«

»Weshalb denn nicht?«, meinte Ariane. »Offiziell isst du

doch in der Kantine. Wenn du heute Abend pünktlich bist, beruhigen sich die Gemüter.«

Ich kämpfte den ganzen Morgen mit mir. Ariane hatte Recht, was konnte schon passieren? Aber das Vorgefühl einer Gefahr ließ mich nicht los. Ich durfte es nicht darauf ankommen lassen.

Als es mittags läutete, sagte ich zu Ariane:

»Halte mir einen Stuhl neben dir frei. Ich komme gleich!«

Sie gähnte und hob die Augen zur Decke.

»Dann also nicht. So ein Unsinn! Kim sollte sich lieber in mich verknallen, ich würde nie so ein Theater machen.«

Ich lief über den Schulhof und sah Kim von weitem auf der Mauer sitzen. Fanfan hielt er an der Leine. Er trug einen weichen, grauen Pulli und darunter ein Hemd mit offenem Kragen. Sein blauschwarzes Haar leuchtete in der Sonne. Als er mich kommen sah, ließ er die Leine los. Fanfan sprang mir freudig entgegen. Ich streichelte ihn und er lief neben mir her, während Kim mir entgegenkam. Wir gingen mit derart selbstverständlichen Bewegungen aufeinander zu, dass es schien, es hinge nicht von unserem Willen ab. Ich legte beide Hände auf seine Schultern. Er umarmte mich und küsste meine Augenlider. Und schlagartig wurde alles einfach und klar. Es schien mir, als ob ich einen warmen, hellen Raum betrat, in dem Friede und Glück herrschten. Was Liebe an Vertrautheit, an Gewissheit zu schenken vermochte, was ein Junge und ein Mädchen sich voneinander wünschten, einander geben konnten, war in diesen Bewegungen enthalten.

»Ich war noch schnell zu Hause und habe Fanfan geholt«, sagte Kim. »Er muss auch an die Luft.«

»Ich ... ich bin nur eben gekommen, um dir zu sagen, dass es heute nicht geht«, stammelte ich töricht.

Er lachte sorglos.

»Oh nein, so einfach entwischst du mir nicht!«

Ich schüttelte verzweifelt den Kopf.

»Kim, es ist mir ernst. Ich habe Angst ...«

»Aber doch nicht schon wieder!«

Er bemerkte, dass ich wirklich beunruhigt war, und legte mir den Arm um die Schultern.

»Was ist denn?«, fragte er zärtlich.

Ich erzählte ihm vom gestrigen Abend. Als ich über Saids Grobheit berichtete, wurden seine Augen schmal und sein empfindsames Gesicht verdüsterte sich vor Empörung.

»Dieser Feigling soll mir nur einmal über den Weg laufen!«

»Er konnte gar nicht anders handeln«, sagte ich traurig. »Die Brüder passen auf ihre Schwestern auf. Das ist bei uns so Sitte.«

»Sie sollten lieber auf sich selbst aufpassen«, brummte Kim, »da hätten sie genug zu tun!«

Aufgebracht stieß er die Luft durch die Zähne.

»Also gut, wir werden vorsichtig sein. Aber diese Mittagsstunde wollen wir uns nicht versauen lassen!«

Als ich noch immer zögerte, nahm er meine Hand und zog mich über die Straße.

»Komm! Es ist der letzte schöne Herbsttag. Mir tut die Narbe weh, das bedeutet Regen.« Er hatte seine Fröhlichkeit wiedergewonnen und lächelte mich an. »Ich bin ein guter Wetterfrosch, weißt du!«

Ich lachte ebenfalls, aber die Furcht saß mir noch in den Gliedern.

»Wenn ich nun mitkomme, dürfen wir uns einige Tage lang nicht sehen. Wie wirst du es ertragen?« Er verzog das Gesicht.

»Sehr schlecht. Und du?«

»Kim«, sagte ich unglücklich, »es geht nicht anders . . .«

Verzweifelt sahen wir uns an. Dann nickte er und drückte meine Hand.

»Du hast Recht. Ich möchte dich nicht durch irgendeine Nachlässigkeit verlieren.«

Wir gingen die Treppe zur U-Bahn hinunter, liefen durch die düsteren, übel riechenden Gänge. Wenn wir einem Araber begegneten, sah ich schnell weg. Aber ich spürte, wie ihre misstrauischen Blicke mich einer scharfen Rasierklinge gleich streiften: ein Moslemmädchen, Hand in Hand mit einem Andersgläubigen! Ging nicht dabei die Welt aus den Fugen?

Während der Fahrt erzählte ich Kim von Ma Djamila.

»Eine bemerkenswerte Frau«, sagte er. »Sei froh, dass du sie hast.«

»Sie fliegt nächste Woche nach Algier zurück«, sagte ich traurig.

»Schade.« Kim lächelte mir ermutigend zu. »Aber ich bin noch da!« Ich lehnte bedrückt den Kopf an seine Schulter.

»Meine Familie wird niemals akzeptieren, dass wir uns lieb haben . . .«

»Es fehlt ihr an Duldsamkeit«, sagte Kim, »an jenem Maß, das Extreme ablehnt und uns menschlich bleiben lässt. Aber vielen Menschen geht es ähnlich. Sie klammern sich an ihre kulturelle Identität aus Mangel an Selbstbewusstsein.«

»Auch ich würde mich in das alte Schema fügen, wenn ich nicht ...«, ich musste plötzlich lachen, »... von meiner Großmutter den Ungehorsam geerbt hätte!«

»Gelobt sei deine Großmutter!«, sagte Kim. »Ich weiß nicht, wie sie ihre geistige Freiheit bewahrt hat. Sie hat mit Sicherheit schwer darum kämpfen müssen.«

»Sie ist sehr verschlossen«, sagte ich. »Es gibt vieles über sie, was ich nicht weiß.«

Wir wechselten die Bahn und stiegen an der Porte Dauphine aus. Der Bois de Boulogne, mit den langen Alleen, den verträumten Wegen und den Teichen voller Seerosen, lag gegenüber. Winzige Mückenschwärme tanzten in der Luft. Liebespaare wanderten unter den Bäumen, Schüler lagen ausgestreckt im Gras. Frauen und Männer in bunten Jogging-Anzügen liefen an einem Spielplatz vorbei, auf dem Kinder sich tummelten. Ältere Männer spielten Boule.

Wir kauften Käsesandwiches und zwei Flaschen Cola an einem Kiosk und setzten uns auf eine Bank. Beim Essen sahen wir einem seilspringenden Mädchen zu. Ihr hellblondes Haar wie die Mähne eines Falben wippte auf ihren Schultern.

»Wie gerne würde ich mein Haar auch offen tragen«, sagte ich. »Diese ewigen Spangen! Nachts träume ich, dass ich ohne Kopftuch gehe.«

Kim blinzelte mir schelmisch zu. »Das kannst du sofort haben.«

Bevor ich ihn daran hindern konnte, legte er seinen Arm um meine Schultern und zog mein Kopftuch nach hinten. Ich versuchte es festzuhalten, aber er lachte nur.

»Nicht nur du träumst von deinem offenen Haar. Ich auch!«

»Aber Kim, doch nicht hier!«

»Warum denn nicht?«

»Es schickt sich nicht«, sagte ich.

»Hör zu«, sagte er ruhig. »Verkrustete Traditionen sollten über Bord geworfen werden. Was sich bewährt hat, bleibt ohnehin bestehen und von allem anderen kann man sich nicht früh genug trennen. Sitten und Gesetze sind vergänglich und auch über Gut oder Böse herrscht keine Übereinstimmung.«

Während ich ihm verwirrt zuhörte, machte er geschickt die Spangen auf, suchte die Nadeln und zog sie heraus. Die Zöpfe fielen auf meine Schultern. Ich lachte verlegen, als Kim sie löste. Seine Bewegungen waren behutsam und sanft wie die eines Mädchens. Er blickte mich zärtlich und ernst an, während mein Haar über meine Arme flutete. Ein Windstoß wehte es mir ins Gesicht. Es war wie ein Schleier, der mich umgab, aber ein Schleier aus Licht und Wind, ein Schleier der Freiheit. Ich fühlte, wie Kims Hände durch die dichte, weiche Fülle glitten.

»Versteh doch«, sagte er, »auf der ganzen Welt ist das Haar Sinnbild der Lebenskraft. Eine Kultur, die ihre Frauen verhüllt, verweigert ihnen ihre eigene Lebenskraft und kann auf die Dauer nicht bestehen. Dabei war die arabische Welt vor tausend Jahren dem Abendland weit voraus. Als aber die Sittenstrenge die Flügel des Geistes stutzte, setzte der Verfall ein. Natürlich leben auch in der islamischen Welt weise, aufgeschlossene Menschen. Aber ihre Reformen scheitern am springenden Punkt: an der Überbewertung der Männlichkeit, durch die Grausamkeit, Sturheit und Fanatismus begünstigt werden. Will diese Kultur bestehen, muss sie sich der Zukunft anpassen. Bevor es aber so weit ist, werden Blut und Tränen fließen, denn das liegt in der Natur der Dinge.«

»An was glaubst du denn«, fragte ich, »wenn nicht an Gott?«

»An das Leben«, erwiderte er. »Was du Allah nennst, nenne ich ›Tao‹, das ewige ›Sein‹. Es bestand schon vor Himmel und Erde und ist die Wurzel aller Dinge, die Mutter – nicht der Vater – aller Geschöpfe. Denn ob es den Theologen passt oder nicht, das Urprinzip der Schöpfung ist weiblich, das beweist dir jeder Biologe. Diese Kraft, die Menschen mit Gott bezeichnen, ist jenseits von Gut und Böse und lebt in jedem von uns. Willst du dich selbst anbeten?«

»Aber Kim!«, warf ich ein. »Du bist unmöglich!«

»Entschuldige!« Er grinste zerknirscht. »Ich bin manchmal sehr vorlaut. Bist du mir böse?«

Ich starrte ihn an.

»Rede weiter!«

Ich wollte wirklich verstehen, was er meinte. Es war mir wichtig. Etwas bewegte sich in mir, ähnlich der Vorfreude einer wesentlichen Erkenntnis.

»Die gleiche Kraft, die Sonne, Mond und Sterne lenkt«, sagte Kim, »formt auch die Menschen, die Tiere, die Insekten und die Pflanzenwelt. Von der Milchstraße bis zum Atommolekül bildet alles eine Einheit. Das Universum ist ein unteilbares, dynamisches Ganzes. Diese Erkenntnis, zu der die chinesischen Weisen schon vor viertausend Jahren gelangten, wird heute von der modernen Forschung bestätigt. Findest du das nicht wunderbar?«

In mir herrschte tiefe, dumpfe Stille. Dann war es, als ob meine Seele sich öffnete und weißes Licht hineinströmte.

Ich wusste nicht mehr, was ich vorher gewusst, liebte nicht mehr, was ich vorher geliebt hatte. Ich war ganz von diesem Licht erfüllt. Leise, kaum hörbar, flüsterte ich:

»Ich glaube, ich verstehe dich.«

Und er, selbst bewegt von dem, was er auf meinen Zügen las, erwiderte ebenso leise:

»Ich wusste, dass du es verstehen würdest.«

Einen Augenblick schwiegen wir, als ob wir besorgt waren, etwas im Stillen Vollzogenes nicht durch Worte zu gefährden, bis uns Fanfans ungeduldiges Winseln aus unserer Verzauberung riss. Kim stand auf und löste die Leine. »Komm! Er braucht Bewegung!«

Während Fanfan bellte und über den Rasen jagte, nahm Kim meine Hand und zog mich mit sich. Wir liefen hinter Fanfan her, der den welken Blättern nachsprang, einen Vogelschwarm verscheuchte und ein Entenpaar erschreckte, das empört schnatterte und ins Wasser flüchtete. Ich klammerte mich an Kims Hand und lachte aus vollem Hals. Ich fühlte, wie mein Haar auf meinen Rücken schlug, wie die Sonnenstrahlen es durchbrachen, wie es wehte und knisterte. Ich war vom Bewusstsein, aus Fleisch und Blut und lebendig zu sein, erfüllt und ich fand es tausendmal schöner als jeden Traum. Endlich blieb ich keuchend stehen.

»Warte! Ich kann nicht mehr! Ein Moslemmädchen darf doch nicht so laufen!«

»Darf sie überhaupt noch atmen?«, grinste Kim.

Ich sank lachend auf den Rasen und schnappte nach Luft. Ein großer Baum spendete kühlen Schatten. Kim betrachtete ihn mit zufriedenem Gesichtsausdruck.

»Eine Eiche! Sie mag uns bestimmt.«

»Spinner!«, rief ich. »Es ist ja nur ein Baum!«

»Ein Baum ist auch ein Lebewesen«, sagte Kim. »Warum sollte er keine Empfindungen haben?«

Freundschaftlich klopfte er auf die Rinde und setzte sich, den Rücken an den Stamm gelehnt.

»Leg deinen Kopf an meine Schulter.«

Ich lehnte mich an ihn, während sich Farfan hechelnd im Gras ausstreckte.

»Warte nur«, sagte Kim, »bald legst du dein Kopftuch in die unterste Schublade und ziehst den Regenmantel nur noch bei Regen an. Du trägst, was dir Freude macht, T-Shirts, Minis oder Shorts. Wir gehen schwimmen und Tennis spielen. Und im Laufen wirst du große Klasse.«

»Ach, Kim!«, seufzte ich. »Hör auf! Manchmal wird es mir schwindelig dabei, als ob das Ganze mir über den Kopf wüchse. Dann möchte ich wieder sein wie vorher, mir keine Gedanken machen, mich in Sicherheit fühlen . . .«

»Wer fürchtet sich nicht vor der Freiheit?«, sagte Kim. »Auch Vögel müssen fliegen lernen.«

»Meine Freiheit bist du«, sagte ich.

Er lachte herzlich.

»Das klingt wie arabische Poesie!«

Dann wurde er wieder ernst.

»Liebe besteht nicht nur aus Händchenhalten. Sie bringt auch Verantwortung mit sich. Wenn ich annehmen müsste, ich schade dir, würde ich dich sofort verlassen.«

»Glaube nur nicht«, erwiderte ich, »dich zu lieben bedeute für mich ein Opfer. Ich wünsche es mir. Mehr als das, ich brauche es, es ist mir sogar eine Genugtuung.«

Er tippte mir zärtlich auf die Nasenspitze.

»Das höre ich gerne! Betrachten wir die Dinge sachlich. In zwei Jahren hast du dein Abitur und ich beginne mein Praktikum. Du hast gesagt, algerische Mädchen seien frühreif, ich nehme dich beim Wort. Ich bin bald zwanzig und auch kein Kind mehr. Wie wäre es, wenn wir zusammenziehen würden? Zu Anfang können wir bei uns wohnen, meine Mutter hat bestimmt nichts dagegen. Sicherlich wird es nicht leicht sein, bei der Arbeitslosigkeit eine Stelle zu finden, aber andere schaffen es auch. Wenn wir uns dann weiterhin gut verstehen, heiraten wir.«

»Dann müsstest du Moslem werden«, sagte ich. »Das verlangt unser Gesetz. Eine Araberin darf keinen Andersgläubigen heiraten.«

»Solche Gesetze«, sagte Kim, »entsprechen nur konventionellen Lügen und Scheinheiligkeit. Ich will mich jedoch immer verhalten, wie es meinem Herzen richtig erscheint. Außerdem esse ich zu gerne Schweinefleisch mit Ingwer!«

Ich lachte, obwohl mir kaum der Sinn danach stand, und Kim sagte: »Keine Angst! Auch du wirst bald aus der Reihe tanzen und glücklich dabei sein.«

»Meinst du nicht, dass wir träumen?«, seufzte ich.

Er hob meine Hand hoch und küsste deren Innenfläche.

»Vielleicht. Wir dürfen es aber nie aufgeben. Was wir uns wirklich wünschen, erfüllt sich auch.«

Ich schmiegte mich enger an ihn. Tiefer, wohltuender Frieden umgab mich. Die Herbstluft schimmerte golden. Ein grüner Käfer kroch schwerfällig über Sand und Kiesel an meinem Gesicht vorbei. Eine Mücke summte. Ich scheuchte sie mit den Wimpern weg. Und plötzlich, als ein Windstoß das Laub bewegte, wurde ich intensiv der sonnenwarmen Erde unter mir bewusst. Mein Nacken erschauerte, mein Atem ging langsam und schwer. Ich sah das dunkle Grün der Grashalme, die Wölbung der Wurzeln, die wie Knie aus dem Boden ragten. Ich blickte zur Baumkrone, sie wirkte wie eine Kuppel, die hoch in den Himmel ragte. Und während ich die schuppige Rinde und die goldbraunen und rötlich gefärbten Blätter wahrnahm, stellte ich mir vor, wie die Wurzeln der Eiche sich tief in die Erde verkrallten, wie ihr Saft durch die Äste in die Adern drang. Ich ahnte das Wesen des Baumes, aus dem Mutterleib der Erde emporwachsend, zur Sonne strebend und nach Regen dürstend. Ich empfand ewige Bewegung der Dinge, die den Menschen unbewegt erscheinen, weil ihr eigenes Leben nur kurz ist: Das Wachsen und Absterben der Pflanzen, der Zerfall der Gebirge, die Schwingungen des Wassers, das Kreisen des irdischen Planeten. Und gleichzeitig fühlte ich mein Blut rauschen, mein Herz pochen, spürte meine Haut prickeln und meine Lungen bei jedem Atemzug sich weiten. Im Bruchteil einer Sekunde zog sich die Wahrnehmung meines Universums zu einem Stecknadelkopf zusammen, um sich dann ins Unendliche, ins Ewige zu erweitern. Und mit der aufwühlenden Erkenntnis, dass ich selbst ein Teil dieser Ewigkeit war, gab die Vision mich frei. Ich vernahm ein Geräusch, hörte Fanfan knurren und sah einige Gestalten im Gegenlicht. Zunächst nahm ich sie kaum wahr, betrachtete sie fast gleichgültig, bis ich sie auf einmal deutlich sah und das Blut mir in den Adern gefror. Hinter den Büschen tauchten vier hoch gewachsene junge Algerier auf. Nur einen erkannte ich: meinen Bruder Said.

18

Mein Körper, der sich soeben noch gelöst und warm anfühlte, schien zu einem Eisblock zu erkalten. Mein Herzschlag setzte aus, als ich dachte: Jetzt ist es so weit!, bevor das Bewusstsein meiner Kraft mich erfüllte und eine große Ruhe über mich kam. Ich hatte bisher nie bemerkt, dass Said Schuhe mit Klotzabsätzen trug, die vor fünf Jahren modern waren, doch jetzt war es das Erste, was mir an ihm auffiel. Kims Schulter zuckte nicht, wich nicht einmal zurück, denn ich spürte noch ihre Wärme. Da er hinter mir saß, meinen Blicken entzogen, hatte ich auch keine Ahnung, ob er erschrocken war oder nicht. Erst als er unbefangen meine Hand ergriff, um mir beim Aufstehen behilflich zu sein, sah ich, dass sein Ausdruck nun sehr fremd wirkte: Sein auffallend ruhiges Gesicht erinnerte mich an das Antlitz jener asiatischen Statuen, deren Heiterkeit eine geheimnisvolle Kraft verströmt.

Die Algerier trugen Jeans, billige Lederjacken und Turnschuhe. Der eine fiel durch seine üppige, krause Haarpracht auf. Der andere hatte ein kindliches Gesicht, auf dem ein pechschwarzer Schnurrbart hart, fast grausam wirkte. Der Dritte musste weit über zwanzig sein. Er trug Westernstiefel und eine schwarze Rockerkluft. Das Haar war mit Gel zu einer feucht glänzenden Tolle gekämmt und seine Reißverschlüsse klimperten bei jeder Bewegung. In seinem ebenmäßigen Gesicht schimmerten Augen, schwarz wie Kohle. Als unsere Blicke sich trafen, entblößte ein schonungsloses Lächeln seine weißen Zähne.

»Es wurde Zeit, dass wir eingreifen«, meinte er.

Ich wusste, wer sie waren: kleine Vorstadt-Rowdys, die

ihre Zeit mit Herumstreichen, Gelegenheitsdiebstählen und Drogenhandel totschlugen. Nun stolzierten sie daher wie Hähne, ihrer Moralfreude und der so genannten männlichen Überheblichkeit bewusst. Der Krauskopf bohrte in der Nase, der Schnurbärtige lächelte fast schalkhaft. Wahrscheinlich hatten sie mich seit heute Morgen nicht aus den Augen verloren und waren uns gefolgt. Mein Herz pochte wild. Plötzlich war es mit meiner Ruhe vorbei. Die nackte, erbärmliche Angst fuhr mir in die Knochen. Meine Ahnung hatte mich nicht getäuscht: Wir saßen in der Falle!

»Said!«, schrie ich. »Wir haben nichts Böses getan!«

Ich sah, wie seine Lippen weiß wurden, seine kaffeebraunen Augen sich unter dem Schleier von Wut und Empörung trübten.

»Dreckiges Luder!«, zischte er.

»Sei nicht grob zu deiner Schwester«, sagte Kim in gleichmütigem Ton. Im Gegensatz zu seiner Ruhe wirkte Saids Erregung beinahe lächerlich und theatralisch. Seine Nasenflügel bebten, sein Gesicht war aschfahl geworden. Er benahm sich weniger wie ein Bruder als wie ein verlassener Liebhaber. Er ist eifersüchtig!, dachte ich, aufs Höchste verblüfft. Er zittert aus Eifersucht! Nun begriff ich endlich, weshalb islamische Männer ihre Schwestern wie ihre eigenen Augäpfel hüteten: Waren diese nicht die einzigen Frauen – ausgenommen der Europäerinnen –, mit denen sie im Familienkreis einen zwanglosen, vertraulichen Umgang pflegen durften? Kein Wunder, dass sie durchdrehten, wenn sie die sorgsam bewachten, heimlich geliebten Schwestern in den Armen eines Fremden erwischten!

Ich sah, wie Saids Stirn sich mit Schweißtropfen bedeckte. Und trotz meiner Angst – oder gerade deswegen – fiel mir auf, wie schön er war, mit seiner zarten Haut, den blanken Augen, den kindlichen Locken. Oh Said!, rief ich ihm verzweifelt in Gedanken zu. Verlier bloß nicht die Nerven! Zwinge mich nicht dich zu verachten oder zu hassen.

Doch er ballte die Fäuste, dass die Knöchel weiß hervortraten, und brüllte Kim an:

»Schnauze, du Dreckskerl! Ich rede mit meiner Schwester, wie ich will!«

»Ein Glück, dass sie sich das nicht mehr lange gefallen lassen muss«, erwiderte Kim ungerührt. Aber Fanfan witterte Feinde. Sein Fell sträubte sich, er knurrte lauter und zeigte die Zähne.

»Ruhe, Fanfan!«, sagte Kim beiläufig.

»Aischa, hierher!«, befahl Said, als sei auch ich ein Hund. Er wollte meinen Arm packen. Fanfans Knurren ging in angrifflustiges Bellen über und Kim sagte:

»Vorsicht! Er beißt!«

Said wollte Fanfan einen Fußtritt versetzen. Aber Fanfan wich dem Tritt aus und sprang mit gefletschten Zähnen auf ihn zu.

»Fuß! Fanfan«, rief Kim. Fanfan duckte sich, gehorchte widerwillig und knurrend. Said zischte einen Fluch. Die drei anderen lachten.

»Dein Schoßhündchen imponiert uns nicht«, sagte der Junge in der schwarzen Lederkluft grinsend. »Und du noch viel weniger.« Kim schob gelassen die Daumen in die Jeanstaschen.

»Irren ist menschlich.«

Das Grinsen des Schwarzgekleideten verschwand. »Du hast ein lockeres Mundwerk, Chinese.«

»Das ist Begabung«, erwiderte Kim.

»Rocky, mach ihn fertig!«, schrie Said auf Arabisch.

Ich fuhr zusammen. Rocky? War das nicht der Typ, der den Einbruch im Schmuckgeschäft verübte und der noch anderes auf dem Gewissen hatte? Weshalb war der schon wieder auf freiem Fuß? Und Said hatte damals hoch und heilig versprochen ihn nicht mehr zu treffen. Wenn das die Eltern wüssten!, dachte ich verzweifelt. Ich wollte schreien und Kim warnen: Gib Acht, der Kerl ist gefährlich!, doch der Schrei blieb mir in der Kehle stecken. Denn als Rocky zum Schlag ausholte, fuhr Kims Arm blitzschnell in die Höhe. Seine Handkante klatschte an Rockys Unterarm. Rocky rieb sich überrascht die schmerzende Stelle. »An deiner Stelle würde ich keinen Streit suchen«, sagte Kim in unverändert ruhigem Ton.

Rocky antwortete mit einem Schimpfwort und fiel abermals über ihn her. Aber Kim parierte jeden Hieb. Er hatte ganz weiche, aber unheimlich treffsichere Bewegungen.

»Lass das lieber!«, sagte er versöhnlich. »Du ziehst dabei nur den Kürzeren.«

Ein aufgeregtes Flüstern ging durch die Gruppe und der Krauskopf rief:

»Achtung, der kann Karate!«

Rockys hübsches Gesicht verzerrte sich zur wütenden Fratze. Der Schweiß brach ihm aus allen Poren.

»Der wird sich wundern. Ich nämlich auch!«, zischte er.

Er wollte Kim das Knie in den Bauch rammen, doch dieser wich mit knapper Seitendrehung aus.

»Das sollte man nicht meinen!«, seufzte er.

»Warte nur, du Schwein!«, keuchte Rocky.

»Das Schlimme an dir ist, dass du den Gegner nicht richtig einschätzt«, sagte Kim in sachlichem Ton.

Seine ruhige Selbstsicherheit brachte Rocky zur Weißglut. Er schnaufte, schwitzte und machte sinnlose Bewegungen. Kim ließ ihn gar nicht an sich herankommen.

»Konzentrationsmangel und Geltungsdrang«, stellte er fest. »Meine Lehrerin hat mir das besser beigebracht.«

Unerwartet wandte er sich von Rocky ab, als existierte dieser nicht mehr, und blickte zu Said hinüber. Durch das Haar, das ihm ins Gesicht fiel, sah ich seine Augen scharf und streng hervorglühen.

»Es war nicht nett von dir«, sagte er, »deine Schwester im Aufzug zu verprügeln.«

Said errötete.

»Was geht dich das an?«

»Ziemlich viel«, sagte Kim. »Ich habe Aischa nämlich etwas versprochen.«

Saids Lippen zuckten. »Was denn?«

»Dir einen Denkzettel zu verpassen«, sagte Kim.

Er sprang hoch, leicht wie eine Feder, und wirbelte im Sprung herum. Sein Fuß traf mit voller Wucht in Saids Magengrube. Das bloße Hinsehen tat mir weh. Said taumelte zurück, verlor das Gleichgewicht und landete schwerfällig auf dem Hintern. Kim ging leichtfüßig in Abwehrstellung, wobei er die drei anderen im Auge behielt. Seinen Atem hatte er schon wieder unter Kontrolle.

»Denk gefälligst daran, bevor du ihr nochmals eine klebst«, sagte er. Während einiger Sekunden regte sich keiner. Said, der noch immer am Boden saß, hustete, würgte und ächzte. Sein Atem rasselte und das Wasser tropfte ihm aus den Augen.

Plötzlich stieß er einen kurzen, krächzenden Schrei aus, einen Schrei höchster Wut, und sprang mit einem Satz auf die Beine.

»Rocky, schlitz ihm die Kehle auf!«

Rockys Hand fuhr an die Jeanstasche. Ich vernahm ein Klicken, sah das Messer in der Sonne aufblitzen. Ein eiskalter Luftzug schien durch meinen Kopf zu wehen.

»Said!«, schrie ich. »Bist du wahnsinnig?«

Said antwortete nicht. Er legte beide Arme vor den Magen, wiegte den Oberkörper hin und her und lachte hysterisch.

»Said!«, kreischte ich, von unbeschreiblicher Panik erfasst. »Sag ihm, er soll aufhören! Ich tu alles, was du willst!«

Schon duckte sich Rocky zum Sprung. Er hatte aber nicht mit Fanfan gerechnet, der wie aus der Pistole geschossen über ihn herfiel. Seine Zähne bohrten sich durch die Lederhose in Rockys Wade. Der Algerier grunzte vor Schmerz und versuchte das Tier abzuschütteln. Der Krauskopf fuhr dazwischen, verpasste Fanfan einen derartigen Fußtritt, dass der kleine Hund vor Schmerz jaulte. Er rollte auf den Rücken, sprang aber blitzschnell wieder auf die Beine und ging erneut zum Angriff über. Seine Zähne jedoch schnappten ins Leere, denn ein zweiter, noch kräftigerer Fußtritt schleuderte ihn an den Baum. Fanfan fiel jaulend und winselnd wie ein weißes, schlaffes Fellbündel ins Gras.

»Bravo, Hamid!«, schrie Said in der Sekunde, als Kim auf den Krauskopf zusprang. Er schien buchstäblich durch die Luft zu fliegen. Seine Rechte, zur Faust geballt, krachte an Hamids Kinn. Der Krauskopf schrie auf und sackte ächzend in die Knie. Kim schlug ihm mit der flachen Hand zwischen die Schulterblätter, worauf Hamid Kopf voran auf dem Boden landete. Gleichzeitig überraschte Rocky Kim von hinten. Ich sah das Aufblitzen der Klinge, doch Kim wirbelte auf dem Absatz herum, entging dem Stoß und klemmte Rockys Messerarm fest, während er gleichzeitig das linke Handgelenk seines Gegners mit erstaunlicher Kraft umspannte. Rocky, der einen ganzen Kopf größer war und breite, muskulöse Schultern hatte, drängte Kim mit seinem ganzen Körpergewicht zurück. Doch der Druck von Kims schmaler, aber eisenharter Hand brachte ihn allmählich dazu, seinen Griff um das Messer zu lösen. Zugleich nahm ich wahr, wie Kim sich langsam, aber sicher aus der Umklammerung befreite. Plötzlich vernahm ich ein knackendes Geräusch. Rocky stieß einen gellenden Schrei aus und öffnete die Hand. Das Messer fiel in den Staub, als Kim dem Algerier ein Bein stellte. Rocky schlug derart heftig auf den Boden auf, dass ein Kieselregen nach allen Seiten spritzte, während Kim mit schneller, katzengleicher Bewegung zwei Schritte zurücktrat. Sein Gesicht war blass geworden. Ich spürte seine Wut an den gepressten Atemzügen, an dem harten Flackern seiner Augen. Ein Schauer nach dem anderen lief mir über den Rücken und ich fühlte den Schweiß wie ölige Perlen auf meiner Stirn. Die wahnwitzige Hoffnung überkam mich, dass Kim mit seinen Angreifern fertig werden könnte, wobei ich meine eigene Lage nicht im Geringsten in Betracht zog. Ich wollte nur, dass er mit heiler Haut davonkam. In diesem Augenblick sah ich, dass Said einen Stein aufhob und ihn mit aller Kraft durch die Luft schleuderte. Der Stein traf Kim an der Schläfe. Er hob unwillkürlich den Arm vor sein Gesicht, als der Schnurrbärtige, der sich bisher nicht eingeschaltet hatte, ihn von hinten packte und zu Boden riss. Kim versuchte ihn abzuschütteln, aber schon fiel Rocky über ihn her. Er setzte sich rittlings auf Kim, packte ihn an den Haaren und schlug seinen Kopf mehrmals auf den Boden auf. Schreiend stürzte ich mich auf den Kerl, trommelte mit den Fäusten auf seinen Rücken, packte ihn am Kragen und versuchte ihn von Kim wegzuzerren. Said riss mich an den Haaren zurück, schleuderte mich wie einen Spielball dem Schnurrbärtigen in die Arme. »Halt sie fest, Bechir!«

Er lachte, seine Zähne blitzten. Ich spürte seinen ätzenden Schweißgeruch, während er mich an sich drückte und meinen Busen betastete. Erbittert kämpfte ich gegen ihn an, aber ich konnte mich drehen und krümmen, wie ich wollte, ich kam nicht von ihm los.

»Feiglinge!«, kreischte ich. »Erbärmliche Feiglinge!«

Ich sah, wie Kim versuchte sich mit der Schulter hochzustemmen, woran Said ihn immer wieder mit Fußtritten hinderte. Rocky hatte sein Knie auf Kims Rückgrat gesetzt, hielt ihn fest und drückte sein Gesicht in den Staub, um Said zu ermöglichen, mit seinen dicken Schuhen noch nach den schmerzhaften Stellen zu zielen.

»Jetzt siehst du . . .«, keuchte er bei jedem Schlag, ». . . was wir mit deinem verdammten Chinesen anstellen! Und warte nur, du Hure . . . warte nur . . . gleich kommst du an die Reihe!«

Ich hörte jemanden schreien, es war aber nicht Kim, sondern ich selbst. Bechir lachte, drehte mir langsam und immer fester den Arm auf den Rücken, bis ich den Schmerz nicht mehr ertragen konnte und fast erbrechen musste.

»Said!«, schluchzte ich, »bitte . . . bitte . . . hör auf!«

»Was geht hier vor?«, rief eine Männerstimme.

Alle vier wandten sich um, starrten auf die Sportler in Jogging-Anzügen, zwei Männer und eine Frau, die erschrocken das Schauspiel betrachteten. Kim rührte sich nicht mehr, während Fanfan winselnd durch das Gras kroch. Sein Hinterbein musste gebrochen sein. Die junge Frau hob entsetzt die Hand vor den Mund.

»Ich hole die Polizei!«

Sie wandte sich um, lief leichtfüßig den Weg hinauf.

»Weg von hier!«, zischte Rocky.

Said drehte Kim mit einem Fußtritt um. Ich sah sein geschwollenes, blutüberströmtes Gesicht. »Helfen Sie mir! Bitte helfen Sie mir!«, schrie ich den beiden Franzosen zu, aber sie standen da wie die Ölgötzen.

»Los!«, keuchte Said und boxte mich in die Rippen.

Ich schrie noch lauter, ließ mich bäuchlings fallen, stemmte mich gegen den Boden und krallte mich an den Grasbüscheln fest. Said und Beschir packten mich, rissen mich hoch, schleiften mich an den Handgelenken nach. Ich kreischte in verzweifelter Wut und Said schlug mir auf den Mund.

»Willst du das Maul halten, du Luder!«

Meine Lippe platzte. Ich spürte den faden Blutgeschmack. Verstand und Wille erschlafften. Wie eine Marionette, deren Fäden nachgaben, verlor ich jede Kraft. Ich wollte nur noch schlafen – oder sterben. Meine Glieder gehorchten mir kaum und ohne Bechir und Said, die mich festhielten, wäre ich zu Boden gesunken. Mein Kopf hing herunter und beim Verlassen des Parkgeländes sah ich Blutstropfen aus meinem Mund auf den Asphalt fallen. Dann stießen sie mich in ein Auto und zerrten mich auf den Hintersitz. Rocky und Said nahmen mich in die Mitte. Bechir setzte sich hinter das Steuer, und Hamid, dessen Kiefer pflaumendick angeschwollen war, nahm stöhnend den Nebensitz ein. Die Türen wurden zugeschlagen. Als der Motor ansprang, drehte Said meine beiden Hände auf den Rücken, während Rocky mit irgendwelchen Gegenständen hantierte. Ein süßlicher Geruch verbreitete sich. Ich fühlte Rockys heißen Atem, hörte ihn leise und spöttisch lachen, als er mir einen mit Flüssigkeit getränkten Wattebausch unter die Nase hielt.

»Nein!«

Das unverständliche Flüstern aus meinen aufgeplatzten Lippen kam mir selbst fremd vor. Ich versuchte den Kopf wegzudrehen und den Atem anzuhalten, aber das ging nur eine Weile. Fast erstickte ich. Schwarze Flecken tanzten vor meinen Augen und ein glühendes Messer schien sich in meine Brust zu bohren. Ich hielt es nicht mehr aus. Luft! Mit einem tiefen, verzweifelten Atemzug drang der Dunst vom Wattebausch zu meinen Lungen vor. Ich hustete und würgte, mein Magen drehte sich um. Das Schwarze vor meinen Augen breitete sich aus. Ich meinte inmitten eines Wirbels zu sein, der sich schneller und schneller drehte und mich in die Tiefe zog. Mein Kopf wurde dumpf und heiß. Ich hörte mein Blut wie Wasser in den Ohren rauschen. Geräusche und Gefühle verschwanden in weiter Ferne. Die dunkle Flut schlug über mir zusammen.

19

Ich erwachte und glaubte zu träumen. Der Wind heulte und brauste wie auf hoher See, Donner rollte. Selbst das Bett schien unter mir zu schwanken. Wo bin ich?, dachte ich verwirrt. Was ist geschehen? Allmählich kam ich zu Bewusstsein. Ich hörte den Regen an das Fenster prasseln und meinen Wecker auf dem Nachttisch ticken. Ein Lichtstreifen schimmerte durch die Rollladen. Es war also Tag. Weshalb lag ich noch im Bett? War ich krank? Ich musste doch zur Schule! Ich versuchte mich aufzurichten und fiel kraftlos aufs Kissen zurück. Mein Kopf schmerzte, mein Mund war trocken und jeder Muskel tat mir weh. Wieder krachte ein Donnerschlag. Ein Gewitter . . ., dachte ich. Gestern war es doch noch so schön. Kim und ich sind in den Bois de Boulogne gegangen und . . .

Schlagartig kehrte mein Erinnerungsvermögen zurück. Ich sah Kim ohnmächtig am Boden liegen, das Gesicht mit Blut und Staub verklebt, während Said und Rocky mit Fausthieben und Fußtritten auf ihn einschlugen. Ich presste beide Hände vor den Mund. Mein ganzer Körper zitterte, bäumte sich auf vor Schmerz. Das erste Aufschluchzen war so schwer, dass es einem Röcheln glich. Meine Lungen schienen zu zerreißen. Doch der Bann war gebrochen. Ich weinte, von Krämpfen geschüttelt, hämmerte mit den Fäusten aufs Kopfkissen und biss ins verschwitzte Bettlaken. Kim! Was war nur mit ihm? Hatten sie ihn schwer verletzt oder sogar getötet? Der Gedanke trieb mich an den Rand des Wahnsinns. Ich weinte, als risse man mir die Seele aus dem Leib. Draußen heulte der Sturm, der Regen klatschte an die Hauswand. Dann entfernte sich der Donner und ich hörte hinter mir im Zimmer ein Geräusch. Die Tür ging behutsam auf. Ein Lichtstrahl fiel herein und eine Gestalt schob sich durch die helle Öffnung. Ich schrie auf und hob die Hände vors Gesicht, wie um einen Schlag abzuwehren. Mein Schrei verwandelte sich jedoch in ein Stöhnen, als ich Ma Djamila erkannte. Sie setzte sich zu mir und wollte mich aufrichten. Ich versteifte mich, versuchte mich ins Bettlaken zu krallen, aber in ihren Armen wohnte eine seltsame Kraft. Ich fühlte mich hochgezogen, an ihre Brust gedrückt. Sie streichelte mein verschwitztes Haar, während ich mein aufgedunsenes Gesicht an ihre Schulter schmiegte.

»Weine nur, mein Täubchen«, sagte sie leise. »Die Tränen trösten dich und geben dir Kraft...« Langsam spürte ich, dass mein Schluchzen nachließ. Krampfhafte Seufzer hoben meine Brust. Ma Djamila wühlte in ihrem Halsausschnitt und holte ein zerknittertes Taschentuch hervor.

»Putz dir die Nase.«

Ich tat, was sie sagte. Meine Nase war verstopft, meine Ohren schienen wie in Watte gepackt zu sein. Ich atmete stoßweise durch den Mund und fühlte, wie der Schmerz in meiner geschwollenen Lippe erwachte.

»Wie ... wie lange liege ich schon hier?«

»Seit zwei Tagen«, sagte Ma Djamila.

Ich starrte sie entgeistert an.

»Weshalb habe ich so lange geschlafen?«

Ma Djamila wiegte sorgenvoll den Kopf. »Sie haben dich betäubt. Du hast mir Angst eingejagt. Ich fürchtete um deine Gesundheit. Die jungen Leute wissen ja nicht, was sie tun.«

»Mir ist alles egal!«, wimmerte ich. »Wenn ich nur sterben könnte!«

Die alte Frau seufzte.

»Ich kenne dieses Gefühl. Du musst es hinnehmen und erdulden, auch wenn es unerträglich ist.«

»Nein!«, schrie ich. »Ich will mich nicht fügen!«

Meine Lippe platzte wieder auf und blutete. Beim Anblick der roten Flecken auf dem Taschentuch wurde es mir beinahe übel.

»Still, Aischa«, murmelte Ma Djamila. »Sie sind stärker als du. Viele Mädchen sind an dem Versuch, auszubrechen, gescheitert. Manche haben ihn sogar mit dem Leben gebüßt.«

»Ma«, schluchzte ich, »ich habe nichts Böses getan. Nicht das, was sie denken. Kim hat mich nie angerührt.«

»Du hast ihn geliebt«, sagte Großmutter leise. »Weißt du denn nicht, dass es in den Augen unserer Männer eine Sünde bedeutet? Du hast das Gesetz der Väter und Brüder gebrochen. Sie haben das Recht, dich zu züchtigen und ihre Ehre mit Blut zu rächen. Zum Glück lebst du in Europa. Said hat nicht gewagt deinen Freund zu töten . . .«

Ich stieß sie heftig beiseite und wühlte mich ins Kissen. »Ich ertrage es nicht! Ich kann es nicht ertragen!«

»Doch«, erwiderte Ma Djamila mit ruhiger, gleichmäßiger Stimme. »Was ich gekonnt habe, kannst du auch.«

Ich setzte mich auf und strich meine verschwitzten Strähnen aus dem Gesicht.

»Was willst du damit sagen?«

Sie holte tief Atem. Im Halbdunkel sah ich die Umrisse ihrer hohen Stirn, ihrer edel geformten Wange. Ihr abgewandtes Gesicht ließ nur einen leuchtenden Augapfel erkennen, schimmernd wie eine Gemme aus Porzellan.

»Ich war dreizehn und holte täglich mit anderen Mädchen Wasser im Palmenhain. Die Quelle sickerte in ein steinernes Becken und hinter der roten Lehmmauer erhoben sich die ersten Wanderdünen. Eines Morgens entdeckte ich in der flimmernden Helle einige sternenförmige, rote Zelte, die am Tag zuvor nicht dort gestanden hatten. Nomaden! Mein Herz schlug schneller. Am Tag darauf weideten einige fremde Kamele im Palmenhain. Es waren Mehari – weiße Rennkamele. Die Nomaden gehörten zum Stamm der Ait Loaien und kamen aus dem Hoggar-Gebirge, tausend Kilometer südlich. Ein Junge hütete die Tiere. Er war in Lumpen gekleidet. Aber seine Locken wehten im Wind und seine Haltung glich der eines Prinzen. Die Mädchen tuschelten und hielten sich Tücher vor den Mund. Ich aber erinnerte mich, dass meine Mutter sich nie verschleierte, und sah ihm voll ins Gesicht. Unsere Augen trafen sich und ich fühlte: Wir waren vom gleichen Blut. Wie er war ich ein Kind der Wüste und seit dem Tod meiner Mutter spürte ich Fesseln um meine Gelenke . . .

Es war Morgen und der Wind wirbelte heiße Sandfahnen umher. Ein Sandsturm zog auf. Während die Dorfbewohner vor dem Unwetter in ihre Häuser flüchteten, machte ich mich allein auf den Weg zur Quelle. Der Sturm peitschte Sandkörner in mein Gesicht, meine Augen tränten. Der Junge erwartete mich aber im Palmenhain. Er nahm meine Hand und lächelte.

›Ich habe dich erwartet‹, sagte er. ›Ich wusste, dass du kommen würdest.‹«

Ma Djamila betastete ihr grünes, dicht über den weit geschwungenen Brauen gebundenes Kopftuch.

»Der Wind nahm ständig zu. Die Sonne schien den Staub in feurige Asche zu verwandeln. Ich kannte eine Grotte, unweit vom Palmenhain. Dort suchten wir Zuflucht. Gegen Abend, als der Sturm sich legte, machte ich mich auf den Weg zum Dorf. Mein Onkel nahm einen Stock und schlug mir die Knochen blau, aber ich fühlte kaum die Schmerzen. Als alle schliefen, packte ich meine Habseligkeiten in ein Bündel und streifte mir die silbernen Armreifen über, die meiner Mutter gehört hatten. Beim ersten Hahnenschrei schlich ich aus dem Haus. Als ich den Palmenhain erreichte, setzte mein Herz aus: Am Horizont stand die Sonne, einer silbern schimmernden Perle gleich, aber die roten Zelte waren verschwunden!«

Ma Djamilas Stimme klang plötzlich heiser.

»Später erfuhr ich, dass die Dorfbewohner sich darüber beschwert hatten, dass die Mehari im Palmenhain weideten. Die französische Militärpolizei hatte die Nomaden vertrieben . . .«

Im Lichtschein, der durch die Rollladen sickerte, funkelten ihre Pupillen wie die einer Katze.

»Ich entsinne mich kaum daran, was dann geschah. Man erzählte mir, dass der böse Blick Satans mich befallen hatte. Ich verließ den Palmenhain, wanderte in die Wüste, den Spuren nach, welche die Kamele im Sand hinterlassen hatten. Ich hatte kein Wasser, keinen Proviant. Sonne und Staub verbrannten meine Haut. Ich überquerte glühende Sandflächen, lief mir über Geröllfeldern die Füße blutig. Die Sonne stieg, funkelte wie eine Flammengarbe. Am Horizont spiegelten sich Inseln, bläuliche Wasserlachen schienen über den Sand zu schweben. Keuchend schleppte ich mich weiter, bis jeder Schritt zur Qual wurde. Mein

Gesicht glühte, meine Kehle brannte wie Feuer. Ich blinzelte in die Sonne und sah ein Gesicht in ihr, das Gesicht eines Jungen, goldbraun und schön, mit Augen wie Bernstein. Plötzlich begann die Sonne zu kreisen und schien glühende Pfeile auf mich zu werfen. Alles brannte vor meinen Augen, mein Kopf schmerzte, alles zerriss, riss sich los. Das Licht verschwand in weiter Ferne, die Finsternis war ein Strudel, der mich hinabzog ...«

Ma Djamilas Stimme erlosch. Sie senkte den Kopf wie eine Betende. »Und dann?«, flüsterte ich heiser.

Sie wandte mir langsam ihr ruhiges Gesicht zu.

»Zwei französische Geologen, die in einem Landrover die Piste verlassen hatten, um Vermessungen vorzunehmen, fanden mich. Sie brachten mich in das Haus meines Onkels zurück. Man rief den ›Taleb‹, den Dorfzauberer, der mir einen Kräuterabsud zu trinken gab. Ich blieb jedoch lange Zeit krank, wies jede Nahrung von mir. Im Strom der Gleichgültigkeit trieb ich dahin. Ich dachte, wie wenig es bedurfte, um aus der Teilnahmslosigkeit in den Tod hinüberzugleiten ...

Endlich genas ich aber. Jeder neue Tag schenkte mir etwas mehr Leben. Aber im Dorf wurde geklatscht. Die Mädchen hatten von dem Nomadenjungen im Palmenhain erzählt. War ich nicht die Tochter der ›Irren‹, wie meine Mutter im Ort genannt wurde? Meiner Familie war das Geflüster peinlich. Was konnte man von einem Mädchen erwarten, dessen Mutter den Verstand verloren hatte? Möglicherweise litt ich an derselben Krankheit und würde sie auf meine Kinder übertragen! Mein Onkel beauftragte seine Frau sich nach einem passenden Gatten für mich umzusehen, wenn möglich außerhalb des Dorfes. Die Wahl fiel auf eine Familie, aus In-

Salah stammend, die vor mehr als zehn Jahren nach Algier gezogen war. Der jüngste Sohn, Si Fouad, war noch ledig. Da er selbst kaum lesen und schreiben konnte, wollte er keine gebildete Frau. So wurde die Ehe zur allgemeinen Erleichterung beschlossen. Mein Onkel brachte mich nach Algier, wie man ein lästiges Paket loswurde. Ich lernte meinen zukünftigen Mann – deinen Großvater – erst am Verlobungstag kennen.«

Ein tiefer Seufzer hob ihre Brust.

»Nach der Hochzeit ging ich fast nie außer Haus, sah nur ein Stück viereckigen Himmel über meinem Kopf, der durch vier weiße Wände begrenzt war. Ein Jahr später kam Farid – dein Vater – zur Welt. Ein zweiter Sohn starb bei der Geburt und ich wurde unfruchtbar. Zwar verstieß mich Si Fouad nicht, da er noch immer Gefallen an mir fand, aber er nahm eine Nebenfrau, Fatima, zu sich, die ihm noch drei Kinder gebar . . .«

»Das weiß ich doch!«, unterbrach ich sie. »Warum erzählst du mir das?«

Sie strich mit dem Finger über meine Wange. Ich fühlte, wie ihre Hand zitterte.

»Die Erinnerung an jene Begegnung im Palmenhain gab mir die Kraft, mein Leben zu ertragen. So wird es auch mit dir sein, mein Täubchen. Du wirst lernen, den Geliebten in allem zu spüren, was du siehst, hörst und fühlst. In tausend Nächten wird sein Antlitz dein letzter, heiterer Anblick und an ebenso vielen Morgen dein erstes, schönes Bild beim Erwachen sein . . .«

Ich erschauerte. Ma Djamila hatte ihre Augen halb geschlossen. Ihr Körper war reglos wie ein Olivenbaum oder wie eine Eidechse auf einem Stein. Ich erinnerte mich an den Bois de Boulogne. Ich sah mich mit Kim unter der Eiche liegen, fühlte seine Finger in meinem Haar, hörte seine Stimme flüstern: »Wir dürfen das Träumen nicht aufgeben. Denn das, was wir uns wirklich wünschen, erfüllt sich auch.« Ich wandte mich Ma Djamila zu, langsam hob sie ihre Lider. Unsere Blicke begegneten sich und ich schüttelte den Kopf. Wir redeten nicht dieselbe Sprache.

»Auch ich habe einen Traum.« Meine Stimme klang bestimmt. »Aber er soll Wirklichkeit werden.«

»Jede Frau braucht ihren Traum, wenn sie nicht in ihrer Haut ersticken will«, erwiderte Großmutter mit ihrer dunklen, belegten Stimme. »Hör zu und ich will dir ein Geheimnis anvertrauen. Wenn du tief in deinen Träumen lebst, geschieht ein Wunder: Die Wirklichkeit verwandelt sich in Illusion. Du lebst in deinen vier Wänden, versorgst die Kinder, schläfst mit deinem Mann, aber dies alles ist nur ein Traum. Die Wirklichkeit lebt in dir, schöner und farbenfroher als alle Herrlichkeit auf Erden. Dein Geliebter führt dich bei der Hand in eine Welt von Sonnenglanz und Sternenlicht, von duftenden Palmengärten und sprudelnden Quellen. Diese Wirklichkeit ist dein Eigentum. Sie bleibt in dir, bis der Tod dich wegreißt und uns alle, Frauen und Männer, zu Ebenbürtigen unter der Erde macht: einen Stein am Kopf, einen Stein an den Füßen ...«

Ich hielt mir beide Ohren zu. Noch ein Wort und ich wurde verrückt!

»Ma, hör auf! Wie kannst du nur so reden? Mein Leben soll anders sein, nicht so wie deines!«

Sie schwieg eine Weile, betrachtete mich mit ihren tiefen, unergründlichen Augen. Dann stand sie auf, rieb sich seufzend den Rücken.

»Schlaf noch ein wenig«, sagte sie. »Das wird dir gut tun.«

Sie schlurfte aus dem Zimmer und schloss die Tür. Ich warf mich aufs Kissen zurück, sah Blutspuren auf dem Laken und stopfte mir das Taschentuch in den Mund. Ich empfand kaum noch Schmerzen, nur abgrundtiefe Verzweiflung und das Furcht erregende Gefühl, dass sich eine Schlinge immer enger, immer erstickender um meinen Hals legte. Der Donner hatte nachgelassen, aber der Regen trommelte noch immer an die Fenster und die Rollladen rasselten im Wind. Ich schlief ein.

Als ich erwachte, war es Abend. Meine Mutter stand an meinem Bett und hielt einen dampfenden Teller in der Hand. Ich drehte den Kopf zur Wand.

»Ich will nichts essen!«

Sie stellte behutsam den Teller auf den Nachttisch, legte einen Löffel dazu und machte Licht. Ich blinzelte, hob die Hände vor die Augen.

»Geh weg!«

»Ya Allah!«, stöhnte sie. »Wie konntest du uns das antun? Denk an deinen Vater! Er wird diese Schande kaum überleben!«

Ich richtete mich auf, vor Zorn bebend. Ich sah ihr bleiches, aufgedunsenes Gesicht. Ihre Augen zuckten nervös, ihre Lippen zitterten.

»Und was ist mit mir?«, schrie ich. »An mich denkt keiner! Aber warte nur! Frau Duval und Frau Favre werden sich fragen, weshalb ich nicht in der Schule bin, und Krach schlagen!«

Sie spreizte hilflos die Finger, gleichsam erschrocken und beschämt über den Wandel, der mit mir vorgegangen war, denn ich hatte in diesem Ton noch nie mit ihr geredet.

»Ali und dein Vater haben schon alles geregelt«, sagte sie tonlos. »Steh auf und zieh etwas an. Sie wollen dich sehen.«

Der Fernseher lief und Discomusik dröhnte aus dem Wohnzimmer. Ich saß auf dem Bett, flocht meine Zöpfe und steckte sie mit Spangen fest. Als ich mich aufrichtete, versagten mir die Knie. Der Schweiß brach mir aus allen Poren. Ich biss auf die Zähne. Wer weiß, welchen Dreck ich eingeatmet hatte! Tastend ergriff ich den Löffel und aß, indem ich mich aufstützte. Die Suppe war mit Linsen, Zwiebeln, Tomaten und Hammelfleisch zubereitet. Ich zwang mich den Teller zu leeren. Meine Hand zitterte derart, dass Tropfen auf den Boden spritzten. Das kräftige Essen jedoch wirkte Wunder: Plötzlich fühlte ich mich wieder handlungsfähig. Ich stand auf und suchte meine Kleider. Ich zog die verschwitzten Sachen aus und griff nach sauberer Wäsche. Über die Strumpfhose streifte ich meinen Rock, wechselte Bluse und Pullover. Als ich angekleidet war, öffnete ich die Tür und betrat das Wohnzimmer.

Mein Vater, Ali und Said hatten bereits zu Abend gegessen und Ma Djamila räumte den Tisch ab. Alle drei starrten auf den Bildschirm, auf dem Mädchen in hautengen, bonbonfarbenen Trikots Breakdance-Übungen vorführten.

Das sieht ihnen ähnlich, dachte ich bitter. Sie genießen den Anblick halbnackter Europäerinnen. Wenn ich aber draußen meinen Haaransatz zeige, geht die Welt unter!

Ma Djamila nahm die Teller vom Tisch, auf denen Reste von Tomatensoße eingetrocknet waren. Als sie sich aufrichtete, trafen sich unsere Blicke und sie hielt in der Bewegung inne. Die drei anderen wandten den Kopf und starrten zu mir hinüber. Mein Vater erbleichte derart, dass ich mich beinahe fürchtete. Er schien an einem Hustenanfall zu ersticken, als er sich auf den Tisch stützte und das Gesicht zwischen die Hände nahm. Ali zuckte mit keiner Miene. Nur Said grinste von einem Ohr zum anderen.

»Na, kleine Schwester? Bist du aus deinem süßen Schlummer erwacht?«

Ich holte tief Luft. Ich kämpfte gegen die Wut an, die mich in Stücke zu reißen drohte. Irgendwie musste ich aber meine Besinnung bewahren. Leise und rau stieß ich hervor:

»Das werde ich dir nie verzeihen!«

»Das erwarte ich auch gar nicht«, erwiderte Said heiter.

Ich schwankte und stützte mich an der Wand auf. Brechreiz stieg in mir hoch. Am liebsten hätte ich ihm ins Gesicht gespuckt.

»Komm, setz dich«, sagte Ma Djamila gütig. Sie ergriff behutsam meinen Arm und führte mich zu einem Stuhl. Ich merkte kaum, dass ich mich setzte. Meine Wut löste sich auf, hinterließ in meinem Kopf eine furchtbare, hohle Stille. Ich hörte, wie meine Mutter in der Küche mit Töpfen klapperte.

»Du hast uns ganz schön hinters Licht geführt, Schwesterchen!«, sagte Said leichthin. »Statt in der Schule zu sein, gehst du im Bois de Boulogne mit einem Jungen spazieren. Und dazu noch mit einem Chinesen!«

»Er ist kein Chinese«, flüsterte ich rau. »Er ist Vietnamese.«

»Das ist dasselbe. Schlitzaugen haben sie alle. Du freches Luder, du!« Er ballte die Fäuste. Schmerz und Wut verdunkelten seine Augen. »Ich merkte seit langem, dass etwas nicht stimmte. Das Zuspätkommen! Die ewigen Ausflüchte! Mein Vater und Ali wollten es mir nicht glauben. Aber ich sagte zu ihnen: ›Wartet nur, ich erwische die schon!‹«

Ich schluckte krampfhaft. Wieder fühlte ich die eisige Angst, die jede Form menschlicher Gewalt in mir auslöste. Mein Mund wurde trocken, das Herz schlug gegen die Rippen und beim Klicken von Alis Feuerzeug zuckte ich sogar zusammen. Er steckte sich eine Zigarette an.

»Jetzt wollen wir reinen Tisch machen«, sagte er. »Wer ist dieser Bursche? Geht er in deine Klasse?«

Ich schüttelte den Kopf. Ali stieß den Rauch durch die Nase. »Wie heißt er? Wo wohnt er?«

Ich muss dichthalten, dachte ich. Dichthalten um jeden Preis.

»Ich weiß es nicht«, sagte ich.

»Wie? Du weißt nicht, wer dieser Gelbe ist, mit dem du vor aller Welt im Gras liegst und dich betasten lässt?«

»Ich weiß nicht, wo er wohnt!«, schrie ich.

»Hast du mit ihm geschlafen?«

Die Frage stellte mein Vater. Seine Augen waren auf mich gerichtet, kalt, ruhig, beinahe teilnahmslos. Doch ich sah, wie seine Nägel sich in die Stirn vergruben. Nicht nur mein Gesicht, sondern auch mein Zwerchfell glühte, und ich stöhnte: »Nein!«

Er beugte sich ein wenig vor und lehnte sich dann zurück. Kein Sterbender konnte blasser sein. Ich wünschte, ich könnte mich in den Boden verkriechen oder mich in Luft auflösen.

»Deine Mutter wird das feststellen«, sagte er in unverändert kühlem Ton. »Falls du mit ihm nicht geschlafen hast, werden wir es so belassen.«

»Sonst geht es ihm erst richtig an den Kragen!« Said ließ ein böses Glucksen hören. »Er könnte sich in kein Rattenloch verkriechen, ohne dass wir ihn finden und Hackfleisch aus ihm machen.«

»Ich habe nicht mit ihm geschlafen!«, kreischte ich.

»Schweig!« Ali rauchte versonnen. »Angeblich wolltest du studieren. Ich habe nicht studiert, dein Bruder auch nicht.« Er wies mit seinem schlanken Finger auf Said. »Aber das Fräulein hielt sich für etwas Besseres, wollte aus der Reihe tanzen. Nun wissen wir, was du wolltest: einen Kerl im Bett, weiter nichts. Du hast alle moralischen Hemmungen verloren. Das hört aber nun auf.«

Ich starrte auf das kleine rote Glühen seiner Zigarette und bemühte mich ihn nicht zu hassen. Sein Gesicht war ohne jeden Ausdruck wie das eines Fremden. Ich fragte mich, welche Gedanken sich wohl hinter den schmalen, harten Augen verbargen.

Mein Vater wühlte mit den Fingern in seinem Haar und hustete. Ali betrachtete die Tänzerinnen auf dem Bildschirm und schnippte mit den Fingern im Takt. Wie ihre Haare fliegen!, dachte ich. Wie frei sie sich bewegen! Ich möchte springen, lachen, tanzen wie sie. Ich möchte leben.

Alis gleichmäßige Stimme riss mich aus meiner Versunkenheit.

»Du allein trägst die Schuld an deinem unwürdigen Verhalten. Du hast das Vertrauen deiner Familie missbraucht, ihre Ehre in den Dreck gezogen. Zwar leben wir in Frankreich, aber mit den hiesigen Sitten wollen wir nichts zu tun haben. Wir wissen noch, was Recht und Ehre sind. Wie du es bisher getrieben hast, geht es nicht weiter. Ma Djamila fährt übermorgen zurück. Dein Vater hat sich zwei Wochen Urlaub genommen und wird sie begleiten. Du fährst mit und bleibst in Algier, bis wir entscheiden, was mit dir geschieht. Ich habe dich in der Schule bereits abgemeldet. Familienangelegenheiten. Dafür haben sogar die Franzosen Verständnis.«

Ich lehnte mich auf dem Stuhl zurück, als wäre es meine einzige Rettung, nicht zusammenzubrechen. Während einiger Atemzüge saß ich wie versteinert. Dann flammte die Wut in mir auf, brauste in meinem Kopf, schüttelte meinen Körper, bis ich fast wahnsinnig wurde. Ich sprang auf und schrie:

»Nein! Niemals! Ich lass mich nicht nach Algerien verschleppen! Ihr könnt mich nicht zwingen, wenn ich nicht will!«

Ich sah, wie Ma Djamilas Zähne sich in die Unterlippe gruben.

»Aischa«, sagte sie leise. »So darfst du nicht mit deinen Brüdern reden.«

»Aber sie!«, schrie ich. »Sie dürfen. Sie dürfen alles! Mir Rauschgift eingeben. Mich aus der Schule nehmen. Und sogar Leute, die ihnen nicht passen, totschlagen.«

Ein Stöhnen übertönte die Discomusik. Meine Mutter stand an der Tür und rieb sich verzweifelt das Gesicht, in dem die schwarzen Augen zwischen Tränen aufblitzen.

»Bism Illah El Rahman El Rahim!«, jammerte sie. »Das Kind hat den Verstand verloren!«

Ali richtete sich mit leichter, federnder Bewegung auf. Ohne die Zigarette aus der Hand zu geben, trat er einen

Schritt auf mich zu. Ich wich aus. Mit geballter Faust traf er mich am Kiefer. Ich hatte das Gefühl, mein Kopf explodierte, verlor das Gleichgewicht und fiel gegen den Schrank. Gläser klirrten, meine Mutter schrie auf. Ich zog mich tastend hoch. Ali stand vor mir. Seine Augen waren weit aufgerissen und schimmerten glasig. Ich sah die Wut, durch die seine Züge entstellt waren, sah die Ader auf seiner Stirn, pochend wie ein roter Wurm. Ich tastete mich der Wand entlang an ihm vorbei. Mein Nacken erschauerte, mein Atem ging schwer. Rückwärts ging ich auf mein Zimmer zu, während er mir langsam nachrückte, eine Hand immer noch zur Faust geballt. Die Musik hämmerte in meinen Ohren, vermischte sich mit dem schmerzvollen Pochen, dort, wo Alis Hieb mich getroffen hatte. Meine Finger fanden die Klinke, die Tür ging auf. Ich trat in mein Zimmer, schwankte gegen einen Stuhl, der umfiel. Zitternd hob ich ihn auf und stellte ihn wieder hin. Ali erschien auf der Schwelle und ließ mich nicht aus den Augen. Er hob seine Zigarette an die Lippen und nahm einen tiefen Zug. Plötzlich wandte er sich ab und erteilte einen Befehl. Meine Mutter und Ma Djamila schlurften in mein Zimmer. Das Gesicht meiner Mutter war aus Angst entstellt. Die schwarze Schminke, mit der sie ihre Augen betonte, hatte auf ihren nassen Wangen dunkle Spuren hinterlassen. Ma Djamilas Antlitz war ebenso ausdruckslos wie eine Maske aus Ton.

Mit ruhiger Stimme befahl sie: »Zieh dich aus und leg dich aufs Bett!«

20

Der Regen rauschte. Wie lange schon? Ich wusste es nicht, wollte es nicht wissen. Ich schlief ein, wachte auf, schlief wieder ein. Manchmal hörte ich Schritte, Stimmen. Ich schrie: »Lasst mich allein, geht fort!«

Ich drehte mein Gesicht zur Wand und zog das Laken über den Kopf. Ich wollte nichts mehr sehen, nichts mehr fühlen, nichts mehr denken. Stunden vergingen. Wieder hatte ich geschlafen, aber nur leicht, sodass leise Schritte und ein Atemzug genügten, um mich aufzuwecken. Ich öffnete die Augen und sah Ma Djamila an meinem Bett stehen. Sie setzte sich zu mir und nahm meine Hand.

»Es ist bald Mittag. Willst du nicht aufstehen?«

Tränenlos starrte ich sie an. Ich hatte mich vollkommen ausgeweint und meine Augen brannten. »Ma . . . ich will nicht nach Algier!«

Sie drückte meine Hand.

»Beruhige dich, dein Vater und deine Brüder sind nun sehr böse auf dich. Tu, was sie dir sagen. Ihr Zorn wird sich schon legen. In Algier findet eine Hochzeit statt. Die Stimmung wird fröhlich sein.«

Ich fuhr mit der Zunge über meine trockenen Lippen.

»Was haben sie mit mir vor? Wollen sie mich in Algerien verheiraten?«

»Ts, ts!«, machte sie vorwurfsvoll. »Denk jetzt nicht an so etwas. Es wird schon alles gut werden. Hab keine Angst. Ich helfe dir.« Sie lachte plötzlich. Es war ein merkwürdiges Lachen, kalt, trotzig, eigensinnig. »Ein Glück nur, dass du mit dem Jungen nicht geschlafen hast. In Frankreich kenne ich keine Frau, die dir helfen könnte.«

Ich starrte sie verständnislos an.

»Was willst du damit sagen?«

Doch sie schüttelte den Kopf. »Ach, nichts weiter!«, und zog mich an den Handgelenken hoch.

»Kind, wie siehst du nur aus! Nun aber raus aus dem Bett! Wasche und kämme dich. So kannst du nicht nach Algerien fahren!«

Ich stand auf, schleppte mich ins Badezimmer. Im Spiegel sah ich mein bleiches, entstelltes Gesicht. Die Oberlippe war noch angeschwollen und auf der Wange hatte sich ein blauer Fleck gebildet. Ich beugte mich über das Waschbecken und wusch mich mit eiskaltem Wasser. Als ich etwas später in die Küche kam, stellte meine Mutter Fladenbrot und eine Schale heißen Kaffee auf den Tisch. Ihr Blick wich dem meinem aus, sie klagte über Atemnot und Rückenschmerzen. Ich schwieg und ließ sie jammern. Der Kaffee tat mir gut. Ich konnte wieder klar denken. Ich wusste, dass ich von der Schuldirektion keine Hilfe zu erwarten hatte. Ich war über sechzehn, also über dem schulpflichtigen Alter. Wenn mein Vater es für richtig hielt, mich aus der Schule zu nehmen, konnte niemand gesetzlich gegen ihn vorgehen.

Said lag auf dem Sofa, las Comics und hörte Rockmusik. Er grinste mich schadenfroh an und ich wandte die Augen ab. Der Geruch seiner Zigaretten drang in mein Zimmer. Als ich das Bett machte und lüften wollte, stand er plötzlich an der Tür und brüllte mich an. Ich sollte das Fenster sofort schließen und nicht hinter den Scheiben stehen!

Inzwischen zerbrach ich mir den Kopf darüber, wie ich Kim durch Ariane eine Nachricht zukommen lassen konnte. Ma Djamila war meine einzige Hoffnung. Am

Nachmittag wollte sie Besorgungen machen und Geschenke einkaufen. Ali hatte sich für einige Stunden freigenommen, um sie zu begleiten.

Meine Schulmappe und meine Hefte waren nirgends zu finden. Ali hatte sie aus der Schule mitgebracht. Irgendwo waren sie versteckt. Aber ich besaß noch einen Umschlag und auch noch eine Briefmarke. In einer Schublade fand ich einen Bleistiftstummel. Ich riss eine Seite aus einem alten Notizblock und kritzelte schnell einige Worte darauf. »Ariane, ich muss nach Algier, aber ich komme zurück.« Und mit zitternden Händen fügte ich hinzu: »Sage Kim, dass ich ihn mehr als mein eigenes Leben liebe.«

Ich steckte den Zettel in den Umschlag, klebte ihn zu und schob ihn unter meine Bettdecke. Als Ma Djamila mein Zimmer betrat, legte ich rasch den Finger auf die Lippen und deutete ihr mit einer Handbewegung an, die Tür zu verschließen.

»Ma«, flüsterte ich, »würdest du etwas für mich tun?«

Sie betrachtete mich mit ihren kühlen, grünen Augen. »Vielleicht.«

Ich zog den Umschlag unter der Bettdecke hervor und ließ ihn in die Brusttasche ihrer Gandura gleiten.

»Die Marke ist schon darauf«, hauchte ich. »Wirf ihn in einen Briefkasten.«

Sie nickte gelassen und hüllte sich in ihren »Haik«, den großen weißen Schleier.

Kurz danach verließ sie mit Ali die Wohnung. Ich legte mich zu Bett und starrte zur Decke. Ich dachte an Kim, an die wenigen Stunden, die wir zusammen verbracht hatten. Ich sah seinen friedlichen, leuchtenden Blick, streichelte seine weiche Haut, fühlte sein langes, blauschwarzes Haar in mein glühendes Gesicht fallen. Nun verstand ich, was Ma Djamila meinte, als sie sagte: »Jede Frau braucht ihren Traum, wenn sie nicht in ihrer Haut ersticken will.« Aber ich wollte keinen Traum, sondern die Wirklichkeit selbst. »Warte auf mich!«, rief ich Kim im Geiste zu. »Ich bin auf dem Weg zu dir! Es ist ein langer, beschwerlicher Weg, aber es ist zugleich auch der Weg zu mir selbst. Du hast mir Kraft gegeben. Ich bin stark. Hab Vertrauen: Ich schaffe es schon!«

Ma Djamila und Ali kamen gegen sieben, mit Plastiktaschen beladen, zurück. Mein Herz klopfte zum Zerspringen. Ich folgte Ma Djamila in mein Zimmer. Sie nahm ihren Haik ab und blinzelte mir verschmitzt zu.

»Der Brief ist weg.«

Die Röte schoss mir ins Gesicht. Beinahe erstickte ich vor Freude.

»Wie hast du es denn geschafft?«

»Ich sah einen Briefkasten neben einer Apotheke und forderte Ali auf mir ein Hühneraugenpflaster zu besorgen.«

Trotz meiner erbärmlichen Lage musste ich kichern, zum ersten Mal seit drei Tagen. Ma Djamila nickte zufrieden.

»So gefällst du mir besser!«

Das Abendessen wurde aufgetischt. Said hatte sich mit Freunden getroffen und kam erst später. Meine Mutter schmollte. Sie wollte auch nach Algerien und an der Hochzeit teilnehmen. Aber jemand musste bei den Söhnen bleiben. Die Armen sind nicht fähig für sich selbst zu kochen oder sich um ihre Wäsche zu kümmern, dachte ich höhnisch. Wer weiß, vielleicht sollen sie auch meine Mutter bewachen, die möglicherweise mit dem Briefträger durchbrennen könnte.

Ali behandelte mich, als sei ich Luft, und mein Vater sprach auch kein Wort mit mir. Immerhin wirkte sein Gesicht ruhig und er hustete selten. Offenbar freute er sich auf die Reise, denn er war seit zehn Jahren nicht mehr in seinem Land gewesen.

Beide Männer ließen sich von mir bedienen und aßen, den Blick auf den Bildschirm gerichtet. Nach dem Essen brachte ich mit gesenktem Blick ein kupfernes Tablett, auf dem die Teekanne und die Gläser standen. Ich wollte den Minzentee einschenken, aber Ali schickte mich mit schroffer Handbewegung weg. Ich ging in die Küche, während der Schlüssel in der Wohnungstür gedreht wurde und Said in den Flur trat. Unsere Blicke trafen sich. Ein böses Lächeln umspielte seine Lippen.

»Stell dir vor, Schwesterchen. Dein Chinese war hier!«

Es durchfuhr mich siedend heiß. Mein erster Gedanke war: Der Himmel sei gepriesen, er ist weniger verletzt, als ich dachte! Mir war, als schwankte der Boden unter den Füßen. Meine Knie wurden weich und ich fiel schlaff gegen die Wand. Kim, dachte ich, wenn du wahnsinnig bist, bin ich es auch!

In diesem unerträglichen Augenblick, für den ich keine Worte fand, erfuhr ich, dass unsere Liebe kein Traum, sondern Wirklichkeit war und dass ich wie Kim dafür kämpfen würde.

Said streifte seine Schuhe ab und lachte. Er genoss es offensichtlich, mich auf die Folter zu spannen.

»Er stieg aus dem Bus und sah sich die Häuser an.«

Wieder eine Pause. Er zog seine Jacke aus und warf sie

mir zu. Ich fing sie unwillkürlich auf. Ich musste kreideweiß sein, denn Ma Djamila trat mit besorgtem Blick hinzu.

»Nun lass sie doch endlich in Ruhe«, sagte sie gereizt zu Said. »Sonst klappt sie zusammen und kann morgen nicht abreisen.«

Said kicherte.

»Du willst natürlich wissen, wie es weiterging? Nun, Hamid und seine Freunde haben ihm den Weg versperrt.«

Es schnürte mir die Kehle zusammen. Ich konnte aus Angst kaum atmen.

Er streckte die Hand aus. Drohung? Liebkosung? Seine Finger berührten mein Haar. Regungslos und hasserfüllt sah ich ihm in die Augen. Er zog seine Hand zurück und fuhr über die Lippen. Eine Speichelspur glänzte an seinem Kinn.

»Sie waren zehn oder elf Mann, sie hätten ihn leicht fertig machen können. Aber es war Berufsverkehr. Zu viele Leute waren unterwegs. Da haben sie ihn in Ruhe gelassen. Sie haben ihm nur gesagt, er sollte verschwinden. Wenn er sich noch einmal blicken ließe . . .«

Seine Züge verzerrten sich, die Augen glühten schwarz und glitzernd auf. Mit langsamer, wohl überlegter Bewegung fuhr er sich mit der flachen Hand über die Kehle.

»Krrchch!«, zischte er. »Ein Messerstich und es ist aus!«

Ich holte tief Atem, sah ihm voll ins Gesicht.

»Und wie viel zahlst du deinen Freunden dafür«, fragte ich, jedes Wort betonend, »damit sie die Ehre der islamischen Jungfrau bewachen?«

Er starrte mich an, als sähe er mich zum ersten Male. Seine ausdrucksvollen Lippen zuckten in echtem Schmerz. Dann aber verschwand dieser Ausdruck aus seinem Gesicht. Seine Zähne blitzten jäh auf. Er stieß einen Laut aus, es klang wie ein Aufstöhnen – und hob die Faust. Doch diesmal war ich schneller. Ich warf ihm seine Jacke an den Kopf und schlüpfte an ihm vorbei ins Badezimmer. Wie der Blitz knallte ich die Tür hinter mir zu und drehte den Schlüssel.

Said hämmerte an die Tür.

»Aufmachen, du Luder! Warte nur! Ich erwische dich schon!«

Ich rührte mich nicht. Der Schweiß lief mir in Bächen den Rücken hinunter. Ich hörte, wie Ma Djamila verärgert auf Said einredete. In der Küche klapperten Teller. Gleich bekommt er zu essen, dachte ich. Das beruhigt ihn. Ich setzte mich auf den Klodeckel, verschränkte die Arme und wiegte mich vor- und rückwärts, wie es die Algerierinnen im Schmerz taten. Er würde mich schlagen, sobald ich aus dem Badezimmer herauskam, aber das war mir inzwischen gleichgültig. In mir war etwas erwacht, eine Kraft, eine Beharrlichkeit. Ich meinte Kims Stimme zu hören: »Jeder Mensch ist zugleich männlich und weiblich. Auch du. Auch ich. Und sogar deine Brüder, ob sie es wollen oder nicht.«

Ich lachte leise vor mich hin, meine Zähne klapperten, in mir aber fühlte ich ein ungeheures Glühen. Als kleines Mädchen hatte ich gelernt, dass ich nur geliebt werden konnte, wenn ich brav und fügsam war, und so richtete ich meine Auflehnung nach innen, wandelte sie in Schuldgefühle um. Das war jetzt vorbei. Ich wollte die Kraft in mir nutzen, wollte nicht wie Ma Djamila werden und mich von einer Illusion treiben lassen. Ich wusste noch nicht, wie ich es anstellen sollte, aber ich war bereit den uralten Zwang des Gehorsams, der demütigenden Selbstquälerei zu bekämpfen. Kim hatte mein Selbstbewusstsein geweckt und mir den Schlüssel zur Befreiung geschenkt. Was immer auch kommen mochte, ich würde ihn nie aus der Hand geben.

21

Das Flugzeug startete um zwölf Uhr dreißig. Meine Großmutter schleppte ihren alten Koffer, mein Vater eine Anzahl Plastiktüten. Ich hatte nur eine Tasche bei mir, die das Notwendigste enthielt. Der Abschied fiel meiner Mutter schwer: Sie schluchzte und wimmerte, löste sich fast in Tränen auf. Die schwarze Schminke lief über ihre Wangen. Ali klimperte nervös mit dem Autoschlüssel. Wir zwängten uns in seinen grünen 2 CV. Auf der Fahrt blickte ich stumpfsinnig durch die verregneten Scheiben. Der übliche Verkehr verstopfte die Straßen. Welke, gelbe Blätter hingen an den Bäumen. Von einem Tag zum anderen war es Herbst geworden.

In Orly blies der Wind über den Flugplatz und pfiff um die Ecken. Durch den Regen hatten sich auf dem Asphalt große Pfützen gebildet und ich fror. Die Air Algérie hatte sich wieder einmal verspätet. Wir warteten in der Abflughalle. Ich starrte gleichgültig vor mich hin, sah und hörte nichts, während mein Vater stirnrunzelnd die Flugscheine studierte. Ich verfügte über keinen Pass, war aber in dem meines Vaters eingetragen.

Endlich wurde der Abflug der DC 9 nach Algier angekündigt. Jedermann erhob sich. Ma Djamila zog ihren Haik über das Gesicht und nahm ihre Handtasche. Eine Gruppe Algerier wartete vor dem Ausgang. Nur wenige Ausländer flogen mit der Maschine. Fast alle Frauen trugen den Haik oder das lange islamische Kleid mit dem »Hijab«. Einige gaben sich modern und rauchten, sodass die Männer sie mit dunklen Blicken streiften. Die Hostess öffnete die Ausgangspforte und ein Bus brachte uns zur Maschine. Es stank nach Treibstoff und der Wind blies heftig. Die Passagiere stolperten die schmale Treppe hinauf, der Haik meiner Großmutter flatterte im Wind. Wir drängten uns in das Flugzeug und fanden drei Sitze. Ma Djamila wollte, dass ich am Fenster saß. Es war das erste Mal, dass ich flog, und die Aufregung zog mir die Kehle zu. Zugleich aber fühlte ich mich seltsam gelöst, fast teilnahmslos, als ob mich das Ganze nichts anging. Die Maschine flog mit einer Stunde Verspätung ab. Langsam rollte das Flugzeug über die Bahn und machte dann schwerfällig eine Wendung. Das Brummen der Düsen steigerte sich zu einem schrillen Pfeifton, als das Flugzeug zu rasen anfing. Meine Hände wurden feucht. Ein dumpfer Stoß: Die DC 9 hob sich mit gewaltigem Ruck vom Boden ab. Wasserfälle brausten in meinen Ohren, mein Magen kribbelte. Mein Vater war so bleich, dass er fast grün wirkte. Ma Djamila saß ganz ruhig, mit halb geschlossenen Augen da. Das Flugzeug stieg immer höher. Aus dem grauen Wolkenmeer wurde eine Masse von milchigem Weiß. Die Leuchtschrift »No smoking« erlosch. Das Flugzeug durchflog die letzten Wolkenfelder und schwebte plötzlich im strahlenden, türkisblauen Himmel. Jetzt wurde es meinem Vater erst richtig schlecht und die Hostess musste ihn zur Toilette begleiten. Ma Djamila wiegte leicht verschlafen den Kopf. Als wir die Mittelmeerküste erreichten, wurde uns ein Imbiss serviert. Ein halbes Brathähnchen, Gemüse, Pommes frites und eine Orange. Mein Vater verzog die kalkweißen Lippen und wies das Essen zurück. Ma Djamila verzehrte ihre Portion mit gutem Appetit, stützte ihren Kopf an die Rückenlehne und nickte ein. Ich blickte aus dem Fenster. Das Meer, wie Kobalt leuchtend, schien sich am Horizont mit dem Himmel zu vereinen. Mir war, als flöge ich durch Raum und Zeit dem dunklen, geheimnisvollen Blau entgegen, wo der Keim des Lebens seinen Ursprung nahm. Das Dröhnen der Düsen ging in ein Rauschen, dann in ein gleichmäßiges, beruhigendes Summen über. Ich musste wohl eingeschlafen sein, denn ich hörte Ma Djamilas Stimme mich aus weiter Ferne rufen. Ich öffnete die Augen und blinzelte sie benommen an. Sie berührte meinen Arm und zeigte auf etwas im Fenster. Ich sah einen schmalen, roten Streifen am Horizont.

»Afrika!«, rief Ma Djamila. »Wir sind gleich da.«

Als wir auf dem algerischen Flughafen »Dar El Beida« landeten, schien die Sonne noch heiß. Die Fluggäste lösten ihre Gurte, nahmen ihr Gepäck und drängten zum Ausgang. Ich kniff geblendet die Augen zu. Der warme Wind ließ die Fahnen flattern und zerrte an den Kleidern. In der überfüllten Ankunftshalle hing ein Geruch nach kalter Asche und Schweiß in der Luft. Familien hatten sich auf Bänken niedergelassen. Beamte in dunkelblauer Uniform musterten die Passagiere, teilten Formulare aus, die in vierfacher Ausführung beantwortet und gestempelt werden mussten. Mein Vater hatte Mühe, das Gedruckte zu entziffern, und da ich mich in der arabischen Schrift nicht auskannte, konnte ich ihm auch nicht helfen. Viel Zeit verging, bis wir alles hinter uns hatten. Eine Menge Gepäckträger mit Wollmützen und Nummerntäfelchen auf der Brust warteten aufgeregt gestikulierend, während die Zöllner gewissenhaft einen Koffer nach dem anderen durchwühlten.

Endlich passierten wir die Zollschranke. Ein überschlanker junger Mann trat auf uns zu. Es war mein Vetter Achmed, der älteste Sohn von Großvaters Nebenfrau Fatima. Er hatte es weit gebracht, da er Postbeamter war. Achmed hatte lange Arme und Beine und ein kantiges Gesicht, das mich an Ali erinnerte, aber er hatte mit seinem warmen, scheuen Lächeln einen kindlichen Ausdruck bewahrt. Er trug einen schlecht gebügelten Anzug und ein Hemd mit altmodischem spitzem Kragen. Er umarmte Ma Djamila und meinen Vater. Mich küsste er auf die Stirn. Mir fiel sofort sein schönes klangvolles Arabisch auf. Seine Sprache war nicht wie die Alis und Saids mit französischen Slangworten vermischt und seine Höflichkeit kam aus dem Herzen. Er führte uns zu einem altersschwachen, staubigen Citroën, öffnete den Kofferraum und zwängte sorgfältig unser Gepäck hinein. Mein Vater setzte sich neben ihn, während Ma Djamila und ich hinten Platz nahmen. Die breite Straße, die vom Flughafen zur Stadt führte, war mit hohen windzerzausten Eukalyptusbäumen gesäumt. Hinter Windschutzhecken aus Schilf, Feigenkakteen oder Tamarisken erstreckten sich weitläufige Orangenplantagen. Stinkende Lastwagen, zerfallende Busse und hektisch knatternde Motorräder lieferten sich ein hupendes Wettrennen. Algier ist eine Hafen- und Industriestadt, aber die zahlreichen Fabriken und Lagerhäuser machten einen verwahrlosten Eindruck. Ärmlich gekleidete Männer lungerten vor den Toren herum oder hockten apathisch am Boden. Hässliche Betonsiedlungen waren planlos über das Land verstreut. Vor jedem Fenster flatterte Wäsche. Mir fielen die zahlreichen Wellblechsiedlungen auf. Die Hütten waren aus flachem Blech, Holzlatten und Pappe. Einige zerrissene Zelte waren ebenfalls zu sehen. Achmed erklärte uns, dass in Algerien wie in den meisten afrikanischen Ländern die Landflucht die Behörden vor fast unlösbare Probleme stellte. Kinder in zerfetzten Kleidern spielten im Staub, weiß verschleierte Frauen holten Wasser in Blechkanistern. Ich wunderte mich über die eigentümliche rötliche Färbung der afrikanischen Erde.

Plötzlich senkte sich die Straße, man sah das Meer, das bis zum Horizont lila und rosa schien. Dann wurde der Hafen sichtbar, mit seinen verrosteten Kranen, den baufälligen Lagerhäusern, den großen Schiffen, den alten Fischerbooten, dem schaukelnden Wald von Masten und den Schwärmen der Möwen in der Luft. Am Fuß des Berghanges El Biar waren die weißen Hochhäuser nach allen Seiten ausgebreitet. Mein Vater meinte erstaunt, er erkenne die Stadt nicht wieder. Überall erhoben sich die schlanken, hohen Minarette der neuen Moscheen. Der Citroën drängte sich hupend in das Chaos der verstopften Straßen. Ich sah Plätze mit schattigen Bäumen, Arkaden, Mosaikbrunnen, Schaufenster mit Hemden, Schuhen und Herrenbekleidung, unzählige Friseurgeschäfte und Bars mit greller Neonbeleuchtung. Auf den ersten Blick schien

Algier nur von Halbwüchsigen bewohnt. Jugendliche schlenderten auf und ab, bevölkerten die Cafés, standen an den Theken der Bars. Ihre Haut war kaffeebraun oder elfenbeinfarben, das üppige schwarze Haar nach Rockerart eingekremt oder stand im Afrolook zu Berge. Sie trugen Jeans, Lederjacken oder Anoraks wie auch in Frankreich. Mädchen jedoch sah man kaum, und wenn, in Gruppen. Einige waren europäisch gekleidet, mit offenem Haar, aber sie waren eine Ausnahme. Die meisten trugen zu ihren Jeans das bis über die Stirn gezogene Kopftuch und viele andere das langärmelige islamische Kleid. Auffallend war die Zahl der verschleierten Frauen. Über dem Spitzentuch, das Mund und Nase bedeckte, blieben nur die schwarz geschminkten, glänzenden Augen sichtbar. Viele ältere Leute trugen den Burnus, jenes Kleidungsstück, das auch dem bescheidensten Mann eine königliche Würde verleiht.

Das Haus meines Großvaters befand sich bei der großen Moschee, unweit der »Kasbah«, dem alten renovierten Hafenviertel. Die eng verschachtelten Häuser wirkten verkommen, aber auf sämtlichen Dächern erhoben sich Fernsehantennen. Als Achmed den Wagen hielt und wir ausstiegen, überfiel mich der fremdartige Geruch nach Wind, Tang, Mülleimer und gebratenem Fisch. Das Haus selbst wirkte schon alt, denn der Mörtel bröckelte überall ab, die Rollladen hingen schief und an einem Fenster hing ein geblümter Morgenrock an einem Drahtbügel. An der Tür war die Nummer mit Kreide angeschrieben. Man schellte nicht, sondern schlug mit einem bronzenen Türklopfer in Form einer Frauenhand dagegen. Dieser Talisman, den wir »Fatma-Hand« nannten, war nach Fatima benannt, der Tochter des Propheten. Sie sollte in jedem Haus Schutz, Reichtum und Glück gewähren.

Ein hübscher Halbwüchsiger öffnete und umarmte uns herzlich. Rahim war Achmeds jüngerer Bruder und ging noch zur Schule. Mit seinen breiten Schultern, den schmalen Hüften bewegte er sich anmutig-geschmeidig. Mein Vater betrachtete ihn mit Erstaunen und fuhr ihm lachend durch das dichte Kraushaar. Er hatte ihn das letzte Mal, als er noch ein kleiner Junge war, gesehen. Mein Vater schien glücklich, gelöst, anders als in Paris, und er hielt den Rücken gerade. Wahrhaftig, dachte ich, er weiß, dass er hierher gehört. Hier ist seine Heimat, in diesem Haus wohnt seine Familie, auf dieser Straße hat er als Kind gespielt. Unwillkürlich spürte ich, wie die harte Schale zerbröckelte, mit der ich mich umgab. Ich gönnte ihm diese Freude und trug ihm nichts nach. Wie sollte er mich verstehen? Wir gehörten zwei verschiedenen Generationen an, bewegten uns in unterschiedlichen Welten. Ali und Said jedoch ... Ich biss mir auf die Lippen. Nein! Ich wollte nur nicht an sie denken.

Rahim holte das Gepäck aus dem Wagen. Ein dickliches Mädchen, in einer bunten Gandura gekleidet, brachte die Sachen ins Haus. Sie wurde uns als Khadidja, das Dienstmädchen, vorgestellt. Wir gingen durch einen kleinen Innenhof, der mit eintönigen Fliesen ausgelegt war. Bunte Keramiksteine schmückten die Wände. Orangenbäumchen standen in kupfernen Töpfen und in einem Käfig zwitscherten zwei Kanarienvögel.

Das Wohnzimmer war mit modernen Polstermöbeln ausgestattet. Ein Wachstuch bedeckte den Tisch. Auf einer mit einer Spitzendecke bedeckten Kommode stand das Fernsehgerät. Zwei Vasen mit Wachsblumen dienten als Schmuck. Man hörte Stimmen und Geräusche aus den Nachbarhäusern, irgendwo klapperte Geschirr und ein Radio lief in voller Lautstärke.

Ein Mädchen trat zögernd aus einer Tür. Sie trug einen bunten Rock, einen lila Strickpullover und zwei Kopftücher unterschiedlicher Farbe – ein rotes und ein grünes –, die kunstvoll um ihre Locken geschlungen waren. Sie hatte ein herzförmiges Gesicht und Mandelaugen. Ihre schöne, samtige Haut erinnerte mich an die Farbe reifer Aprikosen. Zora näherte sich schüchtern, um uns zu begrüßen. Mein Vater berührte mit den Lippen das errötende Mädchengesicht und küsste ihre Augenlider. Als ich sie anlächelte, senkte sie die langen Wimpern, biss sich verlegen auf die Lippen und wirkte plötzlich wie eine Zwölfjährige.

Schlürfende Schritte wurden laut und »Khalti« Fatima betrat den Raum. Von hoher Gestalt bewegte sie sich schwerfällig und gemessen. Unter ihrer violetten Gandura trug sie fleischfarbene Strümpfe. Als sie sich bückte, um Ma Djamila eine Plastiktüte abzunehmen, sah ich ihre dicken Krampfadern. Das Alter hatte in ihren Zügen nur geringe Spuren eingezeichnet, ihr Gesicht war fast faltenlos, aber mir fiel auf, wie blass sie war. Es war die Blässe eingesperrter Frauen, die das Sonnenlicht nicht kannten. Sie hatte etwas Aufgedunsenes, Erloschenes an sich. Doch als Ma Djamila ihr das bunte Kopftuch zeigte, dass sie ihr aus Paris mitgebracht hatte, brach sie in lautes, entzücktes Gelächter aus, klatschte wie ein übermütiges Kind in die Hände. Mir flößte sie Angst ein. Ihr Lebensraum, auf ihre vier Wände beschränkt, prägte ihre Gesinnung. Ihr von äußeren Einflüssen isoliertes Bewusstsein hatte sich nicht weiterentwickelt: Sie würde ihr Leben lang die Mentalität einer Halbwüchsigen behalten ...

Meine Augen wanderten zu Zora hinüber. Sie lächelte mich scheu an. Wahrscheinlich bewunderte sie mein Kleid, meine gesteppte Windjacke. Sie führte mich in einen winzigen, einfachen, aber sehr sauberen Raum mit weiß getünchten Wänden. Es war aber nur ein Waschbecken und ein Klo vorhanden. Zora erklärte mir, dass sich ein »Hammam«, das öffentliche Bad, in derselben Straße befand.

»Das ist doch praktisch, nicht wahr?«, meinte sie strahlend.

Inzwischen hatte Fatima mit Hilfe des Dienstmädchens das Essen aufgetischt. Der Kuskus, mit Hammelfleisch und Rosinen zubereitet, schmeckte ganz anders als bei uns! Es mochte an den Gewürzen und dem zarten, frischen Gemüse liegen. Und die Datteln! Fruchtig, fleischig und süß wie Honig. Sie schmolzen auf der Zunge. Nach der Mahlzeit bereitete Achmed, als ältester Sohn, den Minzentee. Khadidja brachte ein mit glühender Kohle gefülltes Becken, eine Dose Tee und einen Wasserkessel aus Email. Dann schleppte sie ein großes, wunderschön ziseliertes Kupfertablett herbei, auf dem Gläser standen, die mit einem sauberen Geschirrtuch bedeckt waren.

Achmed mischte die Teeblätter und zerklopfte den Stockzucker mit einem Kupferhämmerchen in kleine Stücke. Als das Wasser dampfte, hob er den Kessel zur Brust und ließ den grünen Minzentee in die Gläser sprudeln. Vorsichtig führte ich das Glas an meine Lippen. Der Tee war schaumig und wunderbar süß. Während die Erwachsenen über das Leben in Frankreich sprachen, streichelte Zora mein Haar, meine Hände, als ob ich etwas Erstaunliches und Besonderes wäre. Sie besah sich den winzigen Rubinring, den mein Vater mir eines Tages geschenkt hatte, und murmelte »Chaba, chaba!« (Schön, schön!).

Achmed warf mir einen schelmischen Blick zu.

»Sag mal, Aischa, was hast du denn alles in Frankreich gelernt? Kannst du eigentlich Kuskus rollen?«

»Nicht sehr gut«, antwortete mein Vater an meiner Stelle. »Sie ging bis vor kurzem zur Schule.«

Ich verspürte einen Stich im Herzen. Was sollte dies bedeuten »vor kurzem«? Ich ging doch immer noch zur Schule! Achmed entblößte lachend seine weißen Zähne.

»Zora wird dir zeigen, wie man das macht. Falls du Kuskus rollen kannst, weißt du genug und findest sofort einen Mann!«

Ich senkte errötend die Augen. Das eben noch so heitere Gesicht meines Vaters nahm einen sturen, verschlossenen Ausdruck an. Ich wusste, was er dachte und was die anderen denken würden, wenn sie die Wahrheit über mich erfuhren. Eine Algerierin, die nicht nach der Tradition lebt, war eine Hure oder eine Verrückte. Ich holte tief Atem. Ich war erleichtert, als sie von etwas anderem sprachen und mich in Ruhe ließen. Alle – außer meinem Vater und Ma Djamila – sahen meine Verlegenheit als Ausdruck einer normalen, wünschenswerten Schüchternheit an. Erneut verspürte ich in mir diese bohrende Unruhe. Weshalb war ich hier? Um verheiratet zu werden? War es denkbar, dass ich nicht mehr zur Schule gehen durfte? Vielleicht nie mehr in Frankreich lebte? Dass ich Kim niemals wieder sehen sollte?

Aber nein, das konnte nicht möglich sein! Lieber sterben, dachte ich und schob diesen Gedanken weit von mir. Ich wollte den Verstand nicht verlieren.

22

Ich sollte in Zoras Zimmer schlafen. Sie führte mich über eine enge, dunkle Treppe hinauf in einen kleinen Raum. Dieser wurde von einer Glühbirne erleuchtet, die an der Decke an einem Faden hing. Durch das Fenster blickte man auf einen dunklen Hinterhof, aus dem Gestank nach Kloake und Fäulnis drang. Die Nachbarn warfen den Müll aus den Fenstern. Hinter den Mauern erschallten Stimmen, Gelächter, Geschirrklappern und Musik. In einem Fenster flimmerte blaues Fernsehlicht. Weit über meinem Kopf sah ich ein viereckiges Stück schwarzen Himmels, an dem unzählige Sterne funkelten. Nie war mir, auch nicht von unserem Hochhaus aus, der Himmel so fern erschienen.

Ein lautes Scheppern im Hof ließ mich zusammenfahren, Zora lachte. »Keine Angst! Das ist nur eine Ratte!«

In Zoras Zimmer standen außer einem Schrank eine Kommode mit Nippsachen und ein Eisenbett, auf dem eine dünne, gestreifte Decke lag.

»Es hatte keinen Sinn, ein zweites Bett für dich anzuschaffen«, meinte Zora. »Ich heirate in zehn Tagen und ziehe in den ›Raima‹ (Haushalt) meiner Schwiegermutter.«

Sie öffnete den Schrank und zeigte mir mit Stolz zwei

Kleider aus Kunstseide, die auf Drahtbügeln hingen. Das eine war grün, mit Pailletten bestickt, das andere schillerte gelb-rot. Mit den üppigen Volants, der breiten Schärpe um die Taille, erinnerte es eher an einen Lampenschirm.

»Sind sie nicht schön?«, strahlte Zora. »Ich führe sie am Hochzeitstag vor. Die Schneiderin hat noch zwei andere in Arbeit. Die Familie meines Verlobten zahlt alles. Die Gäste sollen sehen, was für ein wohlhabender Mann er ist.«

Zoras Verlobter hieß Assad, arbeitete in der Hauptpost und war Achmeds Vorgesetzter. Er stammte aus einer gut situierten Beamtenfamilie und war eine glänzende Partie.

Wir zogen uns aus. Zora hatte noch mehr an als ich, und das bei diesem warmen Klima: Einen zweiten Unterrock, eine Pluderhose und einen Büstenhalter mit Stäbchen. Ihr hübscher, etwas schwerer Busen war mit breiten roten Striemen versehen.

»Du solltest dich nicht so einschnüren«, sagte ich. »Das ist ungesund!«

Sie kicherte verlegen. Ihre Wimpern wölbten sich außergewöhnlich stark, sobald sie die Lider senkte. Sie streifte ein kindliches Nylonnachthemd über ihren Kopf und löste ihre Locken, auf denen ein weicher, rötlicher Schimmer lag.

»Bist du auch schon verlobt?«, fragte sie.

Ich wandte das Gesicht ab.

»Nein.

Sie betrachtete entzückt meine Unterwäsche.

»Kommt dieser Unterrock aus Paris? Und dieses Nachthemd. Sind sie schön!«

»Es ist ein ganz normales Nachthemd«, erwiderte ich.

»Bei uns findet man keine schöne Unterwäsche«, sagte Zora. »Sie wird importiert und ist sehr teuer. Ist das Nylon?«

Ich schüttelte den Kopf.

»Ich mag keine Nylonsachen. Sie kleben auf der Haut.«

»Ich aber finde Nylon am schönsten«, sagte Zora. Sie legte sich ins Bett und rückte an die Wand, damit ich neben ihr Platz hatte. Die Federn quietschten und sie gluckste.

»Ein bisschen eng, nicht wahr? Ich hoffe, dass du schlafen kannst!«

»Ich glaube schon.« Das Fenster war nur mit einem geblümten Plastikvorhang versehen. Das Sternenlicht schien ins Zimmer und man hörte jedes Geräusch. Ich schloss müde die Augen.

»Das Haus meiner Schwiegermutter ist viel größer und schöner als unseres«, sagte Zora. »Es hat eine moderne Küche und ein Badezimmer mit einer großen Wanne. Ich freue mich schon dort zu wohnen!«

Ich nickte gähnend. Nach einer Weile hörte ich, wie sie seufzte.

»Eigentlich . . . wäre ich gerne noch zur Schule gegangen. Aber Achmed sagte, dass es sich für ein Mädchen nicht lohnte.« Sie gab wieder ein Kichern von sich.

»Er hat sicherlich Recht, findest du nicht auch?«

Ich zuckte wortlos mit den Schultern. Sie merkte, dass ich nicht mehr reden wollte, und schwieg ebenfalls. Ich starrte auf die gegenüberliegende Wand. Es war derart hell, dass ich jeden Riss in der Tapete bemerkte. Zoras warmer Atem strich über meinen Rücken. Da ihr rechter Arm unter meiner Schulter lag, zog sie ihn behutsam zurück. Ganz plötzlich fielen mir die Augen zu. Ich schlief erschöpft ein. Mitten in der Nacht riss mich ein lang anhaltender Gesang, durch Lautsprecher verstärkt, aus dem Schlaf. Der Muezzin rief zum Gebet! Und während ich lauschte, wurde mir schlagartig bewusst, wo ich mich eigentlich befand. Ich war in Afrika, in einer anderen Welt gefangen, einer Welt, zu der ich zwar gehörte, für die ich aber nur noch Ablehnung empfand. Tausende von Kilometern trennten mich von Kim. Was sollte nur aus uns werden? Heiße Tränen liefen mir über die Wangen. Ich weinte still vor mich hin, um Zora nicht zu wecken, die warm und schwer neben mir lag. Die Stimme schallte wie von Schwingen getragen über die verschlafene Stadt. Ich hielt mir die Ohren zu, flüsterte Kims Namen wie eine Beschwörungsformel. Meine Seele war in Stücke zerrissen. Gefühlsmäßig war ich mit meiner Kultur durch Klänge und Wärme der Kindheit, durch tiefe, bleibende Erinnerungen verbunden. Jedoch weigerte ich mich in die »Schranken verwiesen« zu werden, lehnte mich gegen Zwangsvorstellungen und Vorurteile auf, die wie Fangarme eines Polypen um mich griffen.

Dann schwieg der Muezzin. Stille breitete sich über die Stadt aus. Ich lag aber wach und träumte mit offenen Augen. Eine Stunde später knatterten die ersten Lastwagen und Motorräder. Der Tag brach an.

Zora erwachte, als die Morgensonne durch das Plastiktuch leuchtete. Sie lächelte mir zu, streckte ihre runden weißen Arme mit dem dunklen Flaum in den Achselhöhlen.

»Gut geschlafen?«

Ich erwiderte ihr Lächeln. »Es geht!«

Wir wuschen uns über dem Waschbecken und zogen uns an. Dann begaben wir uns ins Wohnzimmer. Khadidja hatte schon das Frühstück bereitgestellt. Es roch nach Kaffee und warmem Fladenbrot. Ein neuer Tag begann . . .

Die ersten Tage in Algier! Obwohl wir meistens zu Hause blieben, verging die Zeit schnell. Die Hochzeitsvorbereitungen waren in vollem Gang und es gab viel zu tun. Zora verbrachte Stunden damit, ihre Bettwäsche zu besticken, denn eine schöne Stickerei galt als »Visitenkarte« für die Braut. Ich sah ihr zu, wie sie mit großer Geschwindigkeit die feinen, rosa Stiche aneinander reihte. Sie lachte schallend, als sie bemerkte, dass ich mit einer Nadel kaum etwas anfangen konnte, und »Kahlti« Fatimas Lippen wiesen einen missbilligenden Ausdruck auf.

»Was hat man dir in Frankreich denn beigebracht?«

Manchmal gingen wir mit Ma Djamila und meiner Tante in die Stadt, um Einkäufe zu erledigen. Rahim, der jüngste Sohn, begleitete uns: Traditionsbewusste Algerierinnen verließen das Haus nie ohne ein männliches Familienmitglied, und wenn es auch nur ein Kind war. Die lieben Kleinen erkannten schnell, wie unentbehrlich sie waren. Ich sah Zwölfjährige, die ihren siebzehn- oder achtzehnjährigen Schwestern Befehle erteilten. Dabei gab es in Algerien auch Frauen, die so genannte Männerberufe ausübten: Sie waren Ärztinnen, Rechtsanwältinnen, Ingenieurinnen, Beamtinnen. Sie kamen meist aus gebildeten, wohlhabenden Familien, bildeten aber immer noch eine Minderheit und ihr Einfluss war gering.

Algier gegenüber hatte ich gemischte Gefühle: Es war eine Stadt, in der ich mich zugleich heimisch wie auch fremd fühlte. Die Luft war feucht, salzig, da der Wind meist vom Meer herwehte. Morgens wurde Wasser auf die Straßen gegossen. Papierfetzen, Zigarettenstummel, Erdnussschalen trieben auf die vergitterten Abflüsse zu. Die Rollladen der Schaufenster wurden rasselnd hochgezogen, in den Platanen der Boulevards lärmten Vogelschwärme. Von früh bis spät beherrschten die Halbwüchsigen das Straßenbild und nur Männer drängten sich in den unzähligen Cafés. Die Abwesenheit der Frauen beraubte die Atmosphäre eines wesentlichen Elements. Es fehlte etwas: das Lächeln der Frauen, ihre Anmut. Die »Hashuma«, die »Verschämtheit«, beschwerte ihre Schritte, hemmte ihre Blicke, die seltsam starr und leer wirkten, sobald sie das Haus verließen. Die Unsicherheit der weiblichen Bevölkerung ließ das gockelhafte, aggressive Gebaren der Männer noch deutlicher hervortreten. Doch in dieser nach außen hin keuschen, sinnesfeindlichen Gesellschaft, die jede Frau als Bedrohung und ständige Versuchung betrachtet, keimte bereits der Zerfall als schleichende, unheilbare Krankheit . . .

Ich war erstaunt, wie wenig Zora über ihren Verlobten wusste. Mit sechsundzwanzig hatte er beschlossen zu heiraten und seine Mutter Malika auf »Brautschau« auszusenden. Ein gut erzogenes, hübsches Mädchen sollte es sein, das nicht zu gebildet war. Malika war im »Hammam« den Heiratsvermittlerinnen begegnet, die alles über die Mädchen im Stadtviertel wussten. Zu welcher Schule sie gegangen waren, was für Neigungen sie hatten, ob die Familie wohlhabend war oder nicht und welchen Brautpreis diese Familie forderte. Denn die Summe, die der Mann für seine zukünftige Frau bot, sollte die Familie für all die Jahre, in denen sie das junge Mädchen mühevoll zur Hausfrau ausgebildet hatte, entschädigen.

Die Heiratsvermittlerinnen sahen sich die Mädchen, wenn sie in das »Hammam« kamen, mit Argusaugen an. Sie wussten, ob sie einen makellosen Körper hatten, der nicht von einer Erbkrankheit befallen war, ob die Väter wünschten, dass sie sich verhüllten, ob sich die Familie einen fortschrittlich gesinnten Schwiegersohn herbeisehnte.

Zora erschien ihnen anmutig und hübsch. Ihr breites Becken ließ darauf schließen, dass sie mühelos Kinder auf die Welt bringen konnte.

Mich musterte Zora eher geringschätzig.

»Du hast viel zu schmale Hüften und ebenso dünne Beine wie ein Junge! Du wirst Mühe haben, einen Mann zu finden.«

»Er heiratet mich doch nicht meiner Hüften oder Beine wegen«, gab ich verärgert zur Antwort.

Zora kicherte viel sagend.

»Warte nur ab! Du wirst schon sehen!«

Sie machte Anspielungen, redete mit wissender Miene über Dinge, von denen sie noch weniger Ahnung hatte als ich. Einmal fragte ich sie, ob sie Assad liebte. Ihre Antwort war erstaunlich freimütig.

»Ich weiß doch nicht, wie er ist! Ich kenne ihn kaum. Aber er hat schöne, lange Wimpern. Das ist bei einem Mann selten, findest du nicht auch?«

Ich traute meinen Ohren nicht.

»Deswegen heiratest du ihn? Weil er so lange Wimpern hat?«

Sie fing an zu lachen.

»Nein, nicht nur deswegen!«

Malika, ihre zukünftige Schwiegermutter, hatte um ihre Hand angehalten und Achmed hatte als Familienoberhaupt sein Einverständnis gegeben. Für Zora bot sich eine gute Gelegenheit, in eine »bessere«, soziale Schicht einzuheiraten, und es bedeutete eine große Chance für die Familie. Bei der Verlobung hatte Assad 6 000 Dinar (dies mussten etwa 6 500 Franc sein) gezahlt. Damit konnte Zora ihre Brautausstattung kaufen.

»Ich ziehe in ein großes Haus ein«, sagte sie. »Mich stört es nicht, dass er sich einen Haik wünscht.«

Ich starrte sie verständnislos an.

»Wie meinst du das?«

Zora belehrte mich.

»Assad will nicht, dass ich ausgehe. Sonst hätte ich mir einen Mantel gekauft.«

Ich schluckte.

»Soll das heißen . . . dass du das Haus nicht verlassen darfst?«

Zora lachte fröhlich.

»Mach doch nicht so ein Gesicht! Was soll ich denn draußen? Die Einkäufe macht das Dienstmädchen. Einmal in der Woche gehe ich in den Hammam und ich darf sogar Freundinnen besuchen. Willst du meinen Haik sehen? Er ist schon da!«

Sie holte ein Paket aus dem Schrank hervor und schnürte es auf. Ein weißer Stoff mit gebügelten Falten kam zum Vorschein.

»Seide!«, rief sie stolz. »Echte Seide aus dem Atlas! Ist sie nicht wunderbar?«

»Doch«, sagte ich mit trockener Kehle. »Und den wirst du nun immer überziehen?«

»Aber sicher. Unverschleierte Frauen werden ständig belästigt. Hast du das noch nicht bemerkt?«

Ich erinnerte mich an das, was Kim gesagt hatte.

»Vielleicht sollte man den Männern mal beibringen uns in Ruhe zu lassen.«

Jetzt war Zora fassungslos. Sie starrte mich an, als sei ich eine Irre.

»Du kannst die Männer doch nicht ändern!«

»Das ist aber schlimm«, erwiderte ich. »Solange die Männer die Frauen fürchten und einsperren, haben sie vor sich selbst Angst und sind keine vollwertigen Menschen.«

Zoras Mund blieb offen stehen.

»Das verstehe ich nicht.«

»Das macht nichts«, sagte ich gepresst und stand auf. Ich hatte schon zu viel gesagt.

In der Nacht hatte ich einen seltsamen Traum. Ich trug den Haik und wollte ihn abschütteln. Er klebte aber an meiner Haut, umhüllte mich wie das Gespinst einer Seidenraupe. Plötzlich trat ich mir selbst mit wehendem Haar, nackten Armen und Beinen aus einem Spiegelbild entgegen. Mühelos und spielerisch hob mein Doppelbild die Hand, entfernte den Schleier von meinen Schultern. Der Wind trug ihn fort, löste ihn wie Nebelflaum auf. Es war kein richtiger Stoff, dachte ich, nur eine Illusion, aber in diesem Augenblick, als wäre etwas Wesentliches vorgegangen, verschmolzen mein Doppelbild und ich zu einem einzigen Wesen.

Dieser Traum beschäftigte mich lange. Ich spürte immer deutlicher, dass ich nur auf meine eigene Kraft zählen konnte. Zweifelte ich an mir selbst, war es um mich geschehen. »Dein Vater und deine Brüder verspeisen dich wie frisches Korn«, hatte Ma Djamila gesagt. Nun, sie sollten sich die Zähne ausbeißen!

Als ich am darauf folgenden Nachmittag mit Zora im Hof saß und stickte, sagte sie mit schalkhaftem Augenzwinkern:

»Meine Mutter sucht einen Mann für dich. Hoffentlich gefallen ihm deine dünnen Beine!«

Ich stach mir mit der Nadel in den Finger: ein feiner, stechender Schmerz. Ein Blutstropfen quoll hervor. Schnell wischte ich den Finger an meinem Kleid ab, um den Kissenbezug nicht zu beflecken.

»Woher weißt du das?«, fragte ich scheinbar kühl, aber innerlich glühend wie Feuer.

»Ich hörte, dass sie sich mit deinem Vater unterhielt. Freust du dich nicht?«

Ich schwieg und hörte ihr Kichern.

»Warte nur ab! Meine Mutter hat viel Erfahrung. Sie sucht einen Mann, der gut küsst und dich in der Hochzeitsnacht zur Entzückung bringt.«

Ich stellte mich taub. Sei ruhig, dachte ich. Keine Szene. Kein Theater. Lass dir nichts anmerken, sonst ist alles verloren.

Zora plapperte unbefangen weiter. Ihr einfältiges, frohes Geschwätz drang wie das Summen von Fliegen an meine Ohren. Ich stellte sie mir in einigen Jahren vor, mit vier oder fünf Kindern. Ihre Taille würde dicker, ihre Hüften noch breiter sein. Sie würde mit Sicherheit Krampfadern bekommen wie ihre Mutter. Und ihr Geisteszustand blieb ebenso klar wie ein Spiegelbild, das nichts verfälschte, aber auch kein persönliches Denkvermögen widerstrahlte ...

Nach dem Essen stieg ich die Treppe hoch und blieb vor dem Zimmer meiner Großmutter stehen. Leise klopfte ich an ihre Türe.

»Ja?«, sagte Ma Djamila. Ihre Stimme klang verschlafen. Gewöhnlich ruhte sie nach der Mahlzeit.

»Ich bin es, Aischa«, sagte ich halblaut.

»Komm herein«, sagte sie.

Sie lag auf ihrem Bett in ihrer geblümten Gandura. Das Kopftuch hatte sie entfernt. Ihre mit Henna gefärbten Flechten umgaben ihre schön geformten Wangen.

Ich betrat das dunkle Zimmer und setzte mich zu ihr auf die Bettkante. Meine Blicke schweiften durch den kargen Raum: ein Nachttisch, ein Stuhl, ein altersschwacher Schrank, an dem ein Drahtbügel baumelte. Die Rollladen hingen schief, wahrscheinlich schon seit Jahren. Ihr Koffer war noch nicht ausgepackt. Eine Nomadin, dachte ich, jederzeit bereit, aufzubrechen und für immer zu verschwinden ...

»Ma«, flüsterte ich, »ist es wahr?«

Sie fragte nicht »Was denn?«, sondern nickte.

»Dein Vater horcht herum«, sagte sie mit leichter Handbewegung. »Bei Freunden. Bei entfernten Verwandten. Khalti Fatima hat sich an die Heiratsvermittlerinnen gewandt. Aber du bist nicht so leicht unter die Haube zu bringen. Du bist eine ›Beur‹ (Einwandererkind der zweiten Generation). Viele Männer misstrauen solchen Mädchen.«

Ich lächelte verächtlich, legte mich neben sie und barg mein Gesicht an ihrer Schulter. Ich atmete ihren vertrauten Geruch nach Bratenfett, Schweiß und Alter ein.

»Ma ... du wirst es nicht zulassen, nicht wahr?«

Ihre Mundwinkel zuckten ironisch.

»Ich habe dich beobachtet. Ich wollte wissen, ob du dich anpassen würdest. Es ist seltsam. Du lebst nicht hier bei uns . . . Du bist da und doch nicht da. Ein Mann könnte dich heiraten, wie du bist, aber dein Herz würde ihm nie gehören.« Ihr Lächeln verging. Sie seufzte. »So war es auch bei mir. Nur einer hat mein Herz besessen.«

»Aber trotzdem«, sagte ich, »hast du dich verheiraten lassen.«

»Ich hatte keine andere Wahl«, erwiderte sie bitter. »Für mich gab es keinen Ausweg.« Sie nahm mein Gesicht in beide Hände, sah mich lange und eindringlich an. »Aber du bist stark. Stärker noch als ich. Warte erst einmal ab und mach dir keine Sorgen. Männer sind durchschaubar wie Kinder. Farid ist mit sich selbst nicht im Klaren. Er ließ dich ein Studium beginnen. Nun muss er sich gefallen lassen, dass seine Freunde ihn auslachen. ›Deine Tochter hat es nicht geschafft‹, sagen sie. ›Du kommst nach Algier, um einen Mann für sie zu suchen.‹ Solche Sticheleien treffen ihn hart. Er versucht mit Ausreden seine angeschlagene Eitelkeit hochzuspielen . . . ›Das ist nicht wahr‹, entgegnet er. ›Meine Tochter war krank und brauchte Luftveränderung.‹« Sie stach mit ihrem spitzen Finger in meine Rippen, sodass ich fast aufschrie. »Da liegt deine Chance, Aischa. Lass mich nur machen!«

Ich schmiegte mich enger an sie.

»Ich wusste doch, dass du mich nicht im Stich lässt.«

Eine Weile schwiegen wir. Ein leichter Windzug ließ die Rollladen knistern. Es klang wie das Schwirren von Insekten.

»Ma«, seufzte ich schließlich, »weshalb sind wir, du und ich, eigentlich anders?«

Sie dachte nach.

»Ich weiß es nicht. Es hängt mit unserer Lebenskraft zusammen. Vielleicht ist es die Wüste, die uns zu dem gemacht hat.«

Ich hob mein Gesicht zu ihr empor.

»Der Junge, den ich liebe, sagt, dass Gott nicht nur über mir, sondern auch in mir sei. Findest du das ketzerisch?«

Sie ließ ihr leises, raues Lachen hören.

»Weshalb ketzerisch? Gott ist nur ein Name, mit dem Menschen eine Kraft bezeichnen, die ihr Begriffsvermögen übersteigt. Etwas formte die Wüste, das Meer, die Berge. Etwas hat bewirkt, dass ich lebe, denke und fühle und dass ich ebenso frei sterben werde, wie ich geboren bin.«

»Hat dein Mann dich verstanden?«, fragte ich.

Sie schürzte geringschätzig die Lippen. »Dein Großvater war ein Stadtmensch. Wir hatten uns nicht viel zu sagen. Aber er respektierte mich.« Sie lachte kurz und brutal auf. »Obwohl ich auch ihn an der Nase herumgeführt habe!«

»Wie denn?«, fragte ich neugierig.

Aber ihr Gesicht verhärtete sich. Sie wälzte sich herum und drehte mir den Rücken zu.

»Es spielt keine Rolle mehr, mein Täubchen. Es ist zu lange her. Geh jetzt und lass mich schlafen.«

23

Der Hochzeitstag rückte näher. Die Vorbereitungen nahmen uns von morgens bis abends in Anspruch. Im ganzen Haus roch es nach Essen. Wir hatten tagelang gebacken und gekocht. Zora hatte emsig mitgeholfen, bei der Zubereitung der Leckereien und der verschiedenen Kuskus-Sorten gezeigt, dass sie ihre Pflichten als Hausfrau zur Zufriedenheit erfüllen konnte.

Am Vorabend der Hochzeit wurde die Braut in den Hammam geführt. Dort wurde sie für den großen Tag vorbereitet. Es war ein altes, scheinbar baufälliges Gebäude, aber ich hatte die schönen, mit Mosaiksteinen geschmückten Bade- und Ruhesäle schon oft besucht. Der geheizte Boden fühlte sich glatt und warm unter den Füßen an. Stufen aus Stein führten zu den Becken. Einige ältere Tanten und Kusinen empfingen Zora. Sie schnallten ihren Gürtel auf, zogen ihre Kleider aus. Mir gefiel die ungezwungene Fröhlichkeit, die zwischen Frauen und Mädchen entstand, wenn sie ihre Kleidungsstücke abstreiften und sich natürlich und frei bewegten. Zora musste sich auf eine angewärmte Steinbank legen. Ihr Haar wurde mit einer dicken Schicht Henna bestrichen. Nachdem es eingewirkt hatte, wurde es gründlich ausgespült. Inzwischen ließ eine Badefrau Wasser in ein Becken laufen und fügte ein Pulver hinzu, das einen angenehmen, starken Duft im Raum verbreitete. Zora tauchte in das dampfende Wasser, ließ sich mit geschlossenen Augen von der Badefrau waschen. Dann wurde sie aus dem Becken herausgezogen, auf die Mosaiksteine gelegt. Eine schwarze Badefrau mit dickem, verschwitztem Gesicht massierte ihre Schultern den Nacken, Rücken, Bauch und ihre Brüste. Es duftete nach Seife, Moschus und Massageöl. Zoras Körper glänzte, ihre Haut wirkte zart und geschmeidig wie Seide. Eine weitere Badefrau trat mit einer Pinzette hinzu: Kein einziges Haar durfte am Körper der Braut gefunden werden. Die Prozedur dauerte eine Ewigkeit. Zora hatte alle ihre Freundinnen dazu eingeladen, um den Ausklang ihres Jungmädchendaseins zu feiern. Ich lachte mit ihnen, versuchte fröhlich zu wirken, obwohl es meine Kehle zuschnürte. Mir schien, es war nicht Zora, sondern ich, die vorbereitet und geschmückt wurde, um in der Hochzeitsnacht mit einem Unbekannten zu schlafen. Die verheirateten Frauen sprachen freimütig über sexuelle Gegebenheiten. Die Mädchen erröteten. Häufig versteckte Zora das Gesicht in ihren Händen und kicherte verlegen.

Nach dem Hammam begleiteten ihre Freundinnen sie nach Hause. Alle Männer – mein Vater, Achmed und Rahim – hatten das Feld geräumt. Die Mädchen bewunderten Zoras neue Kleider und Wäsche. Sie halfen ihr die Mitgift in die Koffer zu verstauen, die von einem Mietwagen abgeholt und in ihr neues Heim gebracht wurden. Ma Djamila fuhr mit, um darauf zu achten, dass alles im Haus der Schwiegermutter in den Schränken untergebracht wurde. Denn auch die Schwiegermutter hatte alle verwandte und befreundete Frauen eingeladen, um die Aussteuer zu besichtigen. Die bestickten Kissenbezüge und Bettüberwürfe wurden bewundert. Nun wurde festgestellt, ob die Braut geschickt war und einen guten Geschmack hatte. Jedes Wäschestück und Handtuch, jedes Paar Schuhe, jede Handtasche wurden genau untersucht. Man wollte erfahren, wie viel alles gekostet hatte und in welchen Geschäften die Sachen gekauft worden waren.

Inzwischen verbrachte Zora die letzte Nacht im Elternhaus mit ihren Freundinnen. Bei der schnell hereinbrechenden Dämmerung wirbelten die Mädchen wie bunte Vögel durch die Räume. Farbige Lampions, die im Hof aufgehängt waren, schaukelten im Wind und verfärbten die Gesichter abwechselnd in Rosa, Blau oder Mattgrün. Zora hatte sich Rahims Plattenspieler ausgeliehen. Die Musik schallte in voller Lautstärke, die neuesten arabischen Hits dröhnten durchs ganze Haus. Etwa zwölf Mädchen lachten und scherzten ausgelassen. Sie zogen ihre Schuhe und Strumpfhosen aus, schürzten ihre Kleider um die Taille. Barfuß glitten sie auf den Fliesen hin und her, bewegten graziös ihre Arme und Hüften. Einige schüttelten den Kopf, sodass ihr aufgelöstes Haar die Luft peitschte, ließen ihren Hals, die Schultern und den Oberkörper vibrieren. Das Dienstmädchen stand in der Küchentür, ihre schwarze Gestalt hob sich vom hellen Türrahmen ab, während Khalti Fatima, breitbeinig und zufrieden auf einem Schemel thronend, mit den Händen im Takt klatschte und die ersten »Juju«, die Freudentriller der arabischen Frauen, ausstieß. Stumpfsinnig saß ich neben ihr, fröstelte in der aufkommenden Kühle. War es Müdigkeit? Beklemmung? Oder etwas anderes? Ich starrte auf Zora, die in den erhobenen Armen ein rotes Kopftuch festhielt. Sie wiegte sich in den Hüften, drehte sich leichtfüßig im Kreis herum. Ihre Augen und Zähne glänzten in den schwankenden Lichtreflexen. Meine Blicke wanderten von ihr ab, richteten sich auf den im Viereck sichtbaren, dunklen Himmel. Die schwach leuchtende Milchstraße erschien mir wie eine Brücke, die sich über Raum und Zeit erhob und mich mit Kim verband. Plötzlich sah ich ihn deutlich vor mir, als hätte meine Vorstellungskraft ihm Gestalt verliehen: Ein dunkler Schatten tauchte vor mir auf, ich sah einen Schimmer von blauschwarzem Haar, die Umrisse eines Gesichts.

»Kim«, flüsterte ich, vom Bewusstsein seiner Anwesenheit erfüllt. Ein helles Lachen ertönte.

»Was redest du denn daher? Träumst du?«

Es war nicht Kim, sondern eines der Mädchen, das vor mir stand. Sie hieß Samira, hatte schulterlanges, glattes Haar und eine knabenhafte Figur. Sie war die Einzige, die Jeans trug. Ihre Augen glänzten wie Emaille, durch den raschen Atem hob und senkte sich ihre Brust.

»Was sitzt du herum? Komm, tanzen wir!«

Ich schüttelte den Kopf.

»Geh doch! Tanze!«, rief Khalti Fatima und stieß mich in die Rippen. Samira packte mich an den Handgelenken, stemmte ihre nackten Füße gegen den Boden und zog mich hoch.

»Sei keine Spielverderberin!«

Ein Mädchen legte eine neue Platte auf. »Michelle«, der alte, sehnsüchtige Song, erklang in der Nacht.

»Komm!«, rief Samira übermütig. »Wir tanzen wie in Europa. Ich bin der Junge und führe dich. Ich weiß, wie man das macht!«

Ich stieß sie weg.

»Nein, ich will nicht.«

Ihr Lachen klang plötzlich anzüglich.

»Warum denn nicht? Tanzt du etwa lieber mit einem Jungen?«

Ich blickte sie an.

»Ja«, sagte ich und ließ sie stehen. Sie blickte mir überrascht nach, während ich die Treppe hinauflief. Ich stieß die Tür zu Zoras Zimmer auf und warf mich auf ihr Bett.

Vom Hof her drang die wehmütige, vertraute Stimme der Beatles, ein Mülleimer schepperte und im Hafen heulte eine Schiffssirene. Ich vergrub das Gesicht ins Kopfkissen. Weshalb, dachte ich verzweifelt, weshalb bin ich eine Fremde?

Die Zeremonie bei dem »Kadi« (Richter) fand am frühen Morgen statt und dauerte nur kurze Zeit. Dann kam der große Augenblick, als Zora ihr Elternhaus verließ und für immer in den »Raima« ihrer Schwiegermutter einzog. Sie trug eine mit kostbarer Stickerei verzierte, korallenfarbene Gandura. Ihre Handflächen und Füße waren hennarot gefärbt. Schwere Arm- und Fußreifen schmückten ihre Gelenke. Sie trug goldene Ohrringe mit winzigen Rubinen und an jedem Finger einen Ring. Ihr goldbestickter, zurückgeworfener Schleier war an einer spitzen Haube befestigt. Die länglichen und dunklen Augen waren mit Khôl nachgezogen. Die Wimpern waren so stark getuscht, dass die Schwärze auf den Wangen abfärbte. Nach dem Brauch musste sie das Gesicht einer Puppe aufweisen. Sie durfte kein Gefühl zeigen, keine Miene verziehen, weder lächeln noch seufzen und schon gar nicht husten. Wie ein rotgoldenes Standbild wartete sie im Hof an der Seite ihrer Mutter, die in einen blütenweißen Haik gehüllt war. Auch die anderen eingeladenen Frauen waren fast alle verschleiert; nach städtischer Sitte bedeckte ein Spitzentuch Mund und Nase. Achmed und Rahim, in dunklen, schlecht sitzenden Anzügen, hielten sich diskret im Hintergrund, während mein Vater in sein Taschentuch hüstelte und nervös seine neue Krawatte befingerte.

Plötzlich ging ein Raunen durch die Menge. Autos fuhren hupend die Straße hinauf und hielten vor dem Haus.

Stimmen wurden laut. Ich sah Zora schneller atmen. Die Pailletten ihres Schleiers fingen das Licht auf, ebenso wie ihre goldenen Schmuckstücke. Nun öffnete sich die Hoftür: In Begleitung seines Vaters, einem Herrn mit würdevollem Spitzbart, holte Assad seine Braut. Ich sah einen stattlichen, recht hübschen jungen Mann in einem maßgeschneiderten Anzug, dessen Ärmel schon etwas zu eng waren. Die Krawatte war aus schöner Rohseide. Assad war hellhäutig und hatte wahrhaftig auffallend lange, dichte Wimpern! Er gehörte zu jenen Männern, die verheiratet, einen gemessenen Gang annahmen und Fett an Kinn und Bauch ansetzten. Er begrüßte förmlich alle Familienmitglieder, umarmte seine Schwager. Vor der Braut führte er mit anmutiger Bewegung die Hand an Stirn und Herz. Zoras Antlitz blieb regungslos. Kaum dass ihre Pupillen flackerten. Khalti Fatima zog behutsam den goldenen Schleier vor ihr Gesicht. Mit langsamen, unbeholfenen Schritten trippelte Zora auf hohen Absätzen an Assads Seite aus dem Hof. Ich hatte ihr empfohlen bequeme Schuhe zu kaufen, aber Zora wollte, dass ihre Füße zierlich wirkten. Sie hatte absichtlich zu kleine Schuhe gekauft, sodass ihr nun die Zehen schmerzten. Durch die Menschenmenge in der Straße geleitete Assad Zora zu seinem Wagen. Alle Nachbarn wollten die Braut sehen und sie beglückwünschen. Schrille »Juju-Rufe« ertönten. Einige Privatwagen und Taxis standen für die Familie und die Gäste bereit. Hupend bahnte sich die Autokolonne einen Weg durch die lachende und winkende Zuschauermenge. Die Fahrt dauerte ziemlich lange. Eingepfercht in Achmeds Wagen, zwischen zwei Kusinen, die ich nicht kannte, blickte ich teilnahmslos auf die Straße. Es war ein strahlend schöner Tag. Die Palmen wiegten sich im Wind, die Fahnen sämtlicher afrikanischen Staaten schlugen gegen ihre Mäste. Es roch nach Abgas und nassem Asphalt. Halbwüchsige verkauften Videokassetten. Verschleierte Frauen, mit Einkaufstaschen und Körben beladen, warteten auf den Bus. Ab und zu erblickte ich am Ende einer Querstraße das Meer, türkisblau, mit weißen Schaumkronen überzogen. Lichtsignale leuchteten an den Kreuzungen, an denen sich ein wirres Verkehrsgewühl bildete.

Assads Familie wohnte in einem »besseren« Viertel, in der Nähe des staatlichen Krankenhauses. Viele Häuser waren in europäischem Stil gebaut, mit roten Markisen und Balkonen, auf denen Wäsche trocknete. Die Wagen fuhren eine hohe Mauer entlang, auf der zum Schutz vor Einbrechern Glasscherben eingelassen waren, und hielten vor einer gelb und weiß gestrichenen Villa, von der die Farbe bereits sichtlich abbröckelte. Auch hier warteten Schaulustige. Unzählige, kleine Jungen rannten einander nach und brüllten lautstark. Ein Polizist setzte seine Trillerpfeife ein und versuchte den stockenden Verkehr in Bewegung zu bringen. Während Assad die Tür aufhielt, stieg Zora mit sichtlicher Mühe aus dem Wagen. Die Schwiegermutter, Lalla Malika, erwartete sie an der Türschwelle. Ich sah eine wohlproportionierte Frau mit einer großen Nase und einem festen, energischen Kinn. Ihre Stirn war breit und blass, sodass sich der Haaransatz wie schwarze Rabenfedern abzeichnete. Zu meiner Überraschung war sie europäisch gekleidet und trug ein elegantes, dunkelblaues Kostüm, eine weiße Bluse und Schuhe mit hohen Absätzen, die sehr teuer aussahen. Lalla Malika wies auf ihre höhere soziale Stellung hin, indem sie sich für diesen offiziellen Anlass von den strengen Kleidersitten unserer weniger begüterten Familie distanzierte. Einige verschleierte Frauen, mit kleinen Fläschchen versehen, beträufelten die Gäste mit Rosenwasser. Gemäß dem Brauch bot Lalla Malika ihrer Schwiegertochter ein Glas Orangensaft als Willkommensgetränk an, nahm aber selbst den ersten Schluck. Als Zora ihren Schleier zurückwarf und sie das Glas an die Lippen führte, setzte von allen Seiten das laute »Juju« der Frauen ein. Nun gehörte Zora endgültig zu ihrer neuen Familie.

Während der ganzen Zeremonie hielten sich die Männer der Familie abseits. Assad ging ebenfalls hinaus, nachdem er mit seiner Mutter einige Worte gewechselt hatte. Die Frauen bespritzten ihn mit Rosenwasser, riefen ihm anzügliche Scherze zu. Einige junge Leute warteten vor einem Auto. Assad gesellte sich zu ihnen. Sie schlugen ihm auf die Schulter, boxten ihm freundschaftlich in die Rippen. Gemeinsam bestiegen sie den Wagen. Die Türen schlugen zu. Der Motor sprang an und der Wagen brauste die Straße hinauf, während die kleinen Jungen schreiend und winkend hinterherliefen. Die Wagen mit den anderen männlichen Gästen setzten sich ebenfalls in Bewegung. Ich zupfte meine Großmutter an ihrem Haik, den sie – nach südlicher Sitte – mit der Hand vor ihrem Mund zusammenhielt.

»Wo fahren sie denn hin?«

Sie warf mir einen ungeduldigen, fast gereizten Blick zu.

»Sie feiern für sich. Komm jetzt!«

Verstört folgte ich ihr die Treppe hinauf. Lautes Stimmengewirr kam mir entgegen. Im ersten Stockwerk waren über hundert Frauen versammelt. Kein männliches Wesen ließ sich blicken, ausgenommen einige kleine Jungen, die aufgeregt kreischten und auf die Füße der Gäste trampelten. Kleine Tische aus Zitronenholz mit Perlmutteinlagen waren von Stühlen und Sesseln umgeben. Meine Blicke schweiften neugierig umher. Zora hatte Recht! Die großen Räume waren ebenso modern eingerichtet wie in Europa. Auf dem Boden lagen wertvolle Teppiche und in den Vasen blühten frische Blumen. Die Frauen drängten, um einen Sitzplatz zu ergattern. Die meisten hatten reich bestickte Ganduras an. Ihre Armreifen klirrten. An den Ohren und am Hals funkelte Gold- und Silberschmuck. Andere trugen Cocktailkleider aus Kunstseide, Samt oder Taft, die nach Modellen französischer Modezeitschriften mehr schlecht als recht geschnitten waren. Die Gesichter der Frauen waren gepudert, ihre Augen mit Khôl nachgezogen. Das lange, glänzende Haar fiel auf ihre Schultern oder war zu komplizierten Frisuren aufgetürmt. Die jungen Mädchen trugen beinahe ausnahmslos lange Kleider, mit Schleifen und Rüschen verziert. Auch ich hatte ein neues Kleid mit weiten Ärmeln und großem Ausschnitt aus blauer Kunstseide an, das in Algier möglicherweise als elegant galt, in Paris aber kaum anzuziehen war.

In den Räumen wurde es warm. Der Geruch der Speisen aus der Küche vermischte sich mit dem Duft der Salben, des Rosenwassers, des teuren oder billigen Parfüms. Die Frauen lachten aus voller Kehle, scherzten hemmungslos und schlugen sich auf die Schenkel. Eine Frau stieß eine Vase um. Wasser floss auf ihr Kleid. Sie stieß einen spitzen Schrei aus, die anderen lachten.

Dienstmädchen trugen das Essen auf: riesige Kuskusplatten mit Huhn, Tauben oder butterweichem Hammelfleisch gemischt, mit saftigen Rosinen und harten Eiern garniert. Die meisten Frauen aßen mit den Händen, rollten geschickt kleine Bällchen und schoben diese in den Mund. Einige durchwühlten den Gries, um die besten Fleischstücke zu erwischen. Manche wehten sich mit ihrem Taschentuch Kühlung zu und rührten als Zeichen von Vornehmheit die Speisen kaum an. Bald glänzten die Gesichter vor Fett. Der Lippenstift verschmierte, Khôl und Wimperntusche hinterließen schwarze Spuren auf der Haut. Zora nahm kaum einen Bissen zu sich. Vielleicht war sie zu aufgeregt, aber höchstwahrscheinlich durfte die Braut nichts essen. Der Sitte entsprechend saß sie zwischen zwei jungverheirateten Frauen, die ihrerseits kräftig zugriffen und fröhlich schmatzten. Getränke wurden serviert: Orangeade, Coca-Cola, Mineralwasser. In der Hitze und bei den Gerüchen wurde es mir bereits übel. Durstig leerte ich mein Glas. Ich saß zwischen meinen Kusinen. Die jüngere, Zubida, war ein stilles Mädchen mit bleichem Gesicht, die kaum ein Wort sagte.

Die Ältere hieß Yasmina. Sie hatte buschige Brauen und eine lange Nase. Ein dicker Zopf baumelte auf ihrem Rücken. Sie trug eine schlichte, weiße Bluse und einen blauen Faltenrock.

»Wie gefällt dir das Fest?«, fragte sie mich mit dunkler, leicht ironischer Stimme. Ich lächelte höflich.

»Danke, gut.«

Sie gab ein ironisches Glucksen von sich, sodass sie mich an Ma Djamila erinnerte. »Ich heirate nie. Ich will keine Versklavung durch Kinder, Haushalt und eheliche Pflichten.«

Mein Lächeln wurde zutraulicher. Ich verstand sie.

»Was hast du denn vor?«

»Ich will Ärztin werden«, antwortete Yasmina selbstsicher. »Nächstes Jahr mache ich die erste Prüfung.«

Ich betrachtete sie mit wachsender Aufmerksamkeit. »Was sagt denn deine Familie dazu?«

»Mein Vater ist Assistenzarzt und meine Mutter war Krankenschwester. Wie du siehst, bin ich erblich belastet.«

Die kleine Zubida wischte sich ihre bleichen Lippen ab.

»Ich will nicht arbeiten wie ein Mann. Ich heirate lieber.« Yasminas Augen blitzten scharf und dunkel auf.

»Dann bleibst du eben ein dummes Huhn. Man kann nicht alles haben, einen Mann und einen Beruf. Zumindest in Algerien nicht.«

Ich überlegte. Wie viele Mädchen gab es wie Yasmina, die ihre eigene Lebensauffassung vertraten und ihre Selbstständigkeit durchsetzen wollten? Sie hatten es schwer, denn Selbstverwirklichung war in Algerien ein Fremdwort. Die Frau war als Besitz des Mannes im Familienpass eingetragen. Glücklicherweise wurden Ärzte gebraucht und in aufgeklärten Kreisen begriff man, dass Frauen nicht nur in der Familie, sondern auch im Interesse des Landes eine Aufgabe erfüllen konnten. Aber Yasmina wusste bereits, dass sie in männliches Gehege eindrang und demzufolge zur Außenseiterin wurde. Das trotzige Licht in ihren Augen würde sich allmählich in Härte verwandeln. Sie würde ihren Beruf tatkräftig und gewissenhaft ausüben und ihr Herz mit einem Panzer überziehen . . .

Man reichte den Nachtisch: die beliebten »Makruds« (Kokosnussplätzchen), »Gazellenhörner« aus Blätterteig und Mandelpaste, mit Pistazien gefüllte Datteln, kandierte Früchte, Mandarinen, Bananen und Äpfel. Viele Frauen rülpsten, um zu zeigen, wie gut es ihnen geschmeckt hatte. Ich ertappte einige dabei, die Leckereien verstohlen in ihr Taschentuch einwickelten, sie in ihren weiten Ärmeln oder in ihrem Ausschnitt verschwinden ließen. Die Luft war erstickend, aber die Fenster blieben verschlossen: Die Frauen durften von draußen nicht gesehen werden. Eine seltsame Traurigkeit überkam mich. Was machte wohl der Bräutigam? Ich fand es widersinnig, dass er nicht bei der Braut saß und an dem Fest nicht teilnahm, das in seinem Haus stattfand. Aber nein! Männer und Frauen lebten in unterschiedlichen Welten! Diese Trennung kam mir plötzlich widernatürlich, fast krankhaft vor. Mann und Frau gehörten zusammen, ergänzten sich wie die Teile jenes geheimnisvollen Kreises, den Kim einst für mich auf eine Papierserviette skizziert hatte. Viele dieser Frauen fühlten unbewusst, dass ihren Vätern, Brüdern und Ehemännern die wesentlichen Eigenschaften fehlten, die aus einem Mann erst einen vollwertigen Menschen machten, nämlich Zärtlichkeit, Verstehen, Fürsorge. Natürlich gab es auch in Algerien aufgeschlossene liebevolle Männer, die ihre Frauen und Töchter mit Zuneigung umgaben. Aber Staat, Religion und Kultur blieben in der starren patriarchalischen Tradition verwurzelt, auf die der chronische Entwicklungsrückstand vieler Völker zurückzuführen war. Es waren schwere, tiefgründige Überlegungen für ein junges Mädchen während einer Hochzeit, zumal alle fröhlich sein sollten. Aber ich hatte zu viel beobachtet, zu viel miterlebt und wälzte unaufhörlich Gedanken.

Das Fest nahm seinen Lauf. Nach dem starken türkischen Kaffee, den die Dienstmädchen aus silbernen Kannen gossen, wurden die Tische abgeräumt. Viele Frauen rauchten und die Luft wurde immer stickiger. In der Mitte des Raumes wurde Platz für die Musikantinnen gemacht: fünf Frauen in farbenfrohen Ganduras und bunten, mit Gold- und Silbermünzen verzierten Kopftüchern. Sie hielten Rohrflöten und »Bendire«, kleine mit Kupferschellen geschmückte, flache Trommeln in den Händen. Die Älteste, eine wohlbeleibte Matrone, führte eine Laute mit Perlmuttereinlagen mit sich. Sie setzten sich mit gekreuzten Beinen auf den Teppich. Die Vorsängerin begann mit voller, hoher Stimme ein Lied zu Ehren der Braut zu improvisieren, während die Musikantinnen auf Trommeln und Laute einen mitreißenden Rhythmus anstimmten. Assads Mutter und Khalti Fatima betraten als Erste die Tanzfläche. Lalla Malika bewegte sich eher würdevoll, schaukelte mit geschlossenen Füßen majestätisch hin und her. Khalti Fatima aber wirkte trotz ihrer Körperfülle beweglich und erstaunlich elastisch. Ihre Hüften wackelten wie Pudding, ihr Busen zitterte und ihr rundes Gesicht strahlte vor Übermut. Bald schlossen sich andere Gäste dem Reigen an. Die Frauen näherten sich tanzend der Hausherrin und der Mutter der Braut, steckten ihnen Geldscheine in den Gürtel, hefteten sie an ihr Kleid oder schoben sie in ihren Ausschnitt. Auch diese Art, Geld zu schenken, entsprach durchaus der Höflichkeit. Die Spenden dienten dazu, die Musikantinnen und die allgemeinen Festkosten zu decken.

Ich bemerkte, wie Ma Djamila Zora behutsam aufrichtete und sie aus dem Raum führte. Nach einer Weile erschien Zora wieder. Nun trug sie das grüne, mit Pailletten bestickte Kleid, das ich in ihrem Schrank gesehen hatte. Ihre Lippen waren frisch nachgezogen, ihre Augen geschminkt. Alle Frauen brachen in Beifall aus, während Zora sich mit gesenktem und scheuem, unbewegtem Gesicht setzte. Nach Zoras Auftritt zog sich die Schwiegermutter ebenfalls zurück und erschien in einer blauen, mit Straß verzierten Abendrobe. Fünfmal wechselte Zora ihre Kleider an diesem Nachmittag. Passende Schuhe, Handschuhe und Tasche waren immer eine Selbstverständlichkeit. Jeder Garderobenwechsel wurde mit Beifall und Juju-Rufen gewürdigt. Auf diese Weise bekundete die Braut ihren Reichtum, zeigte den Anwesenden, welch wohlhabenden Mann sie geheiratet hatte. Die Trommeln schlugen ununterbrochen, die Stimmung wurde immer ausgelassener. Die Frauen standen im Flur vor der Toilette Schlange. Sie zogen sich die Lippen nach, puderten ihre verschwitzten Gesichter, besprühten sich mit Parfüm und Deodorant.

Yasmina, die durch die Rollladen spähte, winkte mich zu sich. Vom Fenster aus sah man die Straße, auf der eine Anzahl Wagen parkten. Männer lehnten an den Kühlerhauben, rauchten, unterhielten sich oder führten kleine Kinder spazieren.

Ich sah Yasmina fragend an.

»Worauf warten sie?«

»Auf ihre Frauen.« Yasminas Stimme klang spöttisch. »Sie haben Angst, dass ungebetene Gäste sich ins Haus einschleichen oder dass ihre bessere Hälfte sich ein Schäferstündchen leistet.«

»Kommt das denn vor?«, fragte ich ungläubig.

Sie zog ihre knochigen Schultern hoch.

»Wohl kaum. Aber du musst verstehen, viele dieser Frauen sind monatelang nicht aus ihren vier Wänden gekommen. Sie warten sehnsüchtig auf jede Gelegenheit, sich auszutoben.«

»Ich glaube, ich heirate nur einen Mann, der mir einen Mantel schenkt«, seufzte die kleine Zubida. »Ich will nicht immer zu Hause bleiben!«

Yasmina grinste. »Das Risiko gehst du bei jeder Ehe ein!«

Sie blickte zu den Musikantinnen hinüber und brach plötzlich in Gelächter aus.

»Wenn das die Männer miterleben würden!«

Ich traute meinen Augen nicht: Eine der Frauen hatte ihre Gandura über den Kopf gestreift und war nur noch mit einem winzigen Zweiteiler mit Perlenschnüren aus Strass, ähnlich einer Nachtklub-Tänzerin, bekleidet. Unter dem Jubel der Zuschauerinnen bestieg sie einen Tisch. Ihr weicher, geschmeidiger Körper gab sich vollkommen dem Rhythmus hin. Sie trommelte mit den Fersen, drehte sich mit ausgebreiteten Armen. Ihre schwarz geschminkten Augen waren halb geschlossen, ihre feuchten Zähne glänzten zwischen den karminroten Lippen. Ihre Hüften kreisten und zuckten. Die Perlenschnüre wippten auf ihren Schenkeln und flogen in die Höhe. Die Frauen kreischten vor Vergnügen. Geldscheine fielen zu Füßen der Tänzerin. Das ekstatische Trillern der Musikantinnen steigerte sich zu ohrenbetäubenden Schwingungen. Die Trommeln dröhnten, hämmerten in meinem Blut. Meine Kehle war trocken, meine Handflächen schwitzten. Ich blickte Zora an. Ihr Puppengesicht wirkte müde, bleich und abwesend. Tiefes Mitgefühl überfiel mich. Wo ist dein Mann?, dachte ich. Du kannst keinen Blick mit ihm tauschen, kein Wort mit ihm sprechen. Du sitzt einsam da und musst dir einen Bauchtanz ansehen. Der akademische Ausdruck »Fruchtbarkeitsritus«, aus irgendeinem Buch entnommen, kam mir in den Sinn. Die Ehe dient zur Fortpflanzung, heißt es in der Religion. Woanders wird es schamvoll verschwiegen, hier wird es krass enthüllt. Immer schneller und rasender schlugen die Trommeln. Ich wandte mich ab, lehnte meine Stirn an die kühle Scheibe. Meine Augen brannten, ich war zum Umfallen müde.

Eine Hand legte sich auf meine Schulter. Ich erbebte und fuhr herum. Ma Djamila stand vor mir in ihrer Gandura aus dunkelgrünem Samt. Ihre Augen glitzerten eigentümlich und die Falten um ihren Mund waren tief wie die Einschnitte eines Messers.

»Es wird Zeit, dass du gehst«, sagte sie. »Ich rufe Achmed an, dass er dich holt.«

Ich blickte sie forschend an. In ihrem Ausdruck, in ihrer Stimme, kam mir etwas fremd vor. Eine seltsame Neugierde wurde in mir geweckt.

»Nein«, sagte ich. »Ich will noch bleiben.«

Doch sie schüttelte finster den Kopf.

»Es schickt sich nicht für ein junges Mädchen.«

»Warum denn nicht?«, fragte ich kühl.

Ihre Augen funkelten mich an. Ihre Lippen waren weiß und zitterten leicht. Doch ich hielt ihrem Blick stand.

Sie nickte plötzlich. »Gut, wie du willst«, und wandte sich ab. Ein tiefer Seufzer hob meine Brust. »Was kommt denn jetzt noch?«, dachte ich mit glühenden Wangen.

Inzwischen war es Nacht geworden. Eine unvorteilhafte Neonbeleuchtung tauchte die Räume in grelles Licht. Im Hof wurden die Stimmen der Männer laut, die ihre Frauen abholten. Zwei Dienstmädchen huschten von einer Frau zur anderen, flüsterten ihnen einige Worte zu. Die Frauen stießen sie weg oder winkten ärgerlich ab. Sie wollten noch bleiben. Doch eine nach der anderen ging. Auf der Treppe stehend, sah ich eine schöne, junge Frau in türkisblauem Taftkleid wie eine enttäuschte Halbwüchsige schluchzen. Unten stand ihr Mann. Er hielt ein kleines Kind im Arm. Mit der freien Hand warf er ihr ungeduldig ihren Haik zu. Die Frau schrie einige Worte, die ich nicht verstand. Das Gesicht des Mannes zuckte. Er hob die geballte Faust. Die Frau duckte sich wimmernd. Sie schlich mit gesenktem Kopf die Treppe hinunter, wickelte sich in ihren Schleier. Wortlos reichte der Mann ihr das Kind. Sie nahm es unter ihren Haik und folgte ihm wie ein stummes, weißes Gespenst.

Ich ging in den Festraum zurück. Außer den Musikantinnen, die sich nun mit Getränken und Gebäck stärkten, waren nur noch die Schwiegermutter und die näheren Angehörigen des Brautpaares anwesend, zumeist ältere Frauen, die erregt tuschelten. Zora saß noch immer regungslos in ihrem Sessel. Nun trug sie ein rotes Kleid und eine lange goldene Kette, die ich noch nie an ihr gesehen hatte. Khalti Fatima zupfte ihr die Falten zurecht, strich ihr eine verschwitzte Locke aus der Stirn. Ma Djamila saß mit übergeschlagenen Beinen auf dem Teppich und kaute Mandelgebäck. Ich setzte mich neben sie hin.

»Worauf warten sie jetzt?«

Sie wandte mir ihr Gesicht zu. Das warme Licht erlosch in ihren Augen. Ihr Gesicht wirkte hart und kalt.

»Auf das Hemd«, sagte sie barsch.

»Auf welches Hemd?«, fragte ich fassungslos.

Sie lachte plötzlich. Ihr Lachen klang gekünstelt und schrill, sodass ich zusammenfuhr.

»Auf das Brauthemd natürlich, das die Ehre des Hauses Assad-Ben-Lakhtars gewährleistet!«

Während ich ratlos über ihre Worte nachsann, ertönte lautes Autohupen. Reifen knirschten. Männerstimmen und Gelächter wurden deutlich. Einige Schüsse knallten: Vor dem Haus wurden Gewehrsalven abgefeuert. Die Frauen stießen Juju-Rufe aus und die Musikantinnen trommelten mit beiden Handflächen.

»Der Bräutigam!«, kreischte eine Dicke, deren Fettpolster in der Aufregung schwabbelten. »Freut euch, meine Kinder! Es kommt der Bräutigam! Das Hochzeitsgemach ist schon bereit!«

Zora zitterte zunehmend heftiger. Ihre Schminke verlief, hinterließ schwarze Ringe unter ihren Augen. Rasch nahm ihre Mutter ein Taschentuch, tupfte behutsam ihr Gesicht ab. Die Frauen bedeckten sich mit ihren Schleiern, befestigten Spitzentücher vor ihren Gesichtern. Ich verdrückte mich still in eine Ecke. Ich sah, wie mir die Hausherrin einen missbilligenden Blick zuwarf. Aber ich war die Ausländerin. Man erlaubte mir, was einem algerischen Mädchen nicht gestattet war. Die Männerstimmen näherten sich, Schritte polterten auf der Treppe. Die Tür flog auf. Die Musikantinnen senkten ihre Instrumente. Schlagartige Stille breitete sich aus, als Assad auf der Schwelle erschien. Auch er hatte sich umgezogen, trug einen wallenden, weißen Burnus und einen hellen »Tarbuch«, eine Kopfbedeckung, die sein schönes, kühnes Gesicht vorteilhaft zur Geltung brachte. Er duftete nach gutem Rasierwasser.

Seine Freunde, die ihn bis zur Treppe begleitet hatten, riefen ihm Scherzworte und Ermutigungen zu, stießen und drängten ihn fast gewaltsam in den Raum, bevor sie lachend die Stufen wieder hinunterliefen.

Mit gemessenen Schritten trat Assad auf Zora zu, die starr wie ein aufgespießter, roter Schmetterling auf ihrem Sessel thronte. Er verneigte sich kurz vor ihr, murmelte einige Worte.

Ich sah ihre Wimpern flattern. Wie aus einem inneren Zwang heraus erhob sie sich, folgte ihm mit gesenktem Kopf in das Schlafgemach, am anderen Ende des Flurs. Als die Tür hinter dem Brautpaar zuschlug, brachen die Frauen abermals in Jubelrufe aus. Die Musikantinnen ließen die Trommeln rasseln, setzten ihre Rohrflöten an die Lippen. Lalla Malika wünschte neue Erfrischungen. Die Frauen saßen beisammen, lachten aus voller Kehle, machten Scherze oder gaben leise Kommentare von sich, während die Vorsängerin ein Loblied auf den Bräutigam anstimmte.

Ich zupfte Ma Djamila am Ärmel. »Ist es nun vorbei? Gehen wir?«

Erneut warf sie mir diesen harten, fast boshaften Blick zu. Einen Blick, den ich an ihr nicht kannte.

»Vorbei?«, gluckste sie. »Nun fängt es doch erst an.«

»Aber . . .«, stammelte ich.

Sie stieß mich so heftig von sich weg, dass ich taumelte.

»Du wolltest bleiben! Dann warte gefälligst!«

Ich wandte mich kleinlaut ab, suchte einen Sofaplatz aus und verdrückte mich in die Kissen. Mitternacht war längst vorbei. Meine Füße waren geschwollen, die Augen fielen mir vor Müdigkeit fast zu. Es stank nach Rauch, Schweiß und Parfüm, ich konnte in der stickigen Luft kaum atmen. Auf den Tischen standen verschmierte Teller, Gläser mit Lippenstiftspuren, überquellende Aschenbecher. Zerknüllte Papierservietten lagen am Boden und in die Teppiche waren Löcher gebrannt. Das Lauern der alten Frauen vor dem Zimmer des Brautpaares empfand ich geradezu als geschmacklos. »Warum lassen sie die jungen Leute nicht in Ruhe?« Aber nein, sie konnten nicht genug davon bekommen! Ihre Erregung nahm ständig zu. Lalla Malika wirkte fast fiebrig nervös, Khalti Fatima fächelte sich schnaufend Luft zu und selbst Ma Djamila wurde von der allgemeinen Hysterie angesteckt: Sie klatschte auf ihre Schenkel und krümmte sich vor Lachen. Ich hätte auf sie hören sollen, dachte ich erschöpft. Gleich schlafe ich auf dem Sofa ein!

Plötzlich wurde die Schlafzimmertür aufgerissen. Assad trat heraus. Er trug noch immer seinen weißen Burnus, den »Tarbuch« hatte er in der Eile um den Kopf geschlungen. Mit selbstzufriedener Miene kam er auf die Frauen zu. In den Händen hielt er ein besticktes, blutbeflecktes Hemd. In dem Augenblick, als er es triumphierend hochhielt, sammelte Lalla Malika ihre Kräfte und stieß mit bebender Stimme einen durchdringenden Juju-Ruf aus. Während die Trommeln dröhnten und die Frauen aus Freude kreischten, warf Assad seiner Mutter das Hemd zu. Schnell durchschritt er den Raum, lief die Treppe hinunter. Unten knallte er die Haustüre zu. Beifall, Jubelrufe und Gelächter erklangen auf der Straße. Wieder krachte eine Pulversalve. Dann schlugen Wagentüren zu. Ein Wagen entfernte sich mit kreischenden Reifen.

Die Musikantinnen ließen ihre Bendire kreisen, warfen sie über ihre Schulter oder hielten sie an die Ohren. Die Laute gab einen vibrierenden Akkord, die Flöten setzten trillernd und zirpend ein. Wie im Traum sah ich Lalla Malika Zoras Hemd auf dem Boden ausbreiten, sah Ma Djamila ihren Haik von den Schultern streifen. Sie erhob sich und hielt ihre sich schlängelnden Arme über den Kopf. Mit schnellen, leichten Bewegungen gab sie sich dem Rhythmus hin, umkreiste tanzend das blutbefleckte Hemd. Die anderen Frauen tanzten ebenfalls, feuerten sie mit Rufen und Händeklatschen an. Ma Djamilas braunes Antlitz glänzte vor Schweiß. Ihre starren Augen schimmerten in blinder Verzückung. Ihre Hüften kreisten, ihr sehniger Hals bebte und verdrehte sich. Immer schneller, immer besessener wurde ihr Tanz. Das Trillern der Flöten steigerte sich zu einem vibrierenden Dauerton, die Trommeln rasselten und schlugen ...

Der Raum drehte sich vor meinen Augen und wurde schwarz. Ich keuchte und erschauerte, das Essen kam mir hoch. Ich richtete mich auf, schwankte über den Flur und riss die Toilettentür auf. Ein Gestank nach Urin, Schweiß und Parfüm schlug mir entgegen. Durch den klebrigen Schleier über meinen Pupillen blendete mich die Helle der weißen Kacheln wie mittägliche Sonnenglut. Der Klodeckel stand offen, das Becken war bis zum Rand hin verstopft. In meinen Ohren brausten Wasserfälle. Ich presste die Hand vor den Mund, würgte schweißüberströmt und übergab mich auf den Boden. Funken kreisten vor meinen Augen. Die Kacheln schienen mir entgegenzukommen.

Taumelnd streckte ich die Hände aus. Ich spürte einen heftigen Schmerz, als meine Stirn gegen das Waschbecken schlug, und dann spürte ich gar nichts mehr ...

24

Kühle. Halbdunkel. Das Gemurmel leiser Stimmen. Beruhigende Hände zogen mir das durchschwitzte Kleid vom Leib, legten einen feuchten Umschlag auf meine Stirn. Jemand hob meinen Kopf, setzte eine Tasse an meine Lippen und half mir trinken. Die lauwarme Flüssigkeit schmeckte bitter. Meine Lider bebten. Ich schlug die Augen auf, erblickte eine Birne an einem Faden an der Decke und eine Wand mit abgerissener Tapete.

»Jetzt ist alles gut«, sagte Ma Djamilas Stimme. »Sie kommt zu sich.« Ich drehte mühsam den Kopf. Sie saß in ihrer grünen Gandura auf einem Stuhl an meinem Bett und warf einen großen, beweglichen Schatten an die Wand. Mein Vater stand an der Tür. Sein Kragen stand offen, seine Krawatte hing schief. Sein Gesicht wirkte unrasiert, fahl und verschlafen. Khadidja, das Dienstmädchen, hielt eine Schüssel in der Hand und kratzte verstört unter ihrem Büstenhalter.

»Soll ich nicht einen Arzt holen?«, fragte mein Vater.

»Reg dich nicht auf, Farid«, sagte Ma Djamila. »Das Kind hat nur eine Beule. Es war ein anstrengender Tag für sie. Die Hitze, das Essen, die Aufregung. Kein Wunder, dass es ihr schlecht wurde!«

Mein Vater wiegte sorgenvoll den Kopf hin und her und

wandte sich ab. Ich hörte, dass er hustend die Treppe hinunterschlurfte.

»Geh schlafen, Khadidja«, sagte Ma Djamila. »Ich brauche dich nicht mehr.«

Als wir allein waren, schob sie ihren Stuhl näher an mein Bett und lächelte mir gütig zu.

»Wie geht es dir?«

»Besser . . .«, hauchte ich. »Was . . . was war mit mir?«

»Du bist mit dem Kopf aufgeschlagen. Es ist nicht schlimm. Schlaf nur, bald ist die Nacht vorbei.«

Ich starrte sie immer noch benebelt an. Sie strich über meine Hand. »Du hast nun Platz im Bett. Zora teilt ihr Lager mit jemand anderem.«

Wie ein Vorhang, der plötzlich zerreißt und das Licht durchdringen lässt, kehrte meine Erinnerung zurück. Ich sah Assad in das Zimmer stolzieren, das Brauthemd seiner Mutter zuwerfen, sah Ma Djamila die Arme heben und tanzen . . .

Stockend kamen die Worte über meine Lippen.

»Nie! Nie will ich so heiraten!«

»Aber so ist das in Algerien«, sagte sie gelassen. »Du bist das nicht gewohnt. Du hättest gehen sollen.«

Ich warf verzweifelt den Kopf hin und her.

»Auch du hast dich daran erfreut, hast gelacht und getanzt . . .« Sie nickte und schloss halb die Lider.

»Das ist Tradition«, sagte sie langsam und fügte mit beißender Ironie hinzu: »Steht nicht im Buch der Bücher: ›Geh zu deiner Frau, wann und wie oft du immer willst, wie ein Bauer auf seinen Acker!‹«

»Ich bin doch keine Gebärmaschine!«, schrie ich. »Ich habe auch noch Herz und Verstand!«

»Still, still!«, beschwichtigte sie mich. »Du bist aufgeregt und hast sicherlich Fieber. Du solltest besser schlafen ...«

Ich betastete stöhnend meine schmerzende Stirn. Ich wollte nicht schlafen, ich wollte durchblicken!

»Ein algerisches Mädchen ist verpflichtet als Jungfrau in die Ehe zu gehen«, sagte Ma Djamila. »Jeder Mann ist stolz auf seinen Besitz. Er baut Mauern um sein Haus, grenzt seinen Acker ab und kennzeichnet sein Vieh. Und er will versichert sein, dass die Kinder, die seine Frau ihm schenkt, seine sind.«

»Aber Zora ...«, stammelte ich. »Was denkt sie dabei? Und alle Frauen, die sich wie Eulen um sie scharten! Keine empfand Mitleid für sie!«

Ma Djamila ergriff meine Hand.

»Sie haben doch alle dasselbe erlebt. Mit den Jahren vergessen sie die Ängste, unter denen sie selbst in ihrer Jugend gelitten haben. Sie gleichen sich vollkommen der Familie ihres Mannes an, verteidigen seine Ehre mit Haut und Haar, werden zu tyrannischen Schwiegermüttern, zu argwöhnischen, klatschsüchtigen Schwägerinnen und Tanten ...«

»Und du?«, flüsterte ich tränenerstickt. »Warum hast du Zora nicht gesagt, dass ihr Mann mit ihr ins Bett geht und sie dann alleine lässt, um seine Heldentat vor seinen Freunden zu rühmen!«

Sie drückte meine Hand noch fester.

»Weine nicht, mein Täubchen! Sonst hast du wieder Kopfschmerzen. Sei ruhig, ich will dir etwas erzählen ...«

Ihre rötlichen Flechten verdeckten zur Hälfte ihr Gesicht, das im trüben Licht wie dunkle Bronze schimmerte.

»Du weißt von dem Jungen, den ich im Palmenhain traf.

Nun, wir waren allein, wir waren jung. So geschah es, dass wir uns liebten. Als ich in das Haus meines Onkels zurückkehrte, war ich keine Jungfrau mehr.«

Ich sagte: »Was?«, und hob bestürzt den Kopf. Ihre Augen funkelten höhnisch auf.

»Als meine Hochzeit beschlossen war, suchte ich eine alte Frau auf und schenkte ihr einen meiner Silberringe. Sie gab mir einige Ratschläge. Und als dein Großvater in der Hochzeitsnacht mein Brauthemd, das mit dem Blut eines Huhnes befleckt war, seiner Familie siegreich zuwarf und die Glückwünsche seiner Freunde empfing, saß ich allein in meinem Gemach und feierte meinen eigenen Sieg.«

Ihre trockenen Lippen verzerrten sich. Wieder brach das ungestüme, fast hysterische Gelächter aus ihr hervor.

»Oh mein Täubchen, die Torheit unserer Männer ist so groß, ihre Eitelkeit so gewaltig, dass sie nicht merken, wie die Frauen sie hintergehen. Ihre Überheblichkeit bekämpfen wir mit unseren natürlichen Waffen: List, Verstand, Klugheit. Es sind Waffen, welche die Männer seit alten Zeiten mehr fürchten als Messer und vor denen die heiligen Bücher die Gläubigen warnen.«

Ihr Lachen erlosch. Ich sah eine Speichelspur auf ihren Lippen. »Und bei jeder Hochzeit denke ich an die Stunde dieses Triumphes. Ich singe, tanze und freue mich, fühle mich stolz und frei und unbesiegbar.«

Sie kniff mir zärtlich in die Wange.

»Verstehst du nun, Kind, weshalb ich dich unterstützte? Ich erkenne mich in dir wieder. Ich weiß, was du denkst, fühle, was du empfindest. Und ich will, dass du glücklich wirst.«

Ich schmiegte meinen Kopf an ihre Schulter. Meine Großmutter! Jetzt endlich verstand ich sie. Niemals konnte ich sie mehr lieben als in diesem Augenblick, in dem sie mir ihr teuerstes Geheimnis preisgab. Eine Frage quälte mich noch.

»Wenn du deinen Geliebten geheiratet hättest, wäre er nicht auch, im Namen des Korans, zu deinem Gebieter geworden?«

Sie lächelte nachdenklich.

»Ich weiß es nicht, mein Täubchen. Und da ich es nie wissen werde, bewahre ich die Überzeugung in mir, dass er der Einzige war, der meine Ablehnung jeglichen Zwanges gespürt hatte, als er zu mir sprach: ›Du sollst ebenso frei sein wie ein Vogel und dich immer verhalten, wie es dir und deinem Herzen richtig erscheint.‹«

Mein Herz klopfte heftig, die Hitze stieg mir in die Wangen.

»Das hat mir auch Kim gesagt. Oh, Ma! Er würde dir gefallen!«

»Kim?«, murmelte sie. »Heißt er Kim?«

Ich wollte antworten, als ein schwingender Ton aus der Dunkelheit stieg: die Stimme des Muezzins, der die Übermacht des männlichen Gottes verkündigte und die Gläubigen zum Gebet aufrief. Doch weder Ma Djamila noch ich rührten uns. Keine von uns sprach, bis das Echo des Rufes in der Stille verklang, ähnlich wie ein Stein, der langsam in dunkle, bodenlose Gewässer versinkt. Erst dann seufzte Ma Djamila. Doch als sie den Kopf hob, war es, als ob sich ihr Gesicht auf geheimnisvolle Weise erhellte und entspannte. Ich konnte nicht den leisesten Anflug von Müdigkeit in ihren Zügen wahrnehmen. Ihre

Schultern strafften sich, ihre Haut hatte wieder Farbe und Glanz und ihre Augen sprühten vor Kühnheit.

»Wenn ein Junge dir das versprochen hat«, sprach sie, »dann kämpfe für ihn! Denn die Freiheit ist wertvoller als eine Quelle im Sand und ebenso kostbar wie das Leben selbst.«

Sie beugte sich mit listigem Lächeln zu mir und gab mir leise einige Ratschläge. Als sie wie ein lautloser Schatten das Zimmer verließ, brach schon der Tag an. Ich drehte mich auf die andere Seite, schloss die Augen und schlief beruhigt ein.

25

»Warte, bis dein Vater gegessen hat«, hatte mir Ma Djamila geraten. »Männer mit vollem Bauch sind friedfertig. Warte auch ab, bis die Nachrichten vorbei sind, damit er dir aufmerksam zuhört. Aber unterhalte dich mit ihm, bevor der Spielfilm läuft, da er dich dann schnell loswerden will.«

Doch ich musste mir den günstigsten Augenblick aussuchen. Am darauf folgenden Tag waren alle müde. Ich blieb im Bett, schlief viel und erholte mich. Meine Verletzung war nur gering: Die Schwellung verfärbte sich und verschwand. Meine Familie umsorgte mich: Achmed brachte mir eine französische Illustrierte mit, Rahim lieh mir seinen Plattenspieler. Khalti Fatima verwöhnte mich mit Minzentee und Honiggebäck. Ich lag in Zoras Bett, blickte in ihrem Zimmer umher, das seltsam unbewohnt wirkte. Sie hatte alle persönlichen Sachen mitgenommen. Nur die Drahtbügel hingen noch im Schrank und unter dem Bett fand ich eine Strumpfhose mit einer Laufmasche.

Am zweiten Tag stand ich auf, wusch mich und flocht sorgfältig mein Haar. Den ganzen Nachmittag verbrachte ich mit Khalti Fatima in der Küche. Als mein Vater und Achmed zum Abendessen von der Moschee zurückkamen, setzte ich ihnen einen saftigen Huhneintopf und einen wunderschön angerichteten Salatteller vor.

»Wie kannst du nur behaupten, Onkel Farid, dass Aischa in den Hausarbeiten nicht bewandert ist!«, rief Achmed. »Sie ist doch eine echte Küchenfee!«

Mein Vater lächelte nachsichtig.

»Dies ist nur darauf zurückzuführen, dass sie keine Bücher hat. Zu Hause liest sie von morgens bis abends und kümmert sich um nichts.«

Rahim kniff mir ein Auge zu.

»Kochen ist besser als lesen! Von Büchern wird man nicht satt!« Alle lachten und Khalti Fatima stellte das Fernsehen an.

Nach dem Essen schwang sich Rahim auf sein Fahrrad: Er wollte noch Freunde besuchen. Achmed hatte Nachtdienst bei der Post. Er umarmte seine Mutter, strich mir freundlich über das Haar und verließ das Haus. Die Nachrichten waren vorbei. Mein Vater saß allein auf dem niedrigen Sofa, trank Minzentee und starrte auf die Werbespots. Sechs Minuten später wurde eine ägyptische Schnulze gesendet, die in Algerien großen Anklang fand. Ma Djamila warf mir einen bedeutungsvollen Blick zu und verdrückte sich mit Khalti Fatima in die Küche. Ich holte tief Luft. Nun musste ich handeln.

Ich trat zu meinem Vater, blieb mit gesenktem Kopf vor ihm stehen. »Ja?«, brummte er leicht erstaunt.

Ich ergriff seine Hand und küsste sie.

»Verzeih mir ... es tut mir so Leid, dass ich in der Schule versagt habe!«

Er zog schnell die Hand zurück. Er war kein Freund von Gefühlsäußerungen. »Ist schon gut«, murmelte er und hob ein Glas Tee an die Lippen.

»Darf ich dich noch einen Augenblick stören?«, fragte ich. Er nickte verdrießlich. »Fass dich kurz!«, schien ich auf seinem Gesicht zu lesen, während seine Augen zum Bildschirm hinüberstarrten.

Ich schluckte. »Ich ... ich hörte, dass du einen Verlobten für mich suchst. Ich danke dir dafür.«

Sein Blick wich dem meinen aus. Ich sah, wie er sich verkrampfte.

»Wer hat dir das gesagt? Ma Djamila?«

Ich nickte. »Sie hat mir auch gesagt, dass du Schwierigkeiten hast. Es ist ja nicht üblich, dass ein Vater einen Schwiegersohn sucht.«

»Nein, weiß Gott nicht!«, brauste er auf. »Hochzeiten sind Frauensache. Glücklicherweise hilft mir Khalti Fatima!«

Es war ein seltsames Gespräch. Wir unterhielten uns wie Fremde. Keiner wagte dem anderen ins Gesicht zu sehen.

»Ich sehe ein, dass ich dumm und undankbar gewesen bin«, fuhr ich gepresst fort. »Ich bitte dich, lass mich wieder zur Schule gehen! Ich verspreche dir, dass ich mich nur noch mit Lernen befassen werde.«

Ma Djamila, die in der Küche jedes Wort mithörte, benutzte diesen Augenblick, um sich einzumischen und ihren ganzen Einfluss spielen zu lassen. Unbefangen betrat sie das Wohnzimmer und stellte eine Schale Mandelgebäck vor meinem Vater hin.

»Die Kleine hat Recht, Farid. Die Heiratsvermittlerinnen waren der Meinung, dass ihre Chancen gering sind. Jede Familie, die etwas auf sich hält, misstraut einer ausländischen Schwiegertochter. Außerdem ist sie an das Leben hier nicht gewöhnt. Sie würde unglücklich sein, und das kannst du doch nicht wollen.«

Mein Vater schwieg, unterdrückte ein Hüsteln und betastete seinen spärlichen Bartwuchs. Seit einigen Tagen rasierte er sich nicht mehr, um sich wie würdige Patriarchen der Kasbah einen Vollbart wachsen zu lassen.

Ma Djamila pflanzte sich vor ihm auf, stemmte die Hände in die Hüften und schlug ihn mit ihren eindringlichen Augen in ihren Bann.

»Hör auf deine Mutter, Farid! Nimm Aischa wieder mit und schicke sie zur Schule. In Frankreich kann sie Lehrerin werden und wie Zora eine gute Partie machen. Hier nicht. Tu, was ich dir sage, mein Sohn! Eines Tages wirst du dich dankbar an meinen Rat erinnern.«

Mein Vater steckte sich ein Mandelplätzchen in den Mund und schielte zum Fernseher hin. Der Film fing gleich an. Er wollte seine Ruhe haben.

»Meinetwegen! Mir soll es recht sein«, sagte er zerstreut. »Aber Said wird sie jeden Tag zur Schule bringen. Ich will nicht, dass Ähnliches wieder vorkommt.«

Rasch senkte ich die Lider. Mein Gesicht sollte in reiner und demütiger Dankbarkeit leuchten.

»Ich danke dir, dass du dich so gnädig zeigst.« Und

ich ergriff wieder seine Hand und küsste sie, aber er zog sie ungeduldig weg. Auf dem Bildschirm kündigte sich der Film mit rührseliger Musik an. Ich wusste, dass er nur deshalb seine Erlaubnis gegeben hatte, weil Ma Djamila ihn auf meine besseren Heiratschancen als Lehrerin aufmerksam gemacht hatte. Jetzt, wo Zora mit einem Beamten verheiratet war, wollte sich mein Vater nicht »nur« mit einem Arbeiter als Schwiegersohn zufrieden geben.

Zwei Tage später traten wir die Heimreise an. Wir schleppten voll bepackte Plastiktüten und zwei Koffer, die mit Bindfaden umwickelt waren. Achmed brachte uns zum Flughafen. Ma Djamila hatte darauf bestanden, uns zu begleiten.

Die untergehende Sonne schien schräg in die Kasbah, ließ das Häusermeer aufleuchten wie eine Druse aus rosa Kristall. Als wir Algiers Verkehrschaos hinter uns gebracht hatten, sahen wir das Meer, blau und rosa gesprenkelt. Der Wind zerrte an den Eukalyptusbäumen, an den Wäscheleinen auf den Balkons, an den flatternden Schleiern der Frauen. Im Abendlicht wirkte die rissige, rote afrikanische Erde wie trockenes Blut. Ich fühlte, wie meine Poren sich fröstelnd zusammenzogen. Dieses Land war meine Heimat, die ich für immer verließ. Die Menschen, die es bewohnten, waren mir in ihrer Denkart und Gefühlswelt fremd. Ich war zwischen zwei Welten erzogen worden, konnte in keiner feste Wurzeln fassen. Ein Großteil meines Lebens würde sich innerhalb dieser Zwiespältigkeit abspielen. Aber ich würde die Zähne zusammenbeißen, den Dingen, die ich geliebt hatte, den Rücken zukehren. Jeder Mensch findet früher oder später die Heimat seiner Seele. Auch meine befand sich irgendwo auf dieser Welt, aber sicherlich nicht hier.

Achmed, der viel Zeit in den verstopften Straßen verloren hatte, überholte mit halsbrecherischer Geschwindigkeit eine Kolonne stinkender Lastwagen. Ma Djamila starrte vor sich hin; hielt ihren Haik unter ihrem Kinn fest. Meine Finger spielten mit dem silbernen Armreifen, den sie mir zum Abschied geschenkt hatte.

Sie war in Zoras Zimmer gekommen, als ich meine Tasche packte. Während ich sie sprachlos anstarrte, hatte sie mir den Armreifen über die Hand gestreift.

»Trage ihn. Er gehörte einst meiner Mutter. Ich brauche ihn jetzt nicht mehr. Wenn du Geld benötigst, verkaufe ihn zu einem angemessenen Preis. Es ist schweres, antikes Silber.«

Ich hatte das glatt polierte Schmuckstück mit den Fingerspitzen gestreichelt, das wie eine helle und geheimnisvolle Mondsichel mit meinem Handgelenk verwachsen schien.

»Ich verkaufe ihn nie! Ich werde ihn tragen und immer an dich denken. Und wenn ich alt bin, trägt ihn meine Tochter.«

»Du musst praktisch denken«, hatte Ma Djamila erwidert. »Man weiß nie. Es können dir noch schwere Zeiten bevorstehen.«

Sie hatte mich fest in ihre Arme geschlossen.

»Wer andere kennt, ist klug. Wer aber sich selbst kennt, ist weise. Folge stets den Weisungen deines Herzens und du wirst vom Weg der Gerechtigkeit nicht abweichen.«

Im Schimmer der untergehenden Sonne streifte mein Blick ihr verschleiertes Profil, die hohe Stirn, die länglichen, sich bis zur Schläfe hinziehenden Augen. Meine kluge, unerschrockene Großmutter! Sie hatte ihr Leben hinter Mauern verbracht, aber ihr Stolz war ungebrochen. Und ihre Seele, frei wie der Wind, wanderte im Licht der unendlichen Wüste.

Achmed blieb in einem Stau stecken und blickte nervös auf die Uhr. Mein Vater hustete, knetete seine Finger. Hoffentlich verpassten wir das Flugzeug nicht! Endlich wurde das Gebäude des Flughafens sichtbar. Achmed fand sogar einen Parkplatz. Er half meinem Vater das Gepäck aus dem Kofferraum zu ziehen und lief mit uns in die Abflughalle. Wir standen vor der Zollschranke, in der Menge der Passagiere, die auch mit Koffern und Plastiktüten beladen waren und dieselbe Maschine bestiegen. Achmed umarmte meinen Vater und berührte meine Stirn mit den Lippen. Ma Djamila warf ihren Schleier zurück und streichelte das Gesicht meines Vaters.

»Geh zum Arzt, Farid! Dein Husten gefällt mir nicht. In Frankreich gibt es bestimmt bessere Ärzte als hier. Und kümmere dich um Aischa. Die Jungen sollen sie in Ruhe lassen. Das Kind ist empfindlich!«

Er küsste ehrerbietig ihre Hand, während sie ihr Antlitz erhob und ihm über das Haar strich, als segne sie ihn. Dann blickte sie mich an. Unsere Augen fanden sich in geheimer, stummer Zwiesprache. Sie breitete die Arme aus, um mich ein letztes Mal an sich zu drücken.

»Weine nicht!«, flüsterte sie. »Sei tapfer!«

Ich würgte mein Schluchzen hinunter. »Komm!«, keuchte mein Vater, seinen Pass schwenkend, und stieß mich vor sich her. Im Gedränge durchschritten wir die Zollschranke. Ein letztes Mal wandte ich mich um. Durch einen Tränennebel sah ich Ma Djamila neben Achmed stehen. Er winkte uns nach, Ma Djamila zog jedoch mit ruhiger Bewegung den Haik bis unter die Augen und rührte sich nicht. Sie verbarg unter ihrem Schleier die Freiheit, die wie ein glühender Funke ihrem Herzen entsprang und in mir stark und sonnenhell leuchtete.

26

An einem trüben Novembermorgen begleitete mich mein Vater zur Schule. Frau Duval, die Direktorin, empfing uns eher kühl. Sie gab meinem Vater zu verstehen, dass es den Schülern nicht gestattet war, ohne zwingende Gründe dem Unterricht fernzubleiben. Mein Vater starrte finster vor sich hin; die Zurechtweisung war ihm peinlich. Als er Frau Duval erklärte, dass mein Bruder mich in Zukunft zur Schule begleiten würde, richtete sie ungeduldig die Augen zur Decke.

»Haben Sie nicht das Gefühl«, meinte sie sarkastisch, »dass Ihre Tochter aus dem Kindergartenalter herausgewachsen ist?«

Mein Vater zupfte unbehaglich an seiner Krawatte.

»Inchallah!«, murmelte er steif. »Ich muss leider darauf bestehen.«

Frau Duval, sichtlich gereizt, entließ uns mit der Bemerkung, dass ich mich anstrengen müsste, wenn ich den versäumten Unterricht nachholen wollte. Mein Vater schlich kleinlaut davon und ich wartete im Lehrerzimmer auf Frau Favre, die sofort über mich herfiel.

»So geht das natürlich nicht! Stell dir vor, wenn sich jeder Schüler nach Lust und Laune einen Monat Ferien leisten würde! Ich bin ja mal gespannt, wie wir dich durchs Abitur schleppen!«

Ihre Nase war gerötet und sowohl ihre Augen als auch ihre Brillengläser schienen vor Empörung zu funkeln. Ich war froh, dass mein Vater nicht mehr dabeistand. Da ich wusste, dass ihr forsches Auftreten, ihre scharfe Stimme, Aufrichtigkeit und echte Empfindsamkeit verbargen, zog ich den Kopf wie unter einem Regenguss ein.

»Ich kann nichts dafür. Meine Familie . . .«

»Das ist mir völlig klar«, schnitt sie mir das Wort ab. »Andere Länder, andere Sitten. Aber du lebst in Frankreich, mein Kind. Du hast dich den hiesigen Verhältnissen und der Schulordnung anzupassen.«

Sie zog geräuschvoll die Luft ein.

»In manchen islamischen Ländern dürfen Frauen weder Auto fahren noch ein Café betreten. Wenn wir in diese Länder fahren, erwartet man von uns, dass wir uns anpassen. Wenn nicht, fliegen wir ins Gefängnis oder bekommen Steine an den Kopf geworfen. Warum passen sich deine Glaubensgenossen in Europa *uns* nicht an? Aber nein! Im Namen ihres Rechtes auf kulturelle Eigenständigkeit machen sie, was sie wollen. Und aus fragwürdigen, wirtschaftlich-politischen Überlegungen heraus, katzbuckeln wir vor jedem völkerkundlichen Unfug! Toleranz als Aushängeschild für unser schlechtes Gewissen kann bequem und anregend sein! Wir wollen nicht als böse Rassisten gelten, verschließen Augen und Ohren und unterstützen stillschweigend die Unterdrückung der Hälfte der Menschheit! Aber es gibt Werte, mein Kind, die nicht nur ›westliche‹ Werte, sondern Universalwerte sind. Dazu gehört, dass jeder Mensch, Mann oder Frau, sich ungehindert bewegen darf. Ist das nicht der Fall, steckt das Volk noch geistig in den Kinderschuhen, auch wenn es Fernsehprogramme über Satelliten empfängt und Revolutionen auf Kassetten propagiert!«

Ich schwieg befangen. Was sollte ich dazu sagen?

»Wie dem auch sei«, beendete Frau Favre wütend ihren Redefluss, »der Moslem, der mir vorhält, wie ich mich als Frau zu verhalten habe, ist noch nicht geboren.« Sie schien sich plötzlich wieder an meine Anwesenheit zu erinnern.

»Jetzt wirst du also von deinem Bruder wie ein Baby mit Schnuller bemuttert. Hat er nichts Besseres zu tun?«

»Er ist arbeitslos«, sagte ich matt.

»Dann sollte er lieber einen Fortbildungskurs besuchen«, schnaubte Frau Favre. »Was nun? Nimmst du jetzt normal am Unterricht teil oder hast du wieder Sonderwünsche?«

Ich schluckte.

»Ich ... ich darf an keinem Klassenlager teilnehmen und auch nicht turnen.«

»Nicht turnen!« Sie schüttelte aufgebracht den Kopf. »Na, dann wirst du dich wundern, wie du mit vierzig aussiehst. Jetzt bist du noch schön und schlank, aber warte mal ab!«

Sie befahl mir in die Klasse zu gehen und verschwand in Richtung Toilette, um sich wahrscheinlich die verschwitzte Nase zu pudern. Niedergeschlagen suchte ich das Klassenzimmer auf und blieb schüchtern auf der Schwelle stehen. Ausgerechnet Marcel sah mich zuerst und grinste von einem Ohr zum anderen.

»Sieh mal einer an. Wer kommt denn da?«

Alle wandten die Köpfe und starrten mich an. Delfina, mit ihren Glasperlen in den winzigen Zöpfen, Isabelle mit ihrer blauen Punksträhne und den schwarz umflorten Augen. Und Yuriko und Kiku, die zierlichen Japanerinnen, die dicke Yulla, der samthäutige Maurice. Jacques' Pickel waren entzündet, Nathalie hatte einige Sommersprossen mehr, Tobias trug eine Brille und Yves war ein Stück gewachsen. Lio hatte ihren üblichen Kaugummi im Mund und neben ihr saß Ariane. Im Schweigen, das in meinen Ohren brauste, sah ich nur sie. Ihr Haar wirkte dunkler und kürzer. Sie trug einen rosa Pulli, eine lila Kordhose und weiße Tennisschuhe. Einige Atemzüge lang war es mir, als stünde die Welt still. Ich spürte mit seltsamer Deutlichkeit den Boden unter den Füßen, den Griff der Schultasche in meiner Hand, atmete den vertrauten Geruch nach Kreide, Staub und Schweiß ein. Plötzlich stand Ariane auf, lief mir entgegen und warf sich in meine Arme. Erneut brachen wir in Tränen aus – wie damals auf ihrer Geburtstagsparty. Ariane drückte ihre warme, nasse Wange an meine. Ich atmete einen leichten Rosenduft ein und erinnerte mich an das Parfüm, das ich ihr geschenkt hatte. Die anderen räusperten sich verlegen, sahen weg und gaben sonst keinen Kommentar von sich. Ich glaube, sie gewöhnten sich allmählich daran, uns ständig heulen zu sehen.

»Aischa! Endlich!«, schluchzte sie. »Wie hast du es nur geschafft?«

»Hast du meinen Brief erhalten?«, stammelte ich.

Sie nickte, zog ein zerknittertes Taschentuch hervor und putzte sich geräuschvoll die Nase.

»Und Kim?«, hauchte ich.

Sie schniefte und reichte mir ihr Taschentuch.

»Es geht ihm gut. Aber er macht sich Sorgen um dich.«

Lio, noch immer mit Kaugummi, hatte schon ihre Sachen gepackt. Yves rückte bereitwillig zur Seite. Ich dankte ihnen mit einem Lächeln. Ariane und ich setzten uns und steckten die Köpfe zusammen.

»Kim«, flüsterte ich. »War es sehr schlimm?«

»Sagen wir, es war nicht gerade ein Spaß. Er hatte eine Gehirnerschütterung und zwei gebrochene Rippen. Die Stirnwunde musste genäht werden. Eine Zeit lang sah er furchtbar aus.«

Wieder kamen mir die Tränen.

»Alles ist meine Schuld«, schluchzte ich in Arianes Taschentuch.

»Ach was, du kannst doch nichts dafür. Als die Polizei kam, hatten die vier Schwachsinnigen dich schon gekidnappt. Kim lag drei Tage im Krankenhaus. Als er wieder auf den Beinen stand, fuhr er nach Nanterre und suchte dich.«

»Ich weiß Bescheid«, hauchte ich. »So ein Wahnsinn! Stell dir vor, wie das hätte enden können!«

»Mit einem Messer im Bauch oder Ähnliches.« Ariane nickte düster. »Danach wollte er nach Algerien fliegen und dich holen. Zum Glück hat seine Mutter ihm das ausgeredet.«

Ich erzählte ihr von Said und dass es für mich ausgeschlossen war, Kim nach der Schule zu treffen.

»Kannst du ihn nicht abschütteln?«

»Unmöglich«, sagte ich mit bitterem Hohn. »Er ist jetzt der Wächter der Familienehre.«

»Schöne Beschäftigung!«, murmelte Ariane. »Aber warte nur ab, wir werden schon schlauer als er sein!«

Ein Luftzug wehte durch den Raum. Frau Favre betrat das Klassenzimmer und knallte die Tür hinter sich zu. Die Schüler sahen das Barometer auf Sturm stehen und duckten sich.

»Falls ich Kim in der Mittagspause schreibe«, flüsterte ich Ariane zu, »gibst du ihm den Brief?«

»Sicher nicht«, antwortete sie trocken. »Ich schmeiße ihn ins nächste WC!«

Am Nachmittag sah ich Said schon von weitem am Tor stehen. Er lehnte an der Mauer, schlank und biegsam, seine Locken wehten im Wind. Er trug enge Jeans, ein Hemd, das ich ihm gebügelt hatte, und eine gefütterte Windjacke. Das Goldkettchen glitzerte an seinem Handgelenk. Er rauchte, lächelte charmant und legte den Kopf schräg, während er die Schülerinnen mit anzüglichen Blicken musterte. Ariane stolzierte mit hochfahrender Miene an ihm vorbei und musterte ihn wie ein Ungeziefer. Said blickte ihr versonnen nach.

»Wer ist denn das?«

Ich senkte die Augen.

»Eine Schülerin aus meiner Klasse.«

»Ganz schön arrogant«, meinte er. »Pass auf, dass du nicht auch so wirst, sonst schlage ich dir die Zähne ein!«

Ich schwieg. Seine Bemerkungen glitten wie Wasser auf dem Gefieder einer Ente an mir ab. Der Brief, den ich an Kim geschrieben hatte, war wie ein Akt magischer Kraft, der mich vor allen Schikanen schützte.

Meine Mutter war in letzter Zeit noch träger geworden. Sie hatte ja nichts anderes zu tun, als zu kochen und zu essen. Ihre Knöchel waren angeschwollen, sie schob den Bauch vor sich her, als sei sie schwanger, und ihr aufgedunsenes Gesicht schimmerte wächsern. Mich behandelte sie wie eine Fremde, wie ein Nichts. Selbst in einer Stadt wie Paris saß ihr die Angst vor dem Gerede der Leute in den Knochen. Ein arabisches Sprichwort besagt: »Das Ansehen ist wie ein Ei: Es zerbricht nur einmal.« Meines war gebrochen, ich war auf dem Heiratsmarkt keine lohnende Investition mehr.

Ich hatte anders sein wollen als meine Mutter, hatte fremde Gewohnheiten angenommen, die Prinzipien des Korans missachtet! Nun musste ich dafür büßen.

Mein Vater hingegen sah verjüngt und zufrieden aus, der schwermütige Zug um seinen Mund war weniger stark ausgeprägt. Im vertrauten Kreis seiner Familie, seiner Freunde, hatte er zu einem neuen Selbstbewusstsein gefunden, das ihm sein eintöniges Dasein erleichterte.

Seit meiner Rückkehr kam die verborgene Feindseligkeit zwischen Ali und mir immer deutlicher zum Vorschein. Er ließ durchblicken, dass der Plan, mich in Algier zu verheiraten, von ihm stammte. Er hatte sogar meine Hinreise bezahlt. Ma Djamila finanzierte aus ihren Ersparnissen den Rückflug. Mit seiner überreizten Feinfühligkeit spürte Ali, dass er mir nicht mehr gewachsen war. Meine innere Kraft erschreckte ihn. Ali war selbstgefällig, komplexbeladen und geltungsbedürftig, eine gefährliche Mischung, die ihn – wie viele andere – in den Glaubenseifer und in die militante Politik trieb. Er hatte eine festgefahrene Vorstellung von Gut und Böse und widersetzte sich jeder Erkenntnis, die nicht seinem Weltbild entsprach.

Somit verschloss er sich dem Wesentlichen: Der Freiheit des Geistes, ohne die wir Gefangene unserer selbst, unserer Schwächen und Vorurteile sind.

»Meine liebe Aischa«, schrieb Kim. »Du fragst, wie es mir geht. Was soll ich dir von mir berichten? Ich war sehr niedergeschlagen und unglücklich. Jeden Tag wartete ich auf ein Lebenszeichen von dir, jeden Tag lebte ich in der Furcht, dich endgültig zu verlieren! Ausgenommen die Flucht aus Saigon war dies die schwerste Zeit meines Lebens. Stets glaubte ich, dass Wunden an Körper und Seele mit der Zeit verblassen, jetzt erkenne ich, dass wir mehr an ihnen leiden, je älter wir werden. Fanfans Bein war gebrochen. Vorgestern hat man den Gips abgenommen, jetzt springt er wieder umher. Ich ging häufig mit ihm im Bois de Boulogne spazieren, stellte mich unter ›unseren‹ Baum und dachte an dich. Ich fühlte dich im Wind und im Sonnenlicht, hörte deine Stimme in mir. Die sich bewegenden Zweige waren dein Haar, der glitzernde Teich dein Lachen.

Ich weiß, wir dürfen nichts mehr riskieren. Also warte ich auf dich. Uns Asiaten wird Geduld nachgesagt. Obwohl es für mich nur teilweise zutrifft, versuche ich sie aufzubringen. Bitte, schreibe mir so oft, wie du kannst, ich brauche deine Briefe so nötig. Ich liebe dich.«

Ich hob den Kopf. Ariane, die mir den Brief gebracht hatte, lächelte mich mit den Augen an. Langsam und wohlbedacht zerriss ich den Brief in winzige Stücke. Ein Luftzug trug die Fetzen durchs offene Fenster, verstreute sie in die Büsche.

»Es ist besser so«, sagte ich leise.

Sie nickte wortlos. Ein tiefer Atemzug hob meine Brust.

»Wenn ich Kim täglich schreibe ... würdest du ihm die Briefe bringen?« Ihre Lippen zuckten schmerzlich, aber sie lächelte noch immer.

»Keine Sorge! Ich finde mich schon damit ab, nur ein Briefkasten zu sein!«

Paris, den 27. Nov.

»Kim, es ist schwer für mich, dir mein Leben zu schildern. Ich will es trotzdem versuchen. Obwohl ich in Frankreich geboren und aufgewachsen bin, lebte ich außerhalb der französischen Welt. Man könnte unsere Familie als sehr geschlossen bezeichnen. Obwohl ich nie verstand, warum meinen Brüdern Dinge erlaubt wurden, die mir verboten waren, fühlte ich mich im Familienkreis geborgen. Ich liebte meine Eltern, liebte Ali und Said. Wir lachten und scherzten oft. Es genügte, dass ich ihnen gehorchte, und ich lebte zu Hause in Frieden.

Als ich dreizehn wurde, änderte sich vieles. Ich galt als Frau, musste ein Kopftuch tragen, mich der Tradition beugen und eine gute Muslimin sein. Dass ich weiterhin zur Schule gehen konnte, habe ich Marie Merle, meiner geliebten Lehrerin, zu verdanken. Dadurch kam ich in eine neue Umgebung, lernte zuerst Ariane, dann dich kennen. Die Welt, der ich angehöre, ist nun nicht mehr meine Welt. Ma Djamila, meine Großmutter, war dreizehn, als sie in die Wüste floh, um den Jungen, den sie liebte, zu suchen. Ich bin ihre Enkelin und ich suche dich. Deine Welt ist meine Welt, und wo immer du hingehst, will ich auch hingehen. Said bringt mich jedoch täglich zur Schule, lässt mich keinen Augenblick allein. Zu Hause darf ich außer den Schularbeiten weder lesen noch schreiben.

Ich darf mich auch nicht mehr alleine in meinem Zimmer aufhalten oder untätig herumsitzen. Ich muss putzen, kochen, bügeln, meine Brüder bedienen. Sie schlagen mich, wenn ich nicht gehorche. Meine Mutter sagt nichts. Sie rächt sich für das, was sie selber als junges Mädchen durchgemacht hat. Mein Vater will seine Ruhe haben. Nachts weine ich stundenlang in meinem Bett. Wie soll ich das nur ertragen?«

Paris, den 29. Nov.

»Aischa, auch ich weinte, als ich deinen Brief las. Die Sorgen um dich bringen mich fast um. Wie kann ich dir Mut zusprechen? Denke nicht mehr an die Vergangenheit! Auch die unerfreuliche Gegenwart ist eine vorüberziehende Wolke. Behalte stets die Zukunft vor Augen. Hab Vertrauen! Wir finden einen Weg, es ist nur eine Frage der Zeit. Inzwischen versuche dich an schönen Dingen zu erfreuen. Hast du den Mond in der vergangenen Nacht gesehen? Er leuchtet hinter dem Baum vor meinem Fenster und ich denke an dich. Jede Nacht erscheint er früher und wird größer. Ich weiß nicht, wie ich dir meine Gefühle beschreiben soll. Ich habe ein starkes Bedürfnis, bei dir zu sein, da ich nun weiß, wie sehr ich dich liebe. Das Wissen um dich verleiht mir Kraft. So denke auch du und weine nicht mehr.«

den 4. Dezember

»Kim, ich fürchte mich. Seit einigen Tagen bringt Ali Freunde nach Hause. Früher durfte ich mich nicht blicken lassen. Jetzt muss ich meine Kochkunst zeigen und stundenlang komplizierte Gerichte zubereiten. Wenn ich aus der Küche komme, um sie zu bedienen, mustern sie mich wie Pferdehändler. Nachmittags kommen deren Mütter und Tanten und lassen sich von mir mit Minzentee und Gebäck verwöhnen. Sie lachen zuckersüß und entkleiden mich mit ihren Blicken. Sie wollen wissen, ob ich gesund bin und regelmäßig meine Monatsblutung habe. Eine wollte sogar meine Schneidezähne sehen, denn Frauen mit spitzen Schneidezähnen gelten als gefräßig. Es ist so schrecklich demütigend, wie sie über mich herfallen, mich untersuchen, mich sogar wie eine Ware oder ein Stück Vieh auf dem Markt betasten. Ich verabscheue diese Frauen, aber ich kann nicht anders, ich verstehe sie. Wie meine Mutter passen sie sich völlig ihren Ehemännern an, vertreten mit Haut und Haar deren Interessen und halten fanatisch an einer Tradition fest, unter der sie selber leiden.«

den 5. Dezember

»Aischa, wenn ich morgens aufwache und an dich denke, fürchte ich oft dich wieder zu verlieren. Ariane sagte mir, dass wir dir Zeit lassen müssen: Du kannst dich nicht in Stücke reißen. Oft begegnen mir Moslemmädchen auf der Straße. Ihre Schüchternheit, das Kopftuch und die gesenkten Augen erinnern mich an dich. Wenige Menschen verfügen über die Kraft, um für sich zu wählen, was man Freiheit nennt. Ich bewundere den ungeheuren Mut, den du schon bisher aufgebracht hast. Wir müssen uns davor hüten, alles in Recht und Unrecht, in Gut und Böse einzuteilen. Aber der seelische Schaden, der diesen Mädchen zugefügt wird, hat so viel mit Dummheit und Grausamkeit zu tun. Wie soll sich ein aufgeklärter Mensch dazu verhalten? Es ist gemein und feige, alles als ›Kultureigenart‹ abzustempeln oder schamvoll zu übersehen. Die Unreife und Beschränktheit der menschlichen Rasse ist eine Tatsache, die wir nüchtern anerkennen müssen, um nie aufzuhören, uns dagegen zu wehren.«

den 8. Dez.

»Kim, sie plagen mich Tag und Nacht. Ali betont immer wieder, dass ich durch mein Geschlecht Anstoß errege. Schonungslos bringt er mir bei, dass ich die Ehre der Familie zwischen den Beinen trage. Frauen seien böse, gefährliche Wesen, die lediglich der Fortpflanzung und der Bequemlichkeit des Mannes dienten. Meine bloße Existenz kann Schande über die Familie bringen. Mädchen wie ich werden verleugnet, aus dem Familienstammbuch gelöscht, als Sünderinnen vertrieben oder getötet. Said erzählt mir von Brüdern, die ihre Schwestern erwürgen, erstechen oder mit kochendem Wasser übergießen. Er sagt auch, dass er dich tötet, wenn du es wagst, in meine Nähe zu kommen. Es sei ihm egal, ins Gefängnis zu wandern, da ihm die Familienehre mehr bedeute. Beide spüren, dass mein Wille stärker ist als ihrer, und werden immer handgreiflicher. Ich habe blaue Flecken am ganzen Körper. Ins Gesicht schlagen sie mich nie: Ich soll hübsch aussehen für den Mann, der mich überhaupt noch will. In der Schule bin ich völlig apathisch, ich kann dem Unterricht kaum noch folgen. Bitte, hilf mir! Lass mich nicht im Stich . . .«

den 9. Dez.

»Aischa, so geht es nicht weiter. Du musst von zu Hause weg. Aber das bedeutet den endgültigen Bruch mit deiner

Familie, mit deiner Umwelt, es ist ein Sprung ins kalte Wasser. Ich weiß nicht, ob du dazu bereit bist. Ich warte auf deinen Entschluss. Ich liebe dich mehr als alles auf der Welt.«

Ich faltete den Brief zusammen. Wir warteten im Chemiesaal auf den Lehrer, der wieder einmal an Zahnweh litt und zu spät erschien. Ein süßlicher Chemikaliengeruch hing in der Luft. Die Schüler lärmten und lachten, Tobias ließ ein Papierflugzeug über unsere Köpfe segeln. Ariane und mich ließen sie in Ruhe. Sie wussten alle Bescheid. Als Marcel vor einigen Tagen eine dumme Bemerkung fallen ließ, hob Ariane vor der ganzen Klasse meinen Rock hoch, um ihnen meine blauen Flecke zu zeigen. Ich sehe noch ihre entsetzten Gesichter vor mir. Marcel war flammend rot geworden, Delfina stieß klangvolle brasilianische Flüche aus. Yulla weinte sogar. Seitdem behandelten sie mich fast übertrieben rücksichtsvoll, schlichen auf Zehenspitzen an mir vorbei, als hätte ich vierzig Grad Fieber. Yves und Marcel unterhielten sich darüber, Said zu verprügeln. Ich flehte sie an, es nicht zu tun: Er würde sich umso schlimmer an mir rächen.

Ich zerriss Kims Brief, öffnete das Fenster und ließ die Fetzen hinausflattern.

»Kim schlägt vor, dass ich ausreiße«, sagte ich zu Ariane. »Er hilft mir. Aber was dann? Was wird aus mir?«

»Darüber solltest du dir keine Gedanken machen«, meinte sie. »Kim ist alt genug und weiß, was er tut. Und seine Mutter unterstützt ihn.«

Ich starrte in die helle Wintersonne. Ihr Licht war wie etwas Greifbares, das warm und golden und ganz nah meine Haut berührte.

Ich holte tief Luft.

»Sag ihm, ich bin bereit.«

Arianes Augen flackerten. Ihre raue Stimme klang plötzlich noch rauer.

»Hast du es dir auch gut überlegt? Dass du später nicht vor Heimweh und Gewissensbissen krank wirst?«

Ich lächelte scheu und schüttelte leicht den Kopf.

»Nein. Ich habe schon zu lange gewartet. Jetzt ist der Augenblick gekommen.«

Am nächsten Morgen brachte mir Ariane Kims Brief.

»Aischa, ich war mit meiner Mutter bei einer Sozialarbeiterin. Offenbar bist du kein Einzelfall. Sie erzählte uns einige schlimme Geschichten. Die Polizei erreicht kaum etwas. Sie brummt den Eltern eine Verwarnung auf, aber an der täglichen Tragödie der Mädchen ändert sich nichts.

Eines ist sicher: Du musst eine Zeit lang weg von Paris. Hier wäre es für dich zu gefährlich. Sobald du volljährig bist, können deine Eltern nichts mehr gegen dich unternehmen.

Warte einen günstigen Augenblick ab und verschwinde. Meine Telefonnummer hast du. In den nächsten Tagen schwänze ich den Unterricht und bleibe zu Hause. Sobald du anrufst, hole ich dich ab. Wir fahren zu meiner Schwester Lan nach Grenoble. Sie ist mit einem Franzosen verheiratet und hat zwei kleine Kinder. Offiziell wirst du bei ihr als Aupairmädchen angestellt. Frau Collange, die Sozialarbeiterin, hat gute Beziehungen zu den dortigen Behörden. Man wird in deinem Fall ein Auge zudrücken. Mit achtzehn kannst du dein Studium wieder aufnehmen. Du verlierst zwei Jahre, aber das ist das geringste Übel. Mit Lan und ihrem Mann Alain wirst du dich gut verstehen.

Die Kinder sind lebhaft, aber süß. Ich besuche dich jedes Wochenende und in den Ferien fahren wir ans Meer. Später sehen wir weiter. Jetzt musst du handeln! Ich warte auf dich. Fürchte nicht den Sprung ins kalte Wasser: Du hast bei Frau Charvet ja schwimmen gelernt!«

»Was schreibt er?«, fragte Ariane neugierig. Ich hielt ihr den Brief hin. Sie las ihn, wobei sie an ihrem Kaugummi zog und ihn gedankenlos wieder in den Mund stopfte.

»Man kann schon sagen«, brummte sie, »dass er an alles denkt! Aber eine Kleinigkeit entgeht ihm: Am Wochenende besuche auch ich dich, ob es ihm passt oder nicht!«

Unsere Augen begegneten sich und füllten sich erneut mit Tränen.

»Ach du«, sagte ich, »Ariane . . .«

Sie lachte und schluchzte zugleich.

»Diese ewige Heulerei! Man könnte ja meinen . . .«

Natürlich merkten es die anderen. Sie merkten alles in der letzten Zeit, und das nur aus reiner Fürsorge um mich.

»Braucht ihr wieder ein Taschentuch?« Andy hielt uns eins hin.

»Nein danke, es ist uns zu schmutzig«, sagte Ariane. »Wir nehmen lieber den Ärmel dazu!«

Zum letzten Mal zerriss ich Kims Brief. Ich hatte mich entschieden. Und wenn ich mich irrte? Wenn ich daran zu Grunde ging? Ich musste aber etwas unternehmen. Vor allem meiner Angst wegen. Und weil sie zu Hause so unerträglich waren. Plötzlich meinte ich Ma Djamilas Stimme zu hören: »Folge stets den Weisungen deines Herzens.« Tiefe, befreiende Ruhe erfüllte mich. Es schien mir, als ob Ma Djamila ihre schlanke, starke Hand schützend auf meine Schulter legte. Ich lächelte Ariane an. »Kim täuscht sich. Ich kann noch nicht schwimmen. Aber ich werde mich schon über Wasser halten!«

27

Said wartete immer pünktlich vor dem Schuleingang. Er wechselte täglich das Hemd und warf den Mädchen schmachtende Blicke zu. Mit einigen versuchte er ins Gespräch zu kommen oder sogar ein Treffen abzumachen, doch die wussten Bescheid und zeigten ihm die kalte Schulter, was ihn jedes Mal in Wut brachte.

»Diese eingebildeten Ziegen! Sie schlafen mit jedem Franzosen und mich behandeln sie wie den letzten Dreck.«

Ich ließ ihn schimpfen und dachte an meine Flucht. Am günstigsten war der Freitag. Dann brachte mein Vater meine Mutter zum Hammam und wartete auf sie in einem Café. Ali hatte seine Gewerkschaftssitzung. Anschließend ging er mit meinem Vater in die Moschee. Said und ich waren bis um sieben allein. Nach langer Überlegung fiel mir etwas ein. Über dem Klo befand sich ein schmales Fenster. Von dort aus waren es knapp zwei Meter bis zum Balkon von Dorabelle Duplessis, der hübschen Jamaikanerin. Freitagabends hatte sie oft Besuch. Ich würde mich durchs Klofenster zwängen und auf ihren Balkon hinunterspringen. Verletzen konnte ich mich dabei nicht. Dorabelle würde sicherlich Augen machen, wenn ich plötzlich an ihre Küchentür klopfte! Aber sie würde mein Eindringen als guten Witz auffassen, mir viel Glück wünschen und mich schnell aus der Wohnung lassen.

Da ich ohne Mantel und Gepäck fliehen musste, kam ich auf weitere Ideen. Zum ersten Mal merkte ich, zu welcher List und Schlauheit ich fähig war. Jeden Tag stopfte ich Wäsche, Blusen und Pullis zuunterst in den Wäschekorb im Badezimmer. Den Schülerausweis und mein erspartes Taschengeld trug ich vorsorglich immer bei mir.

Ariane wusste über meinen Plan Bescheid. Am Freitagnachmittag blieben wir allein im Klassenzimmer zurück. Ich gab ihr einen Teil meiner Schulbücher, die sie mir später bringen würde. Sie versprach mir Kims Mutter zu bitten Frau Duval zu informieren. Mir tat es schrecklich Leid, die Klasse zu verlassen. Wir mochten uns, wir hielten zusammen. Es war schlimm, dass niemand wissen durfte, was ich vorhatte.

»Ich erzähle denen irgendetwas«, sagte Ariane. »Die denken sich schon ihren Teil.«

»Habe Dank für alles«, sagte ich. »Bis bald!«

»Kim soll bei mir anrufen, sobald du da bist«, sagte sie. »Sonst schlafe ich die ganze Nacht nicht!«

Ich war weniger aufgeregt als sie. Meine Gelassenheit wirkte auf mich fast einschläfernd.

»Sei ruhig«, sagte ich. »Ich springe doch nur ins kalte Wasser.«

»Aus einem Klofenster?«, erwiderte sie mit müdem Spott.

Wir umarmten uns ein letztes Mal. Dann löste ich mich sanft von ihr. Ich durfte Said nicht länger warten lassen. Er war immer misstrauisch und schöpfte schnell Verdacht.

»Warte noch einen Augenblick«, bat ich Ariane, »damit er uns nicht gemeinsam hinausgehen sieht.«

Sie blickte mir nach, während ich das Klassenzimmer verließ. An der Tür drehte ich mich um und lächelte ihr zu.

Sie hob leicht die Hand und lächelte zurück. Ich ging hinaus. Said lief mit finsterem Gesicht vor dem Tor auf und ab.

»Macht es dir eigentlich Spaß, mich warten zu lassen? Die anderen sind schon alle draußen.«

»Ich hatte ein Buch vergessen«, sagte ich atemlos.

»Hab gefälligst deine Gedanken beisammen!«, antwortete er gereizt. Seine Arbeitslosenunterstützung wurde gekürzt und seine Laune war dementsprechend. Trotzdem kaufte er sich modische Hemden, Strümpfe und Schuhe. Ich wollte nicht wissen, woher er das Geld nahm. Es ging mich nichts mehr an.

Wir fuhren mit der U-Bahn, dann mit dem Bus. Said rauchte und blies mir den Qualm ins Gesicht. Er roch nach billigem Rasierwasser. In letzter Zeit hatte er sich seltsam verändert. Er wirkte älter und verbittert. Ich hasste ihn und bemitleidete ihn zugleich. Mein hübscher, kleiner Bruder mit den kaffeebraunen Augen, den kindlichen Zähnen und den dichten Locken! Meine Mutter verwöhnte und streichelte ihn, nannte ihn »mein kleiner Sohn aus Honig, mein Sonnenschein!«. Leider war aus dem kleinen Sonnenschein ein Mann mit einem harten, gierigen Zug um den Mund geworden, der mit zweifelhaften Freunden verkehrte und mich quälte, um sein Geltungsbedürfnis zu befriedigen und seine eigenen Schwächen zu vertuschen.

Vor dem Haus war ich erleichtert, als ich Dorabelles Fenster erleuchtet sah. Wortlos fuhren wir mit dem Aufzug zur fünften Etage. Said zog den Schlüsselbund aus der Jeanstasche. In der Wohnung roch es nach verbranntem Öl, ungelüfteten Betten und verräucherter Luft. Berge von schmutzigem Geschirr warteten auf mich in der Küche.

»Tee!«, befahl Said.

Er schleuderte seine Schuhe mit einem Fußtritt in den Gang, warf seine Windjacke auf den Boden und ließ sich aufs Sofa fallen, dass die Federung krachte. Ich zog meinen Regenmantel aus, hob Saids Schuhe auf und hing seine Jacke über einen Bügel. Dann ging ich in die Küche, drehte das Gas an und setzte Wasser auf. Said stellte den Fernseher an. Ich warf einen Blick auf die Badezimmertür. Der Schlüssel steckte von innen.

Ein Rockkonzert wurde übertragen. Zuschauer kreischten, die Musik dröhnte mit voller Lautstärke. Said wippte mit den Füßen und warf sich nach und nach Erdnüsse in den Mund. Das Wasser kochte. Ich goss den Tee auf und ließ ihn eine Weile ziehen. Dann brachte ich das Tablett ins Wohnzimmer. Ich schenkte Tee ein, fügte drei Stücke Zucker in Saids Glas hinzu und rührte sorgfältig um.

»Räume unser Zimmer auf!«, sagte Said.

»Sofort«, hauchte ich.

Said und Ali warfen Kleider und Wäsche auf den Boden, ließen alle Schubladen offen und zerknitterten die Laken. Leere Colaflaschen standen herum, vor den Betten häuften sich Illustrierte und die Aschenbecher quollen über. Sie verachteten die Dinge und die Dinge rächten sich, indem sie zerbrachen, verloren gingen oder unbrauchbar wurden. Said führte das dampfende Glas zum Mund, schlürfte behaglich den Tee und starrte auf den Bildschirm. Ein Mädchen in kurzem Goldlamé-Kleid zappelte im grellen Licht, wimmerte ins Mikrofon oder schrie aus voller Kehle. Ich trug das Tablett in die Küche, betrat das Badezimmer und schloss mich ein. Mein Atem flog, jedoch behielt ich diese seltsame, fast betäubende Ruhe. Hastig zog ich mich aus, wühlte im Wäschekorb und kleidete mich wieder an: Drei Schichten Wäsche, zwei Blusen, zwei Röcke, ein Pullover und eine Strickjacke. Geld und Schülerausweis stopfte ich in die Tasche. Dann zog ich die Klospülung. Das Ganze hatte kaum drei Minuten gedauert. Während die Spülung rauschte, stieg ich auf den Klodeckel und öffnete das Fenster. Kalte Luft schlug mir entgegen. Ich stellte mich auf die Zehenspitzen, steckte den Kopf vor und schätzte die Entfernung ab. In der Dunkelheit wirkte der Balkon wie ein heller Vorsprung an der Mauer. Fünf Etagen tiefer leuchteten die Scheinwerfer der vorbeifahrenden Autos. Ich biss die Zähne zusammen. Jetzt oder nie! Als ich mich am Fensterrahmen festhielt und mich hochzog, klopfte Said an die Tür.

»Los! Komm heraus! Was soll die lange Sitzung?«

Mein Herzschlag setzte aus. Er musste etwas gehört oder geahnt haben. Vor lauter Schreck stieß ich mich an einer Kante und spürte einen stechenden Schmerz in meinem Kopf. Meine Füße fanden tastend den Klodeckel. Die Schläge meines Herzens schüttelten mich derart, dass ich fast umfiel.

Said hämmerte an die Tür.

»Mach auf!«

Ich rührte mich nicht, kaum atmete ich. Alles um mich begann zu schwanken. Die Wände drehten sich im Kreis. Ich glaubte ohnmächtig zu werden, jedoch bemühte ich mich auf den Beinen zu bleiben. Said rüttelte am Griff, stieß an die Tür, warf sich mit aller Kraft dagegen. Die Tür saß nicht besonders fest in den Angeln und Said besaß viel Kraft. Beim dritten Stoß krachte sie aus dem Schloss. Said fiel buchstäblich mit der Tür ins Badezimmer. Sekundenlang starrten wir uns an, bevor ich endlich wieder zu Verstand kam und behutsam vom Klodeckel hinunterstieg. In meinen Ohren rauschte das Blut. Jede meiner schwerfälligen, langsamen Bewegungen glich solchen unter Wasser. Saids Augen streiften mich mit einem scharfen Blick, der dann nach oben glitt und sich aufs offene Fenster richtete. Seine Züge verzerrten sich. Er erbleichte, wie ich es noch nie bei einem Menschen gesehen hatte. Sein Gesicht wurde farblos, seine Lippen blutleer und seine Wangen schienen ausgehöhlt. Sein Brustkorb hob und senkte sich stoßweise. Er ballte die Fäuste. Leise, kaum hörbar, zischte er:

»Du dreckiges kleines Luder, du!«

Aus den Augenwinkeln erblickte ich den kleinen Schemel, den meine Mutter benutzte, um ihre Fußnägel zu schneiden. Als Said mich packen wollte, kam ich ihm zuvor. Blitzschnell ergriff ich den Schemel und schmetterte ihn an seinen Kopf. Said stieß einen dumpfen Schmerzensschrei aus, warf die Arme hoch und taumelte zurück. Die Beine gaben unter ihm nach. Aschfahl sank er der Wand entlang zu Boden. Sein Kopf fiel schlaff herunter und schlug an den Wannenrand. An seiner linken Augenbraue klaffte eine Platzwunde, aus der dicke Blutstropfen sickerten. Qualvolles Entsetzen lähmte mich. »Um Himmels willen! Ich habe ihn getötet!« Ich sah das dunkle Blut in die Wanne tropfen und mir wurde schlecht.

»Said!«, schluchzte ich. »Bitte, verzeih mir!«

Er stöhnte, machte mit der Hand sinnlose Bewegungen. Seine Pupillen schwammen unter den halbgeschlossenen Lidern. Ich ergriff mit zitternden Händen ein Handtuch und hob behutsam seinen Kopf. Weinend vor Schreck und Mitleid tupfte ich das Blut aus seinem Gesicht.

»Tut es sehr weh? Soll ich den Arzt holen?«

Er warf den Kopf hin und her, fuhr mit der Hand an die blutende Stirn. Seine Lider zuckten. Er öffnete die Augen und starrte mich an. An dem gefährlichen Aufflackern seiner Pupillen merkte ich, dass er wieder zu sich kam.

»Geht es dir besser?«, stöhnte ich.

Seine Zähne blitzten hinter den bleichen Lippen. Mit einem erstickten Laut packte er meinen Arm, presste mir die Finger ins Fleisch. Ich kreischte und ließ das Handtuch fallen, bot meine ganze Kraft auf und riss mich los. Wieder versuchte er mich festzuhalten, aber ich war schneller, zwängte mich an ihm vorbei durch die Tür. Ich stolperte durch den Gang, warf mich gegen die Wohnungstür und drehte den Schlüssel.

»Aischa, wo willst du hin!«, brüllte Said.

Aber ich war schon draußen, rannte die Treppe hinunter. Der Aufzug war mir nicht schnell genug.

»Aischa!«, schrie Said von oben.

Ich hörte seine schweren, unsicheren Schritte, darauf lautes Gepolter, als er eine Stufe verfehlte und die Treppe hinunterstürzte. Ich rannte, wie ich noch nie in meinem Leben gerannt war. Die Stufen nahmen kein Ende. Mir war, als liefe ich im Kreis herum. Die Wände drehten sich wie die Spiralen eines riesigen Schneckenhauses. Noch ein Stockwerk, und noch eins! Unten erschien Madame Julia, die alte Polin, in der Tür. Ihr bleicher Vogelblick streifte mich, als ich keuchend an ihr vorbeihetzte.

In der Dunkelheit rannte ich die Straße hinauf. An der Bushaltestelle standen schon viele Leute. Der Bus musste jeden Augenblick kommen, aber ich konnte nicht warten. In wilder Angst bog ich um die nächste Ecke. Keuchend lief ich weiter, bis ich ein Stechen in der Seite verspürte, das sich bei jedem Schritt verstärkte. Ich schwitzte, der Atem ging mir aus. Vor dem grell erleuchteten Supermarkt blieb ich stehen, vor Schmerz gekrümmt, lehnte mich an eine Wand und zwang mich ruhig zu atmen. Frauen kamen mit Kindern und Einkaufstaschen an mir vorbei. Ihre Blicke glitten teilnahmslos über mich hinweg. Nach einer Weile ging ich weiter. Mein Herz hämmerte, der Schmerz an meiner Seite wurde unerträglich: Ich konnte mich kaum noch aufrecht halten. Am Ende der Straße war eine U-Bahn-Station. Ich knipste meine Fahrkarte, stieg mit zitternden Knien die Treppe hinunter. Stickige warme Luft schlug mir entgegen. Es war Stoßzeit. Menschen überholten mich oder hasteten mir entgegen. Das Echo unzähliger Schritte dröhnte in meinem Kopf, vermischte sich mit dem Pochen des Blutes in den Ohren. Der Bahnsteig wirkte schwarz durch die vielen Menschen. Ein dumpfes Donnern kündigte die Bahn an. Bremsen quietschten, Türen öffneten sich. Die Aussteigenden drängten von einer Seite, die Einsteigenden von der anderen. Ich wurde an den Rand der Menschenmenge zurückgestoßen und konnte mich in letzter Sekunde in den überfüllten Wagen quetschen. Der Zug fuhr ab. Die Mitreisenden fingen die Schwingungen des dahinbrausenden Zuges auf und starrten mit müdem Ausdruck ins Leere. Ab und zu putzte sich jemand die Nase oder nieste geräuschvoll. Es war schrecklich, für immer wegzulaufen, aber ein seltsames Gefühl der Unwirklichkeit ließ mich alles durch einen Nebel erlebten. Mir war, als hätte ich eine Beruhigungsspritze erhalten.

An der Place Anatole France stieg ich aus, ließ mich stumpfsinnig von der Menge treiben. Endlich tauchte ich im Freien auf. Geschäfte und Cafés waren erleuchtet, die Wolkenkratzer wirkten wie Lichtpunkte am rötlich schwarzen Himmel. Eine unübersehbare Autoschlange staute sich vor der Verkehrsampel. Es nieselte. Die Scheinwerfer spiegelten sich auf dem nassen Asphalt. Autohupen und Motorenlärm erfüllten die Luft. An der Ecke fand ich eine Telefonzelle. Ich ging hinein, klaubte etwas Kleingeld aus der Tasche und griff nach dem Hörer. Mit feuchten Fingern wählte ich Kims Nummer. Schon nach dem zweiten Läuten nahm jemand ab.

»Kim!«, schrie ich.

»Aischa! Wo bist du?«

Die Ampel wechselte auf Grün. Der Verkehr brauste los. Ich hörte kaum seine Stimme und schrie mich durch den Lärm heiser.

»An der Place Anatole France. In einer Telefonzelle.«

»Gibt es da ein Café?«

Ich blinzelte im Zucken der Scheinwerfer.

»Ja, eine Eisdiele: ›Le Brazilia‹. Gleich auf der anderen Seite.«

»Gut. Warte dort auf mich. Ich fahr sofort los.«

Klick! Die letzte Münze rutschte hinunter. Das Gerät begann zu piepsen. Ich hängte zitternd den Hörer wieder auf. Plötzlich fühlte ich mich so schwach, dass ich mich an die Wand lehnte. Man klopfte an die Tür. Ich fuhr erschrocken herum. Das helle Gesicht einer Frau schimmerte gespenstisch durch die Scheiben hindurch. Ungeduldig riss sie die Tür auf.

»Fertig?«

Ich zwängte mich an ihr vorbei, wartete am Fußgängerstreifen auf Grün und lief über die Straße.

Das »Brazilia« war ein Treffpunkt der Studenten. Der Raum war überfüllt, das Stimmgewirr kaum zu übertönen. Grelles Neonlicht fiel auf marmorne Tische. Es war sehr heiß und es roch nach Rauch und feuchten Mänteln.

Bisher war ich noch nie alleine in ein Café gegangen. Während ich am Eingang zögerte, stand ein Junge auf und ein Stuhl wurde frei. Scheu näherte ich mich dem voll besetzten Tisch. Ich erstickte beinahe an meinen Hemmungen.

»Darf ich . . . mich hier hinsetzen?«, fragte ich ein Mädchen. Sie warf mir unter ihrer Stirnfranse einen gleichgültigen Blick zu.

»Warum denn nicht?«

Ich setzte mich mit zitternden Knien. Im Wandspiegel sah ich mein blasses Gesicht, mit blauen Ringen unter den Augen. Ein Kellner tauchte neben mir auf und zog die Brauen zu Fragezeichen hoch. Ich schluckte würgend.

»Einen Kaffee, bitte!«

Abgestumpft und betäubt wartete ich. Nach einer Weile schob mir der Kellner eine Tasse unter die Nase. Ich legte einen zerknitterten Geldschein auf den Tisch. Den heißen, schwarzen Kaffee schlürfte ich ohne Zucker wie eine Medizin. Ich ließ die Tür nicht aus den Augen. Wie lange saß ich schon da? Was war mit Kim? Wahrscheinlich steckte er irgendwo im Verkehr. Stumpfsinnig brütete ich vor mich hin, unfähig einen klaren Gedanken zu fassen. Meine bebenden Finger umklammerten Ma Djamilas Armreif wie ein Talisman, der mir Kraft verlieh.

Auf einmal ging die Tür auf und Kim trat ein. Er trug eine nasse Windjacke, wirkte atemlos und hielt seinen Autoschlüssel in der Hand. Sein Blick schweifte durch den Raum, spähte nach mir und erkannte mich. Ich sprang auf. Meine Seele, mein ganzer Körper, erschöpft und schmerzend, sehnte sich nach seinen Armen, wie ein Kind aus dem Schrecken des Dunkels zu seiner Mutter flieht. Er lief mir entgegen, ich hängte mich an seinen Hals. Seine Arme schlangen sich um mich, sein regenfeuchtes Gesicht presste sich an meines. Er drückte mich so fest an sich, dass ich aufstöhnte. Diese wilden Schläge, war es mein Herz oder seines? Wir umarmten uns, dass wir taumelten, und die Tränen strömten über unsere Wangen.

»Sehr gefühlvoll!«

Die gutmütig-spöttische Stimme des Kellners brachte uns in die Wirklichkeit zurück. Wir blickten uns an, sahen unsere nassen Augen und unser Schluchzen verwandelte sich in nervöses Auflachen.

»Jetzt habe ich dich«, sagte Kim. »Jetzt habe ich dich endlich!« Er legte mir den Arm um die Schulter und führte mich aus dem Café.

28

Kim wohnte in einer ruhigen Straße, in der Nähe des Boulevard St. Germain. Ich war selten in diesem Viertel gewesen. Durch einen Torbogen gelangten wir in einen kleinen, mit Kies ausgelegten Hof und betraten ein Hinterhaus. Eine enge, dunkle Treppe führte nach oben. Die Wohnung befand sich im dritten Stockwerk. Als Kim den Schlüssel im Schloss drehte, wurde ein Kläffen, Jaulen und erregtes Schnuppern hörbar. Fanfan zwängte sich durch den offenen Türspalt, sprang winselnd an mir hoch. Ich streichelte ihn und kraulte seine Ohren, während er mich mit seiner feuchten Nase anstieß und mir das Gesicht lecken wollte.

»Er hat mich nicht vergessen!«, sagte ich gerührt.

»Natürlich nicht«, sagte Kim. »Ich erzählte ihm jeden Tag von dir.«

Im Gegensatz zum düsteren Treppenhaus erschien mir die Wohnung überraschend hell. Die gelbliche Tapete, durch sanftes Licht beleuchtet, der blaue Spannteppich, brachten die Schlichtheit der weiß gestrichenen Möbel zur Geltung. Auf den Strohstühlen und dem großen Sofa lagen bunte Kissen. Überall standen Topfpflanzen. Obwohl die gefüllten Bücherregale nur aus Brettern und Backsteinen bestanden, wirkte der Raum behaglich.

»Die Wohnung ist klein«, erklärte mir Kim. »Nur zweieinhalb Zimmer. Als wir einzogen, sah sie furchtbar aus. Meine Mutter und ich haben alles selbst tapeziert, Teppiche gelegt und Vorhänge genäht. Die Möbel kommen vom Flohmarkt her.«

An einer winzigen Küche vorbei führte er mich in einen Raum, der als Schlafzimmer und als Büro eingerichtet war. Ein mit Papieren und Heften übersäter Schreibtisch, ein Stuhl, eine Lampe, ein Sofabett. Bücher, Aktenordner und Zeitschriften stapelten sich auf den Regalen. In einer Ecke stand ein großer Hundekorb.

»Hier wohnen Fanfan und ich«, sagte Kim. »Meine Mutter schläft im Wohnzimmer.« Er lachte. »Sie steht früher auf als ich und bleibt auch länger im Badezimmer.«

Vor dem Bett lag ein entzückender kleiner Teppich, auf dem Pfirsichblüten und Vögel zu sehen waren.

»Der stammt aus Vietnam«, sagte Kim. »Aber meine Mutter hat ihn in Paris aufgetrieben.«

»Er ist schön«, hauchte ich.

Langsam ging ich zum Fenster. Kim trat neben mich und öffnete es. Die schwarzen Umrisse der Häuser wirkten wie ein Scherenschnitt. Der angestrahlte Nachthimmel wölbte sich über unzähligen Kaminen. Auf einem einsamen Baum glänzte die Feuchtigkeit wie flüssiges Silber.

»Wo ist denn deine Mutter?«, fragte ich.

Kim schloss das Fenster.

»Sie macht freitags immer Überstunden.«

Ich wich seinem Blick aus.

»Dann sind wir alleine?«

Er lächelte.

»Aber nein. Fanfan ist doch auch noch da!«

Ich spürte, wie er mich ansah, und wandte befangen den Kopf ab.

»Du hast dich verändert«, sagte er nach einer Weile.

Meine Mundwinkel zuckten traurig. »Findest du?«

Er nickte ernst und etwas nachdenklich. »Als ich dich kennen lernte, war es mir, als ob du dich dafür entschuldigen müsstest, überhaupt zu leben. Jetzt hast du Boden unter den Füßen. Du weißt, wer du bist, was du willst und was du kannst. Dieses Wissen nimmt dir niemand mehr weg. Es leuchtet aus deinen Augen.«

Ich hob den Blick zu ihm empor. Sein Gesicht war schmaler und blasser als in meiner Erinnerung, aber sein Haar schimmerte im Lampenlicht wie dunkelblaue Seide. Schüchtern trat ich an ihn heran. Die Narbe war deutlich zu sehen: ein dicker, roter Strich, von der Schläfe bis zum Kinn. Ich streckte die Hand aus, schob sein Haar beiseite und strich behutsam von einer Nahtstelle zur anderen.

»Es tut mir so Leid«, flüsterte ich.

»Warum denn?« Er lachte leise vor sich hin. »Das habe ich mir selbst eingebrockt, durch mein loses Mundwerk und eine falsch ausgeführte Shizentai-Stellung. Da sieht man wieder den Unterschied zwischen Theorie und Praxis! Meine Karatelehrerin hat mich einen Idioten genannt.«

»Hat es sehr wehgetan?«

»Es geht.« Er zog die Schultern hoch. »Eine Narbe mehr oder weniger . . .«

Ich trat noch näher an ihn heran. Meine Finger glitten über seine Stirn, seine Wangen, verblieben auf den Augenlidern und den Lippen. Mein Herz war wie ein Hammer, der in meiner Brust pochte.

»Ich liebe dich«, sagte er und legte mir die Hände auf die Schultern.

Und ganz dem Wunder hingegeben, das in mir vorging, wusste ich dennoch, dass dies erst der Anfang war und noch viele Prüfungen bevorstanden. Denn das Leben, das ich mir mit ihm erträumte, konnte nur außerhalb meiner Heimat, meiner Kultur, meiner angestammten Familie Wirklichkeit werden. Es sollte sich in Rücksicht, Höflichkeit und Vertrauen zueinander entfalten und nicht auf ein gegenseitiges Verhaftetsein, in Beherrschung und Unterwerfung gründen. Denn Mann und Frau gehören zusammen wie die zwei Hälften eines Sterns, der nach seinem Sturz auf die Erde zerspringt und erlischt. Und nur die Liebe und die gegenseitige Achtung, die sie miteinander verbindet, verschmilzt sie wieder zur vollkommenen Einheit. Und ich weinte in meinem Herzen um meinen Vater und meine Mutter, um Ali und Said und um die Millionen von Menschen, die blind und taub für diese Wahrheit eine echte, tiefe Erfüllung nie erleben würden. Ich weinte um sie. Aber ich gehörte nicht mehr zu ihnen.

Ich knotete mein Kopftuch auf, warf es zu Boden und zog eine Nadel nach der anderen aus dem Haar. Ich öffnete die Spangen, löste meine Flechten. Dann griff ich mit beiden Händen in mein Haar, breitete es auf meinen Schultern aus. Kim neigte den Kopf, lehnte seine Stirn an meine. Er hielt mich dicht an sich gepresst und wir sprachen und bewegten uns nicht – eine ganze Weile lang.

Aber ich konnte die vergangenen Schrecken nicht leicht vergessen. Wie Kims Narben würden auch meine Erinnerungen verblassen, aber heute schmerzten sie noch tief. Deshalb fürchtete ich mich plötzlich auch vor ihm, klammerte mich wie ein Kind an seine Schultern und flüsterte:

»Lösch das Licht, bitte!«

Er hob den Arm mit der ruhigen Ungezwungenheit die allem, was er tat, eigen war. In der Dunkelheit legte er sich neben mich und ich zog ihn an mich heran.

Und die Liebe tröstete uns, heilte unsere Wunden und verwandelte die Ängste der Vergangenheit in beglückende Gewissheit und befreiende Zuversicht.

Federica de Cesco

Tara
und die Reiter des Windes

Taras Heimat ist Tibet. Von ihrer Großmutter, einer Nomadin, lernt sie die Kunst des Heilens und der Verständigung mit Tieren. Als sie ein geschundenes Pferd von einer Baustelle entführt, gerät sie in Gefahr. Wie keine andere erzählt Federica de Cesco von abenteuerlichen und faszinierenden Ländern, von starken Mädchen und der schwierigen Gratwanderung zwischen Tradition und Moderne.

Arena

224 Seiten.
Arena-Taschenbuch.
ISBN 978-3-401-50046-1
www.arena-verlag.de